창세기 원역사의 비밀

[개정 증보판]

창세기
원역사의 비밀

김준식 지음

아침향기

개정 증보판 머리말

　창세기 1:1말씀에 태초에 하나님이 천지를 창조하시니라는 말씀에 단지 태초에 하나님이 우주를 창조하시니라고 하면 되실텐데 왜 우주에서 지구를 따로 떼어내어 우주와 지구를 창조 하셨다고 말씀하셨는가를 깊이 생각해 보았습니다. 신 구약 성경의 이 첫 구절에서 성경을 우리에게 주신 하나님의 의도를 깨닫습니다. 하나님의 천지창조의 목적과 인류구속이 함축되어 있는 것을 깨닫습니다. 하나님께서 지구를 온 우주 보다 귀하게 여기신다. 하나님께서 지구에 사는 구원 받은 한 사람 한 사람을 우주보다 귀하게 여기신다 말씀하신 예수님의 말씀이 생각 났습니다.

　[창세기 원역사의 비밀] 초판이 출판 된지 벌써 3년이 되었습니다. 초판 때는 예수님의 말씀에 인자의 올 때는 노아 홍수와 소돔과 고모라 때와 같으리라는 말씀에 따라 홍수 전 사건에 치중하였습니다. 홍수 후의 바벨탑 사건 후에 인류의 분산이 어떻게 진행 되었나에 대해 많이 언급하지 못했습니다. 이번 수정 증보판에서 셈의 가계를 집중 보완을 했습니다. [하나님 여호와를 찬양하라], [하나님의 거처인 셈의 장막], [셈은 에벨의 온 자손의 조상], [에벨의 온 후손 벨렉과 욕단]을 보충했습니다. 이 부분을 보충할 때에 유석근 목사님의 저서 [또 하나의 선민 알이랑 민족]의 책에서 많은 도움을 받았습니다.

[창세기 원역사의 비밀] 수정 증보판과 함께 [부활의 신비와 그 영광] 책도 함께 출판하였습니다. 책을 출판할 때마다 제게는 거금이 투자되는데 들어오는 수입은 푼돈입니다. 졸저를 구하고자 하는 해외 선교사님들과 한국과 미국의 지방 교회 목사님들과 성도님들로 독자가 한정되어 있을 뿐만 아니라 인기 없는 종말에 관한 책이기에 출판은 하지만 널리 읽혀 지리라는 기대는 하지 않습니다. 단지 하나님의 뜻에 순종할 뿐입니다. 앞으로 출판할 책들이 준비 되었는데 이 책들을 어떻게 출판할 수 있을까 생각하는 중에 문서선교 동역자들을 모집해 출판할 책들의 Opinion Reader로 모시는 것입니다. [오피니언 리더] 란 의미는 책을 읽고 그 책의 맞춤법뿐만 아니라 책에 대한 소감과 비평을 하는 독자들을 말합니다. 오피니언 리더가 되어서 함께 책의 완성도를 이루어 갈 때 저자로서 더 없는 영감을 가지게 될 것이며 더 좋은 책으로 보답하게 될 것입니다.

앞으로 독자 그룹들을 형성해서 [가치 펀딩]에 '다 같이 donation funding' 하는 모임을 가지려는 구상을 합니다. 오병이어와 십시일반의 원리로 작은 정성이 모여서 문서선교 사역이 진행되고 확장되길 주님의 허락하심과 도우심을 간절히 기도합니다. '같이 펀딩 Together Funding'에 Donation Funding으로 동참한 독자님들에게는 제가 출판한 책들을 몇 권이든지 무료로 제공할 것입니다. Opinion Reader 여러분, 예수님의 복음과 재림을 알리는 성스러운 가치를 가진 이 문서 선교의 [가치 펀딩, Value Funding]에 'Donation funding' 으로 참여하지 않으시겠습니까?

연락 주소: 17700 S Avalon Blvd. Space 85, Carson, CA 90746 USA
전화번호 213-434-3129
E-mail: joonsikk@yahoo.com
웹사이트:www.loveofjesuschurch.com(주 예수 사랑교회, 김 준식 목사)

머리말

　흔히 소가 뒷걸음질치다가 쥐 잡는다는 말을 합니다. 할 수가 없다고 생각했던 사람이 그 일을 해냈을 때에 하는 말일 것입니다. 그런데 역으로 생각해 볼 수도 있습니다. 다른 짐승들은 정상적으로 뛰어가도 재빠른 쥐를 잡을 수 없었는데 몸집이 커서 굼뜬 소가 뒷걸음질치다가 쥐를 잡는 기적 같은 경우가 있을 수 있습니다.

　제가 바로 소 뒷걸음질치다 쥐 잡은 셈입니다. 나같이 미련하고 어리석은 사람이 책을 두 권이나 출판한 것입니다. 하나님의 은혜입니다. 하나님께서 저에게 은사를 주셨기 때문입니다. 남들이 보지 못하는 것을 보게 하시고 남들이 깨닫지 못하는 것을 깨닫게 하십니다. 그래서 저는 책을 쓰는 것이 쉽습니다. 하나님께서 생각을 주시면 그대로 받아 적기만 하면 됩니다. 컴퓨터 앞에서 생각나는 대로 쓰다가 보면 글이 되는 것입니다. 자료가 필요할 때는 어떤 책을 보게 하시고, 구입하게 하십니다. 어떤 때는 인터넷을 뒤지게 하셔서 필요한 자료를 얻게 하십니다.

　저는 2013년에 '요한 계시록의 증언' 상 하권을 출간한 후, 마태복음 24:37-39에서 예수님께서 말씀하시기를 노아의 때와 같이 인자의 임함도 그러하리라는 말씀을 묵상하면서 노아의 시대와 주님 재림 시대가 연결되고 있다는 것을 깨달았습니다. 창세기 원역사를 연구해 보리라 계획하고 주일 설교를 시작했습니다. 이 글들은 주일설교들을 모아 결집한 것입니다.

> '노아의 때와 같이 인자의 임함도 그러하리라. 홍수 전에 노아가 방주에 들어가던 날까지 사람들이 먹고 마시고 장가 들고 시집 가고 있으면서 홍수가 나서 그들을 다 멸하기까지 깨닫지 못하였으니 인자의 임함도 이와 같으리라.'

창세기 6장에서 '하나님의 아들과 사람의 딸들'이 누구냐는 문제에서 제 자신 전통설을 굳건히 믿었습니다. 그런데 창세기 6:4에서 네피림이 홍수 이전에도 있었고 그 후에도 있었다는 말씀을 대하면서 창세기에서 홍수 후의 네피림을 추적해 보기로 했습니다. 민수기 13:33에서 홍수 후의 네피림을 아낙자손이라고 했습니다. 성경에서 아낙자손들을 추적하면 되겠구나 생각했습니다. 놀랍게도 창세기 14장에 네피림들이 우굴우굴한 것을 발견하고 전율을 느꼈습니다. 민수기, 신명기, 여호수아, 사무엘상에 이르기까지 아낙자손들이 존재하고 있었습니다. 네피림의 존재가 확실하다는 사실을 확신했습니다. 유튜브를 조사했더니 네피림에 대한 내용들이 도배를 하고 있었습니다. 남들은 다 알고 있었는데 나만 모르고 있었구나 생각했습니다. 이 책으로 인해 네피림의 논쟁에 종지부를 찍게 될 것이라 믿습니다.

창세기 11:3에서 그 당시 니므롯이 벽돌을 발명했다는 사실에 놀라움을 금치 못했습니다. 이 책이 특히 목사님들의 성경 연구에 깊은 통찰력을 갖는데 도움이 되기를 바랍니다.

신구약 66권의 주제를 이해해야 합니다. 영원세계에 계시던 하나님께서 시간, 공간세계로 내려오셔서 우주를 창조하시고 지구를 창조하시며 그 속에 사람을 창조하신 의도는 하나님께서 사랑의 대상인 하나님의 참 자녀를 얻기 위해서입니다. 그 자녀들을 이끌어 영원세계로 들어 가셔서 당신의 자녀들과 함께 영원히 사시기를 원하셨습니다. 그 과정을 설명하는 것이 창세기 1:1부터 계시록 22:21입니다. 하나님께서는 창세 전부터 사탄이 타락할 것도 아셨고, 인간을 창조하시고, 사탄이 사람을 타락시킬 것도 아셨습니다. 선악과를 만드실 계획을 세우셔서 사탄을 잡으실 계획도 하셨습니다. 사탄이 하나님을 반역했는데도 당장 불 못에 가두지 않으신 것은 하나님의 참 자녀를 고르시는데 사탄을 이용하기 위해서였습니다. 사람들이 사탄에게 속아 죄 아래 있게 하시고 사탄의 지배 아래에서 핍박을 당하는 환경 가운데서도 끝까지 신앙절개를 지킨 그런 성도들을 골라 내시기 위한 계획이었습니다. 영원한 인류구속역사 즉 하나님의 참 아들들을 골라내는 과정 가운데는 우주창조, 사탄의 타락, 인간창조, 인간의 타락, 예수 그리스도의 성육신, 십자가에 죽으심, 부활, 승천, 재림, 천년왕국, 사탄과 그 졸개들의 심판과 불신자들의 백보좌 심판이 있은 후에 선택하신 하나님의 아들들과 함께 영원세계로 귀환합니다

계시록 22:1-5은 아담이 범죄하기 전 에덴동산의 광경과 닮았습니다. 이 에덴동산을 3기로 생각할 수 있습니다.

첫 번째 에덴동산은 창세기 1:1에서 완벽하게 창설하셨습니다. 사람이 살기 좋게 조성되었다고 했습니다. 이곳은 에스겔 28:13, 14의 온갖 보석으로 충만한 아름다운 에덴동산이었습니다. 에덴동산이 에스겔 28:6에서 루시퍼로 인해 파괴됩니다. 그 상태가 창세기 1:2의 지구가 혼돈, 공허, 흑암의 상태가 되면서 에덴동산도 파괴되었습니다.

두 번째 에덴동산은 창세기 2:8-17에 지구를 다시 조성하신 후에 에덴동산을 다시 창설하셔서 아담의 거처로 주셨습니다. 에덴동산을 가꾸고 지키라고 하셨으며 온 지구를 다스리라고 하셨습니다. 아담과 하와가 사탄에게 속아 죄를 짓게 됨으로 에덴동산에서 짐승이 피를 흘리게 됩니다. 에덴동산에서 쫓겨납니다. 그 에덴동산은 그룹들과 화염검으로 지키게 했

습니다.

세 번째 계시록 22:1-5에서 다시 에덴동산을 보여 주십니다. 창세기에서 잃었던 에덴동산을 사람에게 다시 되돌려 주십니다. 이곳은 사탄이 없으므로 인간은 다시 죄지을 수 없습니다.

이 글을 통해 제 아내에게 감사의 뜻을 전하고 싶습니다. 3년 전에 아내와 단 둘이서 교회를 개척했습니다. 말 없이 따라준 데 대해 너무나 감사히 생각합니다. 우리 교회의 에스더 집사님은 피아니스트요 찬양 인도자요, 특송자요 통역자로서 1인 4역을 하고 있습니다. 그의 딸 세라는 목사님이 책을 출판하는데 자신이 출판비의 십일조를 내겠다 하여 최초의 이 책 출판의 문서선교자가 되었습니다. 캐나다 토론토에 계시는 김정희 누님은 '요한 계시록의 증언' 책 출판 때에 많은 물질적 도움을 주셨습니다. 로스 엔젤레스의 김정희 권사님은 이번 책 출판을 위해 네 번이나 정성스레 교정을 해주셨습니다. 이 책 뿐만 아니라 계시록의 증언 책 출판을 책임지신 강신억 목사님께 깊은 감사의 말을 전하고 싶습니다. 요한 계시록의 증언의 독자들에게 깊은 감사를 드립니다. 책을 읽고 은혜 받았다고 격려해 주실 때마다 감사했습니다.

이 책과 요한계시록의 증언을 읽고 은혜 받으신 분들 중에 하나님께서 예비하신 문서선교에 뜻을 가지신 분들을 만났으면 좋겠습니다. 앞으로 이 책의 영문판을 출판하기를 원합니다. 그리고 요한계시록의 증언 책 내용 중에 시사자료들과 사진들을 많이 줄이고 계시록의 말씀 중심의 책을 만들겠으며, 또한 영문판도 출판하기를 원합니다.

저자 **김준식** 목사 드림

차 례

개정 증보판 머리말   5

머리말   7

1. 천지창조   13

2. 사탄의 정체   19

3. 지구를 밝히시고 채우시고 정돈하시는 하나님   30

4. 예수님, 그는 어떤 분이신가   50

5. 하나님이 사람을 창조하신 목적- 많은 아들을 얻기 위함   64

6. 창조된 사람의 기능   72

7. 인간의 영 혼 육의 관계와 동물의 혼   81

8. 사람의 영의 기원   95

9. 아담의 생애와 그의 사명   107

10. 뱀과 사탄   116

11. 아담아, 네가 어디 있느냐   124

12. 아벨의 예배와 가인의 예배   132

13. 가인아, 네 아우 아벨이 어디 있느냐   141

14. 인간의 도성과 하나님의 도성   148

15. 에녹의 생애   160

16. 므두셀라의 생애와 그의 사명   169

17. 노아의 생애와 그의 사명　　　　　　　　　　　　　　177

18. 셈 함 야벳이 노아 500세 이후에 출생된 의미　　　　185

19. 네피림(거인족들) . I　　　　　　　　　　　　　　　194

20. 하나님의 아들들과 사람의 딸들 II　　　　　　　　　210

21. 하나님의 아들들과 사람의 딸들 III　　　　　　　　218

22. 한자 속에 비친 창세기　　　　　　　　　　　　　　235

23. 무지개 언약의 신비　　　　　　　　　　　　　　　254

24. 셈의 하나님 여호와를 찬송하라　　　　　　　　　　262

25. 하나님의 거처인 셈의 장막　　　　　　　　　　　　271

26. 셈: 에벨 모든 자손의 조상　　　　　　　　　　　　284

27. 에벨 온 후손, 벨렉과 욕단　　　　　　　　　　　　290

28. 니므롯과 바벨탑 건축　　　　　　　　　　　　　　301

29. 바벨탑 사건의 음모(가상세계가 현실세계를 지배하다)　314

30. 아브라함의 생애와 그의 사명　　　　　　　　　　　323

31. 이스라엘을 향한 하나님의 목적　　　　　　　　　　332

참고 문헌　　　　　　　　　　　　　　　　　　　　　348

문서선교사 초청장

천지창조

창세기 1:1

창세기 1:1, '태초에 하나님이 천지를 창조하시니라.'

하나님은 영원하신 분입니다. 영원은 시간도 공간도 물질도 없습니다. 하나님께서 영원 세계로부터 내려 오셔서 시간과 공간과 물질을 만드셨습니다. '태초' 는 시간을 말하며, '천지' 는 공간과 물질을 포함합니다. 창세기 1장 1절에서 하나님께서 시간과 공간과 물질을 창조하셨습니다. 기독교는 사람에게 처음과 끝이 있다고 말합니다. 불교나 힌두교 등에서 말하는 윤회설이 아니고 처음과 끝이 있다는 말씀입니다. 불교나 원불교는 원을 나타냅니다. 기독교는 직선입니다. 이 직선을 누가 그었습니까? 예수 그리스도께서 그으셨습니다. 성경은 예수 그리스도는 처음이요 나중이며 알파요 오메가라고 한 것이 이 말입니다. 예수가 끝이 아니라 예수 그리스도가 처음 시작하시고 끝내시는 분이란 말씀입니다.

우리 한글성경에는 복수의 개념이 정확하지 않습니다. NIV성경에는 In the beginning God created the heavens and the earth.라 했습니다. '하늘들'이라 했습니다. '하늘들' 이 무엇입니까? 하늘들을 많이 만드셨다는 말씀입니다. 우리가 현재 서 있는 공간도 하늘입니다. 이 지구를 벗어나면 태양계라는 천체 시스템이 있습니다. 이것은 우리가 대하고 있는 하늘과 다른 차원의 하늘입니다. 이 태양계를 벗어나면 태양계를 포함하는 큰 하늘이 있습니다. 이것을 은하계라고 합니다. 이 은하계는 또 다른 은하계와 조화를 이룹니다. 우리 태양계가 속해 있는 은하계 안에는 천억 개의 태양계가 있다고 합니다. 그리고 천억 개의 태양계를 품고 있는 은하계가 우주에 또한 천억 개가 있다 고 합니다

(100,000,000,000 × 100,000,000,000=10,000,000,000,000,000,000,000)

성경에는 엄청나게 많다는 표현으로 하늘의 별과 같이, 바다의 모래와 같이 많다라고 말합니다. 우리 머리로서는 상상도 할 수 없는 별들이 많습니다. 태양계를 보면 태양을 항성이라고 합니다. 항성이란 빛을 발하는 별을 말합니다. 그 항성을 중심으로 돌고 있는 행성들이 있습니다. 이 행성들은 스스로 빛을 발하지 않고 지구나 목성, 화성이나 수성같이 태양으로부터 빛을 받는 별들입니다. 지구를 중심으로 돌고 있는 달과 같이 목성이나 금성에도 그 별들을 중심으로 돌고 있는 별들을 위성이라 합니다. 우리가 밤에 반짝이는 별을 보는 것은 모두 태양과 같은 항성들입니다. 이 우주에 얼마나 많은 별들이 있습니까? 그렇게 많은 별들 뿐만 아니라 별들의 크기에 대해서도 우리는 상상 할 수 없습니다. 인터넷에서 찾아본 바로는 지구와 형제 별인 목성을 비교할 때에 목성은 지구의 1360 배라고 합니다. 태양은 지구에 비해 14만 배라고 합니다. 태양보다 밝기가 50 만 배, 반경이 태양의 1900-2100 배의 별이 있는데 VY Canis Majoris 라고 합니다.

이렇게 우주의 수많은 별들에 비하면 지구는 너무나 보잘 것 없습니다. 뿐만 아니라 현재 밝혀진 가장 큰 별인 VY Canis Majoris에 비하면 지구는 현미경으로 봐야만 할 정도로 작은 별입니다. 그런데 이런 형편 없는 지구를 우주와 동등하게 놓았습니다. The Heavens and the earth 이렇게 엄청나게 많고 큰 별들에 비하면 보잘 것 없는 지구를 하나님은 온 우주와 동등하게 놓았습니다. 지구를 '하늘들' 이란 단어 속에 포함시켜야 하는데

도 불구하고 지구를 따로 떼 놓았습니다. The Heavens and the earth 놀랍지 않습니까? 지구가 무엇이기에? 이것은 하나님께서 지구를 온 우주 만큼이나 중요시 여긴다는 의미입니다. 여기서 우리는 하나님의 의도를 알 수 있습니다. 우주를 창조하신 것은 지구를 창조하시기 위한 것임을 깨닫습니다.

창세기 1:2에 지구가 공허하고 혼돈되고 깊은 흑암 가운데 있다고 합니다. 이런 지구의 환경을 조성하는 작업이 창세기 1:2에서 시작해서 마지막 절인 31절까지 연결됩니다. 그리고 여섯째 날 맨 마지막에 사람을 창조하셨는데 지금까지의 지구환경을 조성하신 목적은 그 가운데 사람을 창조하셔서 살게 하기 위해서인 것을 알 수 있습니다.

창세기 1장 1절에서 지구를 온 우주 만큼이나 중요시 여긴 것은 지구 속에 사람을 만드시기 위해서였다는 것을 알 수 있습니다. 그렇다면 하나님께서 인간을 얼마나 중요시 여기는가를 알 수 있습니다.

> 시편 8:3-5, '주의 손가락으로 만드신 주의 하늘과 주께서 배풀어 두신 달과 별들을 내가 보오니 4 사람이 무엇이기에 주께서 그를 생각하시며 인자가 무엇이기에 주께서 그를 돌보시나이까 5 그를 하나님보다 조금 못하게 하시고 영화와 존귀로 관을 씌우셨나이다.'

이렇게 존귀한 존재인 사람이지만 하나님 안에 있을 때만 그렇고 하나님을 떠난 사람은 멸망하는 짐승과 같다고 시편 49:20은 말하고 있습니다. 지구가 큰 별에 비하면 상대적으로 현미경을 통하여 볼 정도로 작고 가치 없는 별인데 그 속에 사는 사람들이야 오죽하겠습니까? 예수 그리스도를 떠나서는 지구도 사람도 아무것도 아닙니다.

그러나 예수 그리스도 안에 있는 사람은 하나님보다 조금 못하게 하셨다고 성경은 말합니다. 하나님이 창조하신 피조물 중에 더 높고 가치있는 것이 무엇입니까? 태양입니까? 태양보다 2000 배나 더 큰 VY Canis Majoris 입니까? 하나님보다 조금 못하게 창조되었다고 했으므로 하나님과 인간 사이에 존재할 수 있는 것은 온 우주 상에 아무 것도 없다는 말입니다. 인간이 그렇게 하나님 앞에서 귀한 존재란 말입니다. 우리 인간이 하나님 보시기에 얼마나 귀한 존재인지, 하나님께서 우리 인간을 얼마나 사랑하시는가를 깨달으셔야 합니다. 하나님께서 우리 인간을 정말로 사랑하십니다.

흔히 구약성경을 잘 모르시는 교인들이 구약의 하나님을 무서운 하나님, 잔인한 하나님으로 알고 있는데 하나님은 사랑이십니다. 하나님은 인간을 얼마나 사랑하시는가를 창세기 1장 1절에서부터 보여 주고 있습니다. 창세기 1:26, 27에서 하나님은 자기 형상을 따라 인간을 만드셨다고 했습니다. 우리 하나님의 자녀된 자들은 위대합니다. 하나님보다 조금 못한 자, 감히 하나님과 비교합니다. 태양과 비교하는 것이 아니라, 태양보다 2000 배나 더 큰 그 별과 비교하는 것도 아닌, 하나님과 비교해서 하나님보다 조금 못한 존재란 말입니다. 이 말은 천사보다 더 높고 천사장 보다 더 높다는 말입니다. 인간은 온 우주에서 가장 높고 영화롭고 존귀하게 창조된 존재입니다.

우리의 조상 아담과 하와가 마귀에게 속아 죄를 지음으로 마귀에게 빼앗긴 이 지구 상에서 우리가 비록 가진 것 없고, 별 볼 일 없는 존재들이었지만, 하나님은 구원받은 하나님의 자녀 한 사람, 한 사람을 얼마나 귀하게 여기는지 모릅니다. 예수님은 구원 받은 한 사람이 천하보다 귀하다고

창세기 1-2장의 본문 해석

창세기 1-2장에서 하나님이 만드신다는 히브리어 단어가 2개 있습니다. 한 단어는 '바라' 이며, 다른 단어는 '아싸' 입니다. 바라는 무에서 유를 창조하실 때 사용되었으며, 아싸는 이미 있는 재료를 가지고 어떤 물질을 만드실 때에 사용된 단어입니다. 창조기사에서 먼저 몇 가지 단어들의 의미를 깨달아야 창조기사를 좀더 쉽게 이해할 수 있습니다.

먼저 하나님이 이르시되(히브리어, 아마르)했는데, 하나님이 마음으로 말씀하시는 것입니다

말씀하신 적이 있는데 창세기 1장 1절의 말씀에 의해서 그렇게 말씀하신

(Say in Heart). 자기가 자기에게 말하는 것입니다. 하나님께서 말씀하실 때에 어떤 대상에게 말씀하시는 것이 아니라 하나님 자신이 하나님께 말씀하시는 것입니다. 하나님의 뜻이 세워지는 것입니다. 하나님이 어떤 것을 만드실 뜻을 가지시면 그것이 만들어지는 것입니다. 하나님이 무엇을 만드셔야 되겠다고 뜻을 가지실 때에 그것이 이루어지는 것입니다.

두번째로 **그대로 되니라**(히브리어, 아이히켄)인데 이것은 그 상태로 계속적으로 있는 것을 말합니다. 이루어진 상태 그대로 계속 되어진다는 뜻입니다. 있다가 없어지는 것이 아니고 계속적으로 존재되어 간다는 것입니다.

세번째로 하나님이 **보시기에 좋았더라** 인데 이것은 하나님이 보시기에 좋지 않으면 없어지는 것입니다. 그러므로 무엇이든지 계속 존재하려면 하나님이 보시기에 좋아야 하는 것입니다. 이 세 단어 이르시되와 그대로 되니라와 하나님이 보시기에 좋았더라는 바로 그런 뜻입니다. 창세기 1장과 2장에서 하나님이 이르시되가 10번 기록되어 있습니다.

첫번째로 창1:3에 하나님이 이르시되 빛이 있으라 했으며, 두번째로 6절에 궁창의 윗물과 아랫물로 나누라 했을 때에 하나님이 이르시되 했으며, 세번째는 9절에 천하의 물을 한 곳으로 모으고 뭍이 드러나라 하실 때이며, 네번째는 11절에 땅은 풀과 씨맺는 채소와 각기 종류대로 씨 가진 열매맺는 과목을 내라 하실 때이며, 다섯번째는 14절에 하늘의 궁창에 해 달 별이 있으라 하실 때이며, 여섯번째로 20절에 물들에 물고기로 충만하라 하실 때이며, 일곱번째는 24절에 땅은 생물로 가득차라 하실 때이며, 여덟째는 26절에 사람을 창조하실 때이며, 아홉번째는 29절에 하나님이 사람에게 식물들을 음식물로 주실 때이며, 열번째는 창세기 2:18에 남자에게 돕는 배필을 주시겠다고 하실 때 입니다.

하나님이 천지를 창조하실 때의 일의 순서는 먼저 생각하시고, 그 생각하신 것이 실제로 생깁니다. 하나님께서 그것을 보시고 좋으시면 그것은 그대로 계속되어 가는 것입니다. 그대로 되니라는 7절, 9절, 11절, 15절에 있는데, 7절은 궁창이며, 9절은 땅과 바다, 11절은 풀, 나무이며 15절은 해 달 별들 입니다. 그런데 3절에 하나님이 이르시되 빛이 있으라 하시매 빛이 있었다고 했지 그대로 되니라 하지 않았습니다. 이 빛은 오늘날의 빛이 아닙니다. 오늘날의 빛이라면 그대로 되니라 하셨을 것입니다. 빛이 있었다고 한 것은 오늘날의 빛이 아니라 빛 자체인 빛이었을 것입니다. 실제로 히브리어도 그 때의 그 빛은 '오르' 라고 하는데 17절의 해 달 별에서 비취는 빛을 발광체인 '마오르' 라고 합니다. 그런데 20-22절에서 하나님이 바다의 물고기들을 만드실 때는 그대로 되니라 하지 않았습니다. 물고기 중에서 큰 물고기 즉 공룡은 홍수 후에 지면에서 사라짐으로 그대로 되니라 하지 않으신 것 같습니다.

"하나님이 보시기에 좋았더라" 는 4절에서 하나님이 빛을 보시고 좋았다고 했으며 10절의 땅과 바다, 12절에는 풀 채소 나무들을 만드실 때이며, 18절에서 태양계를 만드실 때에 보시기에 좋았다고 했으며, 21절에 물의 물고기와 새들을 만드신 후에 보시기에 좋았다고 했습니다. 25절에서는 짐승을 만드실 때에 보시기에 좋았다고 했으며 마지막으로 31절에서 하나님이 지으신 모든 것을 보시고 심히 좋아하셨습니다. 그런데 사람을 만드실 때는 보시기에 좋았다고 하지 않았습니다. 오히려 창세기 6;6,7에서 사람 지었음을 한탄하셨습니다. 하나님이 창조하신 인간들을 홍수로 쓸어버리십니다. 하나님은 창조하실 때부터 인간의 문제가 일어날 것을 아셨다는 것입니다. 그런 상태에서 인류의 역사가 시작된 것입니다.

것입니다. 세상 사람들에 비해 좀 덜 먹고, 좀 덜 가지고 좀 적게 누리고 살 뿐만 아니라 마귀의 자식들이 우리를 볼 때에 별 볼 일 없게 여긴다 할지라도 관계하지 마시고 믿음생활 하는데만 신경을 쓰시기 바랍니다. 우리들은 하나님의 존귀한 자들입니다. 하나님보다 조금 못하게 지음 받은 자들입니다. 우주에서 모든 피조물보다 가장 존귀한 자들입니다. 하나님 다음으로 높은 자들인 하나님의 자녀들입니다.

사탄의 정체

창세기 1:2, 이사야 14:12-19, 에스겔 28:12-15

창세기 1:1말씀에서 하나님께서 우주 공간에 바다의 모래와 같이 수많은 별들을 만드 실 때에 수많은 별들과 비교하여 크기가 보잘 것 없는 지구를 우주공간의 다른 모든 별들과 동등하게 귀하게 보셨다는 것입니다. IN THE BEGINNING GOD CREATED THE HEAVENS AND THE EARTH에서 THE HEAVENS AND THE EARTH라 해서 하늘들과 지구를 동격으로 놓았습니다. 이말은 우주와 지구를 대조했다는 말입니다. 이렇게 하나님께서 지구를 중요하게, 귀하게 여기셨습니다. 이유는 그 속에 인간이 살게 되기 때문입니다. 왜 하나님은 인간을 그렇게 귀하게 여겼습니까? 그것은 인간을 구원하려 하나님이신 예수 그리스도께서 인간의 몸으로 이 땅에 오실 것이기 때문입니다. 이것이 놀라운 비밀인 것입니다. 이것은 하나님께서 우주를 창조하시기 전부터 계획하신 비밀입니다. 하나님께서 인간을 그렇게 존귀한 존재로 삼으셨다는 사실입니다.

1. 우주창조 속에 예수 그리스도의 비밀이 있습니다

하나님께서 인간을 창조하신다는 사실에 대해서 천사들이 굉장한 호기심을 가진다는 것을 성경말씀을 통해서 볼 수 있습니다.

베드로전서 1:8-12, '예수를 너희가 보지 못하였으나 사랑하는도다 이제도 보지 못하나 믿고 말할 수 없는 영광스러운 즐거움으로 기뻐하니 9 믿음의 결국 곧 영혼의 구원을 받음이라 10 이 구원에 대하여는 너희에게 임할 은혜를 예언하던 선지자들이 연구 하고 부지런히 살펴서 11 자기 속에 계신 그리스도의 영이 그 받으실 고난과 후에 받으실 영광을 미리 증언하여 누구를 또는 어떠한 때를 지시하시는지 상고하니라. 12 이 섬긴 바가 자기를 위한 것이 아니요 너희를 위한 것임이 계시로 알게 되었으니 이것은 하늘로부터 보내신 성령을 힘입어 복음을 전하는 자들로 이제 너희에게 알린 것이요 **천사들도 살펴 보기를 원하는 것이니라.**'

이 말의 뜻은 하나님이신 그리스도께서 사람의 몸으로 오셔서 고난을 받게 될 것이고, 그렇게 해서 인간이 죄 가운데서 구원을 받게 될 것입니다. 이런 일이 어떻게 이루어지는지를 선지자들이 많이 연구하였는데, 성령님이 임하심으로 복음 전하는 자들에게 그 의미를 깨닫게 해주셔서 증거하게 하셨다는 의미입니다. 이 비밀은 만세 전부터 계획하신 하나님의 비밀이었습니다. 이 비밀에 대해서 천사들도 알아 보기를 원했다는 말씀입니다. 성경에는 그리스도의 비밀이란 말이 많이 나옵니다.

에베소서 3:2-11, '너희를 위하여 내게 주신 하나님의 그 은혜의 경륜을 너희가 들었을 터이라. 3 곧 계시로 내게 비밀을 알게 하신 것은 내가 먼저 간단히 기록함과 같으니 4 그것을 읽으면 내가 **그리스도의 비밀**을 깨달은 것을 너희가 알 수 있으리라 5 이제 그의 거룩한 사도들과 선지자들에게 성령으로 나타내신 것같이 **다른 세대에서는 사람의 아들들에게 알리지 아니하셨으니** 6 이는 이방인들이 복음으로 말미암아 그리스도 예수 안에서 함께 상속자가 되고 함께 지체가 되고 함께 약속에 참여하는 자가 됨이라 .... 작은 자보다 더 작은 나에게 이 은혜를 주신 것은 측량할 수 없는 그리스도의 풍성함을 이방인에게 전하게 하시고 9 **영원부터 만물을 창조하신 하나님 속에 감추어졌던 비밀의 경륜이** 어떠한 것을 드러내게 하려 하심이라 10 이는 이제 교회로 말미암아 하늘에 있는 통치자들과 권세들에게 하나님의 각종 지혜를 알게 하려 하심이니 11 곧 영원부터 우리 주 그리스도 예수 안에서 예정하신 뜻대로 하신 것이라'

골로새서 4:3 **그리스도의 비밀을** 말하게 하시기를 구하라 내가 이 일 때문에 매임을 당하였노라.'

2. 공허하고 혼돈, 흑암에 차 있는 지구

이렇게 중요하고 귀하게 창조하신 지구가 창세기 1:2에서는 공허하고 혼돈하며 깊은 흑암으로 둘러쳐 있습니다. 하나님에게는 공허하고 혼돈하고 흑암의 속성이 없습니다. 하나님은 완전하신 분이요, 온전하신 분입니다. 이사야 선지자는 하나님께서 말씀하시기를 하나님께서 지구를 만드실 때에 공허하고 혼돈스럽게 창조하지 않으셨고 처음부터 사람이 살기 좋게 만드셨다고 했습니다.

이사야서 45:18, '대저 여호와께서 이같이 말씀하시되 하늘을 창조하신 이 그는 하나님이시니 그가 땅을 지으시고 그것을 만드셨으며 그것을 견고하게 하시되 **혼돈하게 창조하지 아니하시고 사람이 거주하게 그것을 지으셨으니** 나는 여호와라 나 외에 다른 이가 없느니라'. (For this is what the LORD says-he who created the heavens, he is God; he who

fashioned and made the earth, he founded it; he did not create it
to **be empty, but formed it to be inhabited**-he says: 'I am the
LORD, and there is no other.').

에스겔서 28:13-14 말씀, 창세기 1:1에서 지구를 창조하실 때에 지구에
에덴동산이 이미 있었으며 그곳은 사람이 살기 좋은 곳이었습니다. 그곳
은 각종 보석으로 충만했습니다. 그리고 그 에덴동산을 그룹 천사인 루시
엘에게 지키게 했습니다. 그 지구를 지킬 때에 창세기 3:24의 화염검(불타
는 칼들)으로 지켰습니다. 그러나 루시엘이 하나님께 반란을 일으킨 후에
이 지구를 황폐시켰습니다. 하나님은 창세기 1장에서 다시 그 지구를 사
람이 살기 좋은 환경으로 조성하신 후에 그 속에 사람을 창조하였습니다.
그때에 사탄은 에덴동산 주위에서 맴돌고 있었습니다. 그러므로 하나님
은 아담에게 에덴동산을 지키라고 명령하신 것입니다. 그 이전에는 루시
엘이 지켰는데 사람을 창조하신 후에는 그 에덴동산을 아담으로 하여금
지키게 하신 것입니다(창2:15). 그러나 아담은 사탄에게 속아 죄를 지음으
로 에덴동산에서 쫓겨 나왔습니다. 그 후에 하나님은 다른 그룹천사들과
화염검(어떤 영적 존재인 것 같습니다.)들에게 에덴동산을 지키도록 명령
하셨습니다. 에스겔 28:14에서는 루시엘은 혼자서 에덴동산을 지켰습니
다. 하나님께서 창세기 3:24에서는 그룹천사들이라 하여 그룹천사들 둘
이상이 에덴 동산의 생명나무로 접근하는 길을 지키게 하셨습니다.

> 에스겔28:13-14, '13 네가 옛적에 하나님의 동산 에덴에 있어서 각종 보
> 석 곧 홍보석과 황보석과 금강석과 황옥과 홍마노와 창옥과 청보석과 남
> 보석과 홍옥과 황금으로 단장하였음이여 네가 지음을 받던 날에 너를 위
> 하여 소고와 비파가 준비되었도다.

하나님은 빛이십니다

요한 일서 1: 5, '우리가 그에게서 듣고 너희에게 전하는 소식은 이것이니 곧 하나님은 빛이시라 그에게는 어둠이 조금도 없으시다는 것이니라'

요한계시록 21:23, 25에, '23 그 성은 해나 달의 비침이 쓸 데 없으니 이는 하나님의 영광이 비치고 어린 양이 그 등불이 되심이라. 25 낮에 성문들을 도무지 닫지 아니하리니 거기에는 밤이 없음이라.'

요한계시록 22:5, '다시 밤이 없겠고 등불과 햇빛이 쓸 데 없으니 이는 주 하나님이 그들에게 비치심이라'.

하나님은 지구를 공허하고 혼돈스럽고 흑암으로 만드실 분은 아닙니다. 하나님은 만물을 창조하실 때는 완전하게 창조하시는 분입니다. 하나님은 완전하신 분입니다. 우주를 창조하실 때도 단번에 완전하게 지으실 분입니다. 능력이 없어 형편이 될 때마다 조금씩 조금씩 지어가시는 분이 아닙니다. 창세기 1:1절의 창조하시니라의 히브리어 동사 '바라' 는 문법적으로 과거완료입니다. 이 말은 창세기1:1에서 모든 창조가 완전 무결하게 끝났다는 말씀입니다. 온 우주와 은하계와 지구를 완전히 창조하셨습니다. 하나님은 만물을 창조하신 후에 보시기에 좋았더라고 하셨습니다. 그런데 2절 말씀의 광경은 보시기에 좋았더라고 할 수 없는 상태입니다. 혼돈, 공허, 흑암은 사탄의 속성입니다. 그렇다면 창세기 1:1과 2절 사이에 무슨 큰 사건이 있었던 것이 분명합니다.

3. 그렇다면 사탄은 왜 이런 짓을 행했겠습니까?

요한계시록 12:3, '하늘에 또 다른 이적이 보이니 보라 한 큰 붉은 용이 있어 머리가 일곱이요 뿔이 열이라 그 여러 머리에 일곱 왕관이 있는데 그 꼬리가 하늘의 별 삼분의 일을 끌어다가 땅에 던지더라. ····· 7-9절에, '하늘에 전쟁이 있으니 미가엘과 그의 사자들이 용과 더불어 싸울새 용과 그의 사자들도 싸우나 8 이기지 못하여 **다시** 하늘에서 그들이 있을 곳을 얻지 못한지라. 9 큰 용이 내쫓기니 옛 뱀 곧 마귀라고도 하고 사탄이라고도 하며 온 천하를 꾀는 자라 그가 땅으로 내쫓기니 그의 사자들도 그와 함께 내쫓기니라'

8절 말씀에 보면 '**다시** 하늘에서 땅으로 내쫓긴다' 했습니다 그렇다면 그 전에 내쫓긴 일이 있었던 것 같습니다. 그 때가 언제냐 하는 것입니다.

이사야 14:12-15, '너 아침의 아들 계명성이여 어찌 그리 하늘에서 떨어졌으며 너 열국을 엎은 자여 어찌 그리 땅에 찍혔는고 13 네가 네 마음에 이르기를 내가 하늘에 올라 하나님의 뭇 별 위에 내 자리를 높이리라 내가 북극 집회의 산 위에 앉으리라. 14 가장 높은 구름에 올라가 지극히 높은 이와 같아지리라 하는도다. 15 그러나 이제 네가 스올 곧 구덩이 맨 밑에 떨어짐을 당하리로다.'

여기 아침의 아들 계명성이란 루시엘을 두고 하는 말입니다. 이렇게 영광의 빛으로 충만한 루시엘이 교만하여져 가장 높은 구름에 올라 지극히 높은 하나님과 같아지리라 라고 함으로 하늘에서 반란을 일으킵니다. 그 결과로 하늘에서 쫓겨 땅에 찍혔다고 했습니다. 이사야 14:12-15 말씀과 창세기 1:2절은 연결됩니다.

또 사탄의 기원과 타락에 대한 에스겔 28:13-18을 소개하겠습니다.

13절, '네가 옛적에 하나님의 동산 에덴에 있어서 각종 보석 곧 홍보석과 황보석과 금강석과 황옥과 홍마노와 창옥과 청보석과 남보석과 홍옥과 황금으로 단장하였음이여 네가 지음을 받던 날에 너를 위하여 소고와 비파가 준비되었도다. 14 너는 기름 부음을 받고 지키는 그룹임이여 내가 너를 세우매 네가 하나님의 성산에 있어서 불타는 돌들 사이에 왕래하였도다. 15 네가 지음을 받던 날로부터 네 모든 길에 완전하더니 마침내 네게서 불의가 드러났도다. 16 네 무역이 많으므로 네 가운데에 강포가 가득하여 네가 범죄하였도다 너 지키는 그룹아 그러므로 내가 너를 더럽게 여겨 하나님의 산에서 쫓아냈고 불타는 돌들 사이에서 멸하였도다. 17 네가 아름다우므로 마음이 교만 하였으며 네가 영화로우므로 네 지혜를 더럽혔음이여 내가 너를 땅에 던져 왕들 앞에 두어 그들의 구경거리가 되게 하였도다. 18 네가 죄악이 많고 무역이 불의하므로 네 모든 성소를 더럽혔음이여 내가 네 가운데에서 불을 내어 너를 사르게 하고 너를 보고 있는 모든 자 앞에서 너를 땅 위에 재가 되게 하였도다.'

이사야서14장과 에스겔서 28장 말씀을 분석해 보면 **루시엘*** 은, 하나님의 동산 에덴에 있었고, 그가 지음을 받던 날로부터 그의 모든 길에 완전했으며 각종 보석 곧 홍보석과 황보석과 금강석과 황옥과 홍마노와 창옥과 청보석과 남보석과 홍옥과 황금으로 단장하였고, 그가 하나님의 성산에 있어서 불타는 돌들 사이에 왕래했다고 했습니다. **루시퍼*** 는 타락하기 전 에덴동산에 있을 때에 그룹천사였습니다. 천상에서 스랍천사 다음으로 높은 계열의 천사였습니다.

그의 직분은 기름 부음을 받고 지키는 그룹이었으며, 그가 지음을 받던 날에 그를 위하여 소고와 비파가 준비되었다 했습니다. 그의 **타락 원인은 자기 지위를 지키지 아니하고 자기 처소를 떠났기 때문이라 했습니다. 이사야서 14:13에,** '네 마음에 이르기를 내가 하늘에 올라 하나님의 뭇 별 위에 내 자리를 높이리라 했으며, 14절에서, '가장 높은 구름에 올라가 지극

---

*루시엘 : 타락 전 천사의 호칭
*루시퍼 : 타락 후 천사의 호칭

히 높은 이와 같아지리라' 했습니다.

에스겔 28:16 17, '네 무역이 많으므로 네 가운데에 강포가 가득하여 네가
범죄하였도다. 네가 아름다우므로 마음이 교만하였으며 네가 영화로우므
로 네 지혜를 더럽혔음이여'

1) 천사의 창조

욥기서 38: 4-7은 하나님께서 욥에게 말씀하시는 장면인데, 이 구절들
에 의하면 천사의 창조는 우주만물을 창조하시기 전이었음을 알 수 있습
니다.

'내가 땅의 기초를 놓을 때에 네가 어디 있었느냐 네가 깨달아 알았거든
말할지니라. 누가 그것의 도량법을 정하였는지, 누가 그 줄을 그것의 위
에 띄웠는지 네가 아느냐. 그것의 주추는 무엇 위에 세웠으며 그 모퉁잇
돌을 누가 놓았느냐. 그 때에 새벽 **별들이 기뻐 노래하며 하나님의 아들들
이 다 기뻐 소리를 질렀느니라.**'

**여기서 하나님의 아들들은 천사들을 말합니다. 천사들을 왜 하나님의
아들들이라 하느냐 하면 하나님이 천사들을 직접 창조하셨기 때문입니
다. 아담과 하와 역시 하나님께서 직접 창조하셨기에 하나님의 아들이라
합니다(눅3:38). 그러나 아담 이후의 인간은 사람의 아들들입니다. 욥기
38:4-7의 말씀에서 천지창조할 때에 천사들이 이미 존재했음을 알 수 있
습니다.**

2) 천사의 타락

**천사들의 반란 즉 사탄의 반역은 우주 창조 후 창세기 1:1과 2절 사이에
있었던 것 같습니다. 왜냐하면 사탄의 기원을 알려주는 성경구절들에 땅**

즉 지구가 그 대상이었기 때문입니다.

에스겔 28:13-14, '네가 옛적에 **하나님의 동산 에덴**에 있어서 각종 보석 곧 홍보석과 황보석과 금강석과 황옥과 홍마노와 창옥과 청보석과 남보석과 홍옥과 황금으로 단장하였음이여 네가 지음을 받던 날에 너를 위하여 소고와 비파가 준비되었도다. 14 너는 기름 부음을 받고 지키는 그룹임이여 내가 너를 세우매 네가 **하나님의 성산**에 있어서 불타는 돌들 사이에 왕래하였도다.'

여기서 루시엘은 타락하기 전 하나님의 동산 에덴에 있었음을 보여 줍니다.

이사야 27:1, '그 날에 여호와께서 그의 견고하고 크고 강한 칼로 날랜 뱀 리워야단 곧 꼬불꼬불한 뱀 리워야단을 벌하시며 바다에 있는 용을 죽이시리라'

이사야 51:9, '여호와의 팔이여 깨소서 깨소서 능력을 베푸소서 옛날 옛시대에 깨신 것 같이 하소서 라합을 저미시고 용을 찌르신 이가 어찌 주가 아니시며'

시편 89:9-11, '주께서 바다의 파도를 다스리시며 그 파도가 일어날 때에 잔잔하게 하시나이다. 주께서 라합을 죽임 당한 자 같이 깨뜨리시고 주의 원수를 주의 능력의 팔로 흩으셨나이다. 하늘이 주의 것이요 땅도 주의 것이라 세계와 그 중에 충만한 것을 주께서 건설하셨나이다'

시편 74:12-14, '하나님은 예로부터 나의 왕이시라 사람에게 구원을 베푸셨나이다. 13 주께서 주의 능력으로 바다를 나누시고 물 가운데 용들의 머리를 깨뜨리셨으며. 14 리워야단의 머리를 부수시고 그것을 사막에 사는 자에게 음식물로 주셨으며'

3) 천사의 타락 원인

사탄은 왜 지구를 이렇게 황폐하게 만들었습니까? 그의 타락과 반역이 지구의 창조와 관계가 있다고 생각합니다. 사탄은 하나님이 지구에 사람을 창조하는 것을 방해하려고 했기 때문입니다. 그렇다면 왜 사탄이 반역을 했을까요? 그것은 인간의 창조와 관계가 있기 때문입니다. 인간이 창조되기 전에는 모든 피조물 중에 루시엘이 최고의 영광과 위치를 가지고 있었습니다. 그러나 천사는 어디까지나 하나님이 부리는 종으로 지음받은 존재입니다. 히브리서 1:14, '모든 천사들은 섬기는 영으로서 구원 받을 상속자들을 위하여 섬기라고 보내심이 아니냐' 했습니다. 그러나 인간은 처음부터 하나님의 자녀로 삼으시기 위하여 창조하십니다. 그래서 하나님의 형상으로 인간을 창조하십니다. 사탄은 천사, 자신들 외에 사람을 창조하심에 대해 시기, 질투, 반발합니다. 이것 때문에 사탄이 반역을 하게 된 것입니다. 그러나 하나님은 사탄이 반역을 해도 당장 처단하시지 않으시고 어떤 특별한 목적을 위해서 남겨 두십니다.

> 요한계시록 20:1-8, '또 내가 보매 천사가 무저갱의 열쇠와 큰 쇠사슬을 그의 손에 가지고 하늘로부터 내려와서 2 용을 잡으니 곧 옛 뱀이요 마귀요 사탄이라 잡아서 천 년 동안 결박하여 3 무저갱에 던져 넣어 잠그고 그 위에 인봉하여 천 년이 차도록 다시는 만국을 미혹하지 못하게 하였는데 그 후에는 반드시 잠깐 놓이리라……7 천 년이 차매 사탄이 그 옥에서 놓여 8 나와서 땅의 사방 백성 곧 곡과 마곡을 미혹하고 모아 싸움을 붙이리니 그 수가 바다의 모래 같으리라.'

하나님은 사탄으로 하여금 사람들을 미혹하는 일에 사용하셨습니다. 사람들은 마귀에게 속아 미혹받지 않아야 합니다. 마귀 편에 서서는 안됩니다. 하나님은 마귀의 미혹에 넘어가는 자와 그렇지 않은 자를 가려 내십니다

4) 지구를 고치시는 하나님

공허하고 혼돈하며 흑암이 깊음 위에 있는 상태에서 하나님의 영이 수면 위에 운행 하신다 했습니다. 이런 상태를 정돈하시고 채우시려고 준비하고 있습니다. 창 1:2에 지구는 물로 싸여 있습니다. 혼돈과 공허와 흑암의 지구를 정돈하고 채우시는 작업이 창세기 1:3-31절의 과정입니다.

지구를 밝히시고 채우시고 정돈하시는 하나님

창세기 1:3-31

우리는 창세기 1:1과 2절에서 우주를 창조하신 하나님의 뜻을 깨달았습니다. 삼위 하나님께서는 우주를 창조하시기 영원 전부터 예수 그리스도 안에 가지신 예정이 있었습니다. 그것은 우주에 지구를 창조하시고 그 지구에 사람을 창조하실 것이며 사람을 구원하여 하나님의 자녀로 삼으시고자 계획하셨던 것입니다. 그렇게 하시기 위해서 하나님이신 성자 하나님께서 지구에 사람의 몸을 입으시고 오실 것에 대한 계획이었습니다. 신약성경에서는 예수 그리스도를 하나님의 비밀이라고 했습니다. 하나님이신 그분이 사람의 몸으로 오시다니 신비스럽고 비밀스럽습니다. 그래서 지구를 온 우주의 어느 별보다 더 귀하게 여기셨던 것입니다. In the beginning God created the heavens and the earth에서 지구를 우주와 동격으로 놓았습니다.

하나님께서는 창세기 1:1에서 온 우주를 가장 완벽하게, 모든 별들을 완벽하게 창조하셨고, 지구도 완벽하게 창조하셨습니다. 하나님이 사람들처럼 능력이 모자라 미완성 하시다가 나중에 완성하시는 분이 아닙니다. 에스겔 28:13에서 보면 창세기 1:1에 이미 하나님의 동산, 에덴이 지구에 있었던 것으로 말씀하고 있습니다. 그런데 창세기 1:2에 보면 지구가 공허하고 혼돈하며 흑암에 싸였다고 했습니다. 말하자면 이 지구가 사탄으로 인해 황폐하게 되었는데 이제 하나님께서 이 혼돈되고 공허하며 흑암에 싸인 지구를 밝히시고 채우시고 정돈하시는 작업을 하십니다.

먼저 우주창조는 삼위 하나님이 합력하여 창조하셨습니다. '태초에 하나님이 천지를 창조하시니라'에서 삼위 하나님이 완벽한 우주 창조를 하셨습니다. 그런데 지구를 정화하고 채우시고 밝히시는 작업은 성자 하나님의 주도로 이루어집니다. 창 1:2에서 땅이 혼돈하고 공허하며 흑암이 깊음 위에 있는 지구 위를 성령님께서 운행하신다고 하심으로 지구 정화 작업이 시작될 것을 보여 줍니다. 3절부터는 '하나님이 이르시되' 즉 '하나님이 말씀하시되'입니다. 이 하나님은 성자 하나님을 일컫습니다. 요한복음 1:1에 '태초에 말씀이 계시니라 이 말씀이 하나님과 함께 계셨으니 이 말씀이 곧 하나님이시니라' 했습니다.

요한복음 1:1절 말씀에 두 분 하나님이 계십니다. '이 말씀이 하나님과 함께 계셨으니'에서 이 말씀은 성자 하나님, 예수 그리스도를 나타내고, '이 말씀이 하나님과 함께 계시니라'에서 이 하나님은 성부 하나님을 나타냅니다. 요한복음 1:1의 태초가 창세기 1:1의 태초보다 시간적으로 더 먼 태초입니다. 요한복음 1:1의 말씀이 하나님과 함께 계셨고 이 말씀이 곧 하나님이시라고 하심으로 말씀이신 성자 하나님께서 말씀으로 이 지구를 창조하는 작업을 시행하시게 됩니다. 창세기 1:3-31의 지구를 정화하시는 창조 작업은 성자 하나님의 주도적 작업입니다. 사람을 창조하실 때에도 삼위일체 하나님이 함께 하시지만 그 형상은 예수 그리스도의 형상을 닮게 됩니다. 앞으로 지구의 정화 작업과 지구와 사람에 관한 모든 사항들과 하나님의 인간 구속사역도 성자 하나님의 몫입니다.

첫째 날

첫째 날에 창세기 1:2에서 캄캄했던 지구에 빛을 밝히십니다. 여러분이

컴컴한 방에 들어가면 먼저 불을 밝힐 것입니다. 하나님께서 지구를 빛으로 밝히실 때에 두 가지를 생각해 볼 것이 있습니다. 한 가지는 어두움을 남겨 두셨다는 것입니다. 이 말은 지구에 사탄의 존재를 묵인하셨다는 것이요, 둘째는 낮과 밤이 교차한다는 것입니다. 이 말은 지구가 자전하고 있다는 말입니다. 그 뿐만 아니라 지구에 빛을 비추는 항성 (태양)이 있어 그것으로부터 빛을 받고 있다는 말입니다.

둘째 날

둘째 날은 궁창, 하늘을 만드십니다. 그것은 물로 싸여 있는 지구를 아랫 물과 윗물로 나눔으로 하늘을 만드신 것입니다. 하나님께서 물을 창조하신 것은 너무나 신비롭고 신기한 것입니다. 물은 너무나 놀라운 물질입니다. 물질적이고도 영적인 것입니다. 먼저 생각해 볼 것은 하나님께서 지구를 중요하고 귀하게 생각하신 것은 그 속에 사람을 창조하시기 위해서라 말씀드렸습니다. 그런데 이 지구가 탄생될 때에 물로 싸여 있었듯이 사람도 탄생할 때에 어머니 자궁 안에서 물 속에, 물로 싸여 있다는 사실입니다. 하나님께서 궁창(라키아)에게 이름을 붙여 주시는데 하늘이라 했습니다. 하늘은 히브리어로 샤마임인데 이 샤마임은 두 개의 단어가 합쳐진 것입니다. **쉠과 마임**이 합쳐진 것입니다. 마임은 물을 말하고 쉠은 이름을 짓는 것을 말합니다. 물에 이름을 붙이니 샤마임이 되었다는 것입니다. 즉 물에 붙인 이름이 하늘이라는 것입니다. 궁창의 물은 우리가 생각하는 물이 아니고 일종의 액체(liquid)를 말합니다.

셋째 날

셋째 날은 궁창 아래의 물, 즉 지구에 있는 물들을 정리하십니다. 천하의 물에서 천하는 지구를 말하는데 지구의 물은 한 곳으로 모이라고 합니다. 이 모인 물을 바다라고 합니다. 뭍(바샤)은 생물이 살 수 없는 마른 땅을 의미하며 에레츠는 경작할 수 있는 땅을 말합니다. 하나님이 가라사대 천하의 물은 한 곳으로 모이라 하시고 마른 땅이 **드러나니** 이 마른 땅을 경작하게 하셨다는 말입니다. 하나님은 마른 땅을 보시면서 에레츠라 하신 것은 사람이 보기에는 마른 땅이고 아무 것도 할 수 없지만 하나님은 그 땅을 경작할 수 있는 땅이 되게 하신다는 것입니다. 하나님의 뜻이 나타나면 오늘 환경이나 처지가 어떠하든지 간에 좋게 되는 것입니다. 처음 땅(바샤)은 아무 것도 경작할 수 없는 마른 땅이지만 그것은 경작할 수 있는 에레츠가 되는 것입니다. 캘리포니아 땅은 경작할 수 없는 메마른 땅인데 땅에서 물을 뽑아내어 경작을 하는데 밀, 감자, 채소, 오렌지 등 모든 채소와 과일과 농작물을 생산해 냅니다.

물을 한 곳으로 모아 바다라 부릅니다. 지구의 융기작용을 통해서 깊은 곳으로 물을 모으시고 높이 솟은 부분은 뭍이라 해서 육지가 됩니다. 지구와 사람이 비슷한 것이 지구는 물이 70% 이고 육지가 30% 입니다. 그런데 사람도 물이 70%요, 그외 살과 뼈가 30% 입니다. 하나님은 땅에 기능적으로 세 가지 식물들을 조성하십니다. 풀과 씨 맺는 채소들과 각기 종류 대로 씨가진 열매 맺는 과목이라 했습니다. 이 구절을 읽으면서 하나님께서 인간들에게 얼마나 자상 하신가를 깨달았습니다. 저는 사람들이 어떻게 채소를 먹게 되었을까 하는 의문을 가졌었습니다. 아마도 사람들이 오랜 기간 동안 이 풀, 저 풀을 먹어보고 경험으로 먹을 만한 것은 채소로 하고, 나머지는 풀로 인식했을 것이라 생각했습니다. 그런데 성경을 자세히 보니 하나님께서 처음부터 풀은 풀이고 사람이 먹는 채소는 채소로 만드셨다는 사실입니다.

처음부터 하나님께서 사람이 먹을 채소는 따로, 그리고 짐승들이 먹을 풀은 따로 만드셨다는 사실입니다. 창세기 1:11, 12에서 이 말을 두 번이나 반복하고 있습니다. 그리고 창세기 1:29, 30에서 사람이 음식물로 먹을 것들과 동물들이 먹을 음식을 구별 하셨습니다. 노아 홍수가 있기 전까지는 사람이나 동물들의 음식은 모두 식물성이었습니다. 29절에서 각종 씨맺는 채소들과 각종 씨맺는 과수나무들은 사람의 음식물이요 30절에서 땅의 모든 짐승과 공중의 모든 새들과 곤충들의 음식물은 모든 푸른 풀이라고 말씀하셨습니다. 29절에서 주목할 사항은 사람들이 먹는 채소와 과실나무들은 씨맺는 채소, 씨맺는 과목이라해서 씨를 가진 것을 강조합니다. 이것은 씨를 통해서 그 채소들과 과목들을 보존하기 위해서입니다.

그 채소, 그 과목들을 또한 농사짓게 하기 위함입니다. 귀한 채소나 과목들이 없어지면 안 되니까요. 뿐만 아니라 씨를 통해서 농사를 지어 대량 생산을 할 수 있도록 하신 것입니다. 하나님은 처음부터 각종 식물들을 만들었습니다. 어떤 단세포 생물이 진화해서 다른 고등한 생물로 진화한 것이 아니고 처음부터 하나님께서 각기 종류대로 창조하셨다는 것입니다. 또 우리가 지금까지 쉽게 간과한 사실이 있습니다. 창세기의 이 부분을 수없이 읽었는데도 인식하지 못한 것은 채소나 과목들을 하나님께서 말씀으로 창조하신 줄로만 알았습니다.

창세기 1:11,12 말씀을 자세히 보면 하나님께서 땅에게 명령하셔서 채소와 과목들을 내라고 하십니다. 하나님이 직접 식물을 만드시는 것이 아니라 땅으로 하여금 식물을 만들어 내라하십니다. 하나님께서 땅에게 명령하셔서 채소를 내고 과목들을 내게 하셨다는 사실입니다. 땅이 어머니가 되어 거기서 식물이 나오는 것입니다.

'11 하나님이 이르시되 **땅은** 풀과 씨 맺는 채소와 각기 종류대로 씨 가진 열매 맺는 나무를 **내라** 하시니 그대로 되어 12 **땅이** 풀과 각기 종류대로 씨 맺는 채소와 각기 종류대로 씨 가진 열매 맺는 나무를 내니 하나님이 보시기에 좋았더라.'

이 말씀을 보면 하나님께서 땅에게 각종 식물들을 내라 명령하시니 각

식물들이 땅에서 쭉쭉 솟아났습니다. 그래서 땅은 각 식물들의 어머니입니다. 그래서 어느 민족에게나 어느 문화권에나 땅을 모성화합니다.

넷째 날

넷째 날은 해 달 별들을 만드시는데 하나님께서 말씀하시기를 궁창에 광명이 있어야 하겠다고 하십니다. 그런데 한글성경이나 영어성경에서는 빛을 말하는지 빛을 발하는 발광체(해,달, 별들)를 말하는지 구별이 안됩니다. 강신택 박사의 히브리어 한글대역 구약성경에 보면 그것을 뚜렷이 구별하였습니다.

> 창 1:14-18, "그리고 하나님께서 말씀하셨다. 그 하늘들의 넓은 공간에 그 낮과 밤 사이를 가르기 위한 발광체들은 있어라. 그리고 그것들은 징조와 계절과 날들과 해들을 위한 것들이 되게 하라. 15 그리고 그것들은 그 하늘들의 넓은 공간에서 땅 위를 비추기 위한 발광체들이 되게 하라. 그리고 그것은 그와 같이 되었다. 16 그리고 하나님은 두개의 큰 발광체들을 – 큰 발광체는 낮의 통치를 위해서, 그리고 작은 발광체는 밤의 통치를 위해서, 그리고 별들의(통치를 위해서)만드셨다. 17 그리고 하나님께서는 그 땅 위를 비취게 하기 위해서 그것들을 그 하늘들의 넓은 공간에 두셨다. 18 그리고 (그는 그것들을) 낮과 밤을 통치하기 위해서, 그리고 그 빛과 그 어두움 사이를 나누기 위해서(두셨다) 그리고 하나님께서는 (그것들을) 아름답다고 보셨다."

히브리어 성경은 빛은 오르(3, 5,18절)이고 빛을 내는 해, 달, 별들의 발광체를 마오르(**복수는 메오로트**)라고 합니다. 이 마오르 그리고 메오로트는 행성들을 말하며, 오림은 항성들을 말합니다. 그런데 오림은 시편 136편 7절에 나오는데 '하나님께서 우주에 만들어 놓으신 별들'을 오림이라 했습니다. 모세는 창세기 1장에서 하나님께서 만들어 놓으신 별들을 메오로트라 했습니다. 메오로트는 다른 발광체로부터 빛을 받아 반사하는 별들을 말합니다. 달과 태양계의 별들은 태양으로부터 빛을 받아 반사하는 행성 별들입니다. 오림은 자신이 빛을 만들어 내는 항성 별들을 말합니다. 우주에 메오로트 즉 행성들이 많습니다. 그러나 인간의 눈으로는 볼 수 없습니다. 우주에 빤짝이는 별들은 모두 오림인 항성들입니다. 그런데 이상한 것은 태양은 오림이 되어야 하고 달은 메오로트가 되어야 하는데 모세는 창세기 1:14-18절의 별들을 전부 메오로트라고 합니다.

모세가 왜 그렇게 했을까요. 모세는 창세기 1:14-18절의 별들이 우주의 항성 별들이 아니고 태양계의 별들을 말하는 것이라는 것을 우리에게 분명히 구별시키기 위해서입니다. 창세기 1:14-18의 분위기도 태양계를 이야기 하고 있는 것을 봅니다. 14절에 궁창은 지구 위의 하늘을 말하며 그 광명이 하늘의 궁창에 있어 땅을 비추라고 함으로 태양계를 말하고 있습니다. 또 16절에서 '두 큰 광명을 만드사' 하심으로 해와 달 즉, 태양계를 말하고 있음을 확실히 느낄 수 있습니다. 창세기 1:1에서 온 우주의 별들이 모두 창조되었음을 말하고 있습니다.

하늘의 광명체들로 주야를 나누게 하셨다고 했으니 낮은 태양을 말하고 밤은 달을 말합니다. 하나님께서는 빛과 어두움에 각각 이름을 붙여 주시기를 빛은 낮이라 칭하고 어두움은 밤이라 이름을 붙여 주었습니다. 그런데 이런 발광체들로 징조와 사시와 일자와 연한을 이루게 하셨습니다. 16절에 궁창에 두 큰 광명을 만드셨는데 그 큰 광명체로 낮을 주관하게 하셨으니 이것은 태양을 말하고 작은 광명체는 달을 말하는데 밤을 주관하게 했다고 했습니다.

여기서 대부분의 신학자나 예수님을 믿는 과학자들이 혼동하고 실수하는 것은 창세 넷째 날에 지구를 제외한 해와 달과 모든 우주의 별들을 만들었다는 것입니다. 이것은 큰 실수입니다. 창세기 1:1에서는 우주에 별들이 없는 빈공간을 만드시고 그리고 지구만 만드셨다가 넷째 날에 비로소 우주의 빈 공간에 별들을 만드셨다고 합니다. 이것은 틀렸습니다. 창세기 1:1절부터 잘못 단추를 꿰면 모든 것들이 잘못됩니다. 모든 사람들이 창세기 1:1을 창세기의 총론, 창세기 1장의 서론으로 생각합니다. 앞으로 설명할 것에 대한 사전 진술로 생각합니다. 그리고 첫째 날은 창세기 1:1절부터 시작된다고 합니다. 그런 생각이 틀렸다는 것을 증명하겠습니다.

1. 먼저 히브리어 성경의 창세기 1:1에 하나님이 천지를 창조하시니라 하셨는데 여기의 창조하시다의 창조는 '바라' 입니다. 창세기에 만들다는 단어가 두 개 있습니다. 한 단어는 '바라' 이고 다른 단어는 '아싸' 입니다. 바라는 무에서 유를 창조하실 때에 사용 하는 단어인데 창세기 1:1과 창세기 1:21,27(3번)에서 사람을 만드실 때에 사용하셨습니다. 그외 창세기 1장에서 사용된 만들다는 모두 '아싸' 입니다. 이 아싸는 이미 존재 하는 재료를 가지고 어떤 물건이나 물체를 만들 때에 사용되었습니다. 넷째 날 해 달 별들을 만드실 때는 아싸를 사용하셨습니다. 이것은 무에서 유를 창조했다는 말이 아닙니다. 만약 해 달과 우주의 모든 별들을 넷째 날에 창조하셨다면 '바라' 라는 단어가 사용되어졌어야 했습니다. 넷째 날에 만든 해 달 별들은 이미 창세기 1:1에 만들어진 것을 넷째 날에 지구의 환경을 조성하시기 위해 태양계를 조성하셨다는 말입니다.

2. 만약 태양과 달과 우주에 있는 모든 별들을 넷째 날에 창조했다면 지구는 언제 만들어졌냐 하는 것입니다. 지구는 이미 창세기 1:1, 2뿐만 아니라, 3절에서 시작해서 31 절까지 계속 보여 주고 있습니다. 2절의 '땅이 혼돈하고' 에서 땅은 지구를 말합니다. 지구가 이미 창세기 1:1에서 창조되었다는 것을 말해 줍니다. 그리고 모든 해 달 별들도 그 때에 이미 창조(바라)되었습니다. 3절의 첫째 날에 빛을 만드신 것도 지구를 위해서입니다.

3. 창세기 1:1과 2절은 첫째 날에 속하지 않습니다. 첫째 날은 창세기 1:1,2에서부터 시작된 것이 아니고 창 1:3절에서부터 시작됩니다. 3절부터는 지구에 한정되어 창조 작업을 시작하십니다. 첫째 날이란 지구에 한정된 첫째 날을 말합니다. 첫째 날이란 시간을 의미합니다. 시간은 온 우주에 적용할 수 없습니다. 그러므로 첫째 날을 창세기 1:1까지 포함해서는 안됩니다. 온 우주의 첫째 날이 아니고 지구의 첫째 날입니다. 창 1:1에서 지구를 비롯해 온 우주의 별들이 완벽하게 창조되었습니다. 만약 온 우주의 별들이 창세기 1:1에 창조되지 않고 넷째 날에 창조되었다면 이 넷째 날은 지구의 넷째 날이 아니고 온 우주의 넷째 날이 되기 때문에 넷째 날에 우주의 별들이 창조되었다는 것은 모순입니다.

4. 3절의 첫째 날은 지구를 창조한 것이 아니고 이미 존재하는 지구에 빛을 창조하신 것입니다.

5. 만약 넷째 날에 우주의 모든 별들이 창조되었다면 창세기 1:1의 '천지를 창조하시니라'에서 천은 하늘들을(Heavens) 말하는데 하늘에 별들이 없는 우주가 성립될 수 없습니다. 별들이 있기 때문에 우주가 되는 것입니다. 그리고 '천지'에서 천에는 별들이 하나도 없고 지구 하나만 어찌 있습니까?(In the beginning God created the Heavens and the Earth.) 이 문장 속의 heavens에는 별들이 없고 그 옆에 지구만 있다는 것은 모순입니다. 넷째 날이 되기 전에 지구만 만들었다는 말이 되기 때문에 넷째 날에 별들을 만들었다는 것은 모순입니다. 만약 이 heavens에 우주의 모든 별들이 포함되지 않았다면 구태여 heavens를 언급할 필요가 없이 '하나님이 태초에 지구를 창조하시니라'고 하셔야 했을 것입니다.

6. 첫째 날에 빛을 만들고 둘째 날에 궁창을 만들고 궁창 아래 물과 윗

물로 나뉘었고 그 궁창을 하늘이라 했습니다. 둘째 날에도 지구 외에 다른 별들이 우주 상에 없었다는 말은 모순입니다. 셋째 날에 땅에 바다와 육지를 만들었는데 지구를 말합니다. 그 지구의 육지에 각종 식물들과 바다에 식물들을 만드셨는데 이 때도 우주 상에 지구만 존재했다는 말입니까? 우주에 있는 모든 별들이 지구의 식물들 보다 못하다는 것은 우주의 형평상 조화스럽지 못합니다.

그렇다면 넷째 날에 해, 달 별들을 만들었다는 말이 무슨 말입니까?
이 말은 창세기 1:1에서 우주의 모든 별들과 지구를 만드셨는데 넷째 날에 태양계를 조성하셨다는 말입니다. 넷째 날에 해, 달, 별들을 만드셨다고 했는데 이 별들은 태양 계의 별들, 즉 수성, 금성, 화성, 금성 등등을 말합니다. 3절에서 지구에 빛을 만드실 때에 밤과 낮이 있게 하셨는데 이미 지구는 이때부터 자전을 하게 되었고, 지구에게 빛을 비추는 항성이 있었습니다. 그 항성은 바로 태양이었습니다. 그러나 지구가 자전만 하고 있었지 공전은 하지 않았습니다. 그러다가 넷째 날부터 정식으로 태양계가 조성되고 해, 달, 수성, 금성, 목성, 토성, 해왕성, 명왕성들이 태양을 중심으로 공전하는 태양계가 조성된 것입니다. 이런 별들이 창세기 1:1에서 이미 만들어졌었으므로 태양계를 만드시는 것은 '아싸' 인 것입니다. 넷째 날부터 하나님께서 지구의 환경을 조성하시기 위해 이런 행성들을 이끌어 태양계를 형성하신 것입니다.

왜냐하면 그 이유는 14절의 징조와 사시와 일자와 연한을 이루게 하셨기 때문입니다. 이런 네 가지 요소들은 태양계의 지구와 태양과 달과 다른 형제 별들과의 관계에서 이루어지기 때문입니다. 징조란 일식, 월식, 오로라, 밀물, 썰물, 대보름과 달의 기울음 등등입니다. 그리고 사시는 사계절인데 지구의 자전축이 공전궤도와 23.5도로 기울어 지면서 태양 주위를 돌기 때문에 발생하는 현상입니다. 지구의 자전과 공전에 의해 일어나는 봄, 여름, 가을, 겨울입니다. 그리고 연한은 365일로서 지구의 태양을 향한 공전하는 시간이요, 일자는 지구가 자전하는 24시간을 말합니다. 태양계가 형성된 것은 지구의 환경을 위한 것임을 볼 수 있습니다. 창세기 1:2-31은 오직, 모두 지구에 대한 설명인데 넷째 날에 온 우주의 별들을 창조했다는 것은 논리전개에 모순을 나타냅니다. 그리고 첫째 날과 여섯째 날의 길이가 똑같은가 다른가에 대한 논란도 사라질 것입니다. 첫째 날이나 여섯째 날이나 24시간임을 알 수 있습니다.

다섯째 날(창 1:20-23)

이제 다섯째 날이 밝았습니다(창1:20-23). 먼저 창세기 1:20에서 쉬운성경에서 번역하기를

> '20 하나님께서 말씀하셨습니다. "물은 움직이는 생물을 많이 내어라. 새들은 땅 위의 하늘을 날아다녀라."

라고 해서 물에게 물고기와 새를 내라고 명령하십니다. 창세기 1:19절 이전에 하나님께서 만드신 광물질과 식물들은 숨을 쉬지 않는 것들입니다. 생명이 없는 것들입니다. 식물들은 동물과 같이 숨을 쉬는 것이 아닙니다. 숨을 쉬는 동물들에 대해 우리말 성경은 '하나님이 이르시되 물들은 살아 있는 생물로 번성케하라' 해서 '생물(creature)로 번역했습니다. 히브리어로는 '네페쉬 하이야' 인데 하이야는 살아있다는 의미입니다. 네페쉬는 여러가지 뜻이 있는데 구약성경을 영어로 번역할 때에 가장 많이 번역되는 것으로는 혼(soul)입니다. 두번째로는 생명(life)입니다. 세번째는 생물(creature)입니다. 우리 말에는 '네페시 하이야' 를 '살아 있는 **생물**' 로 번역했습니다. 네페쉬를 생물(creature)로 본 것입니다.

숨을 쉬기 때문에 살아 있는 것입니다. 사람이나 동물이나 살았냐 죽었

냐를 알기 위해서는 숨을 쉬느냐 아니냐를 살펴봅니다. 혼(네페쉬)은 생명에 있어서 대단히 중요한 것입니다. 그런데 누가 숨을 쉬게 만드느냐 입니다. 그것은 혼(soul)입니다. 혼이 우리로 하여금 숨을 쉬게 만든다는 것입니다. 혼이 우리 몸을 떠나면 더 이상 숨을 쉴 수 없습니다. 사람이 죽는 것은 혼이 떠나면서 숨이 끊어지고 죽게 되는 것입니다. 이제 숨을 쉬는 동물체인 동물들 즉 물고기와 새, 그리고 땅에 있는 짐승과 곤충들을 말하는데 그것을 만드는데 있어 모세는 무슨 단어를 사용했는가 하면 창1:21에서 하나님께서 큰 물고기를 창조했다고 말합니다. 물이 물고기를 만들고 물이라는 본질로부터 물고기가 되는 것은 창조(바라)가 아니라 만들어지는 아싸가 되어야 하는데 왜 모세는 **아싸** 대신에 **바라**를 사용했습니까? 그리고 새와 짐승들도 마찬가지로 흙에서 만들어졌으면 **아싸**라고 해야 하는데 **바라**라고 했습니다.

아마도 여기서 물고기나 새의 몸은 물이 내지만 그 속에 숨을 쉬게하고 생명을 유지시키는 혼(네페쉬 하이야)은 하나님께서 없는 것에서 창조하셨기 때문에 물고기와 새를 창조(바라)라고 하신 것 같습니다. 물로 하여금 물고기 몸을 만드는 것은 아싸이고 그 몸을 움직이게 하는 혼(네페쉬 하이야)은 바라하셨다고 생각할 수 있습니다.

창세기 1:20, '하나님이 이르시되 물들은 생물로 번성케하라.' 한글 성경에서는 생물로 가득차라고 했는데 히브리어성경(강신택박사)은 그것을 생물로 번역하지 않고 혼(Soul)으로 번역했습니다. 하나님은 물로부터 살아 있는 혼으로 가득차라고 했는데 그 혼은 물고기 혼인 것입니다. 물고기가 혼이 있는 것입니다. 물고기들이 사는 것을 보면 신비롭습니다. 돌고래는 아주 영리합니다. 재주도 잘 부리고 사람에게 훈련을 잘 받습니다.

또 물로 하여금 새를 만들라고 했는데 땅의 하늘에는 새가 날아라 했습니다. 창세기 2:19에서는 여호와 하나님이 흙으로 각종 들짐승과 각종 새를 지으셨다고 합니다. 창세기 1:20에서는 물에게 명령하여 새를 만들라고 하셨습니다. 창1:20과 창2:19의 두 구절의 차이를 어떻게 생각해야 하겠습니까?

여섯째 날(창세기 1:24-25)

드디어 여섯째 날이 밝았습니다. 땅 위에는 각종 짐승들과 곤충들을 만드셨습니다. 땅위의 각종 짐승들과 곤충들도 땅에서 만들어집니다. 하나님께서 땅에게 명령하시기를 창세기 1:24에,

> '**하나님이 이르시되** 땅은 생물을 그 종류대로 내되 가축과 기는 것과 땅의 짐승을 종류대로 내라 하시니 그대로 되니라.'

하나님께서 땅에게 명령하시니 땅이 각종 짐승들을 만들어 냈습니다. 그리고 25절에서,

> '하나님이 땅의 짐승을 그 종류대로, 가축을 그 종류대로, 땅에 기는 모든 것을 그 종류대로 만드시니 하나님이 보시기에 좋았더라.'

땅에서 각종 짐승이 나왔지만 역시 하나님께서 그렇게 하셨고 그렇게 만드신 것입니다.

역시 각종 짐승이나 곤충이 땅에서 나왔기에 땅이 짐승과 곤충들의 어머니입니다. 물속의 물고기들이 죽으면 물로 돌아가는 것은 물에서 나왔기 때문이요, 각종 식물이나 짐승들이 죽으면 땅으로 돌아가는 것이 땅에서 나왔기 때문입니다.

창세기 1:20을 다시 보면 '하나님이 이르시되 물들은 생물로 번성케 하라.' 이 '생물' 로 번역되었던 히브리어 단어는 '네페쉬 하이야' 인데 '살아 있는 혼' 을 말합니다. 이렇게 말씀하신 것은 하나님께서 물에게 그런

능력을 주셨다는 것입니다. 물은 하나님의 힘을 가지고 자기 안에서 혼(Soul)을 만들어 내는 것입니다. 창세기 1:24에서 '하나님이 이르시되 땅은 생물을 그 종류대로 내라' 하셨습니다. 여기서도 생물은 살아 있는 혼(네페쉬 하이야, 리빙 소울)입니다. 살아 있는 혼을 흙이 내는 것입니다. 그렇다면 물고기나 새나 짐승에게 있는 혼은 무엇인가 하는 것입니다. 이것은 물질입니다. 혼은 혼인데 물질입니다. 물에서 만들어진 혼, 흙에서 만들어져 나온 혼은 육체를 움직여 나가는 힘을 가진 것입니다. 하나님께서 우주나 물고기 새 짐승들을 만드실 때는 아주 단순합니다. 물에게 명령하시니 물고기의 혼이 만들어지고, 땅에 명령하시니 짐승들의 혼이 만들어졌습니다. 그랬더니 하나님께서 보시기에 좋았더라고 했습니다.

사람 창조(창세기 1:26-27)

드디어 삼위 하나님께서 사람을 창조하실 때가 되었습니다. 영원 전부터, 우주 창조 전부터 예정하신 인간을 창조하셨습니다. 인간을 창조하시되* 하나님의 형상과 하나님의 모양으로 창조하셨습니다. 그런데 사람의 몸의 재료는 역시 땅입니다. 흙입니다.

---

* '하나님의 형상' 이라는 개념의 어원과 기원 및 그 의미는 무엇입니까? 형상(첼렘)과 모양(데무트)은 히브리어 원문에 접속사 없이 나란히 나옵니다(우리의 형상, 우리의 모양으로). 그러나 70인역(LXX)과 라틴어역(Vulgate)에서는 두 어휘 사이에 접속사 '와' (그리고)가 삽입되기에 이르렀습니다. 그러나 이 접속사의 삽입은 '하나님의 형상' 해석사에서 비극적으로 작용하였습니다. 이러한 두 용어 간의 구분은 희랍적 인간이해와 결합되어 인간을 두 가지 구조 내지 본질을 갖는 이원론적 실재로 해석하는데 결정적인 기여를 하였습니다. 그래서 접속사 '와' 의 단순한 삽입은 오늘 날에 이르기까지 '하나님의 형상' 이해에 복잡한 해석과 오해를 낳고 있습니다. 그러나 히브리어 본문에서 두 어휘는 아무런 의미의 차이가 없습니다. 약간의 차이점이 있다고 한다면, 첼렘과 데무트의 동사적 의미들의 비교에서 첼렘은 '짜르다' , '베다' 라는 동사에서 유래하고(동물이나 사람의 모습대로 조각되는 광경을 묘사할 때 사용되는 단어)로서 석고상을 가리키며 밖을 향하여 대리하는 면을 나타내고, 데무트는 '비슷하다' 라는 동사에서 유래하여 '비슷한 모양' 의 뜻을 가지고 있습니다. 데무트는 안을 향한 반사의 면을 표현한다 할 수 있습니다. 이 두 단어는 사람이 어떤 점에서 하나님과 같은 존재이며, 하나님을 대표하는 존재라는 사상을 나타냅니다.

창세기1:26-28, '26 하나님이 이르시되 우리의 형상을 따라 우리의 모양
대로 우리가 사람을 만들고 그들로 바다의 물고기와 하늘의 새와 가축과
온 땅과 땅에 기는 모든 것을 다스리게 하자 하시고 27 하나님이 자기 형
상 곧 하나님의 형상대로 사람을 창조하시되 남자와 여자를 창조하시고
28 하나님이 그들에게 복을 주시며 하나님이 그들에게 이르시되 생육하고
번성하여 땅에 충만하라, 땅을 정복하라, 바다의 물고기와 하늘의 새와
땅에 움직이는 모든 생물을 다스리라 하시니라.'

여기서 '하나님께서 말씀하시되 우리의 형상을 따라' 했습니다. 아담
은 사람이란 뜻이고 또한 흙이란 뜻입니다. 하나님께서 처음부터 사람에
게 너는 흙이라고 이름을 붙였습니다. 아담의 이름 자체가 흙이란 뜻입니
다. 창세기 1:26에서는 사람을 만드셨다(아싸) 했습니다. 사람을 **아싸**하셨
다고 한 것은 사람의 외모를 하나님을 닮게 하셨다는 의미에서 **아싸**하셨
다고 했습니다. 창세기 1:27에서는 하나님께서 사람을 3번이나 창조(**바
라**)하셨다고 하셨는데 이것은 사람의 영을 창조하신 것을 말씀하시는 것
같습니다. 창세기 1:26,27은 창세기 2:7에서와 같이 영과 혼과 몸을 창조
하셨다는 것을 보여 줍니다. 창2:7에서 하나님께서 아담의 코에 생기를
불어 넣으실 때에 생령(living soul) 즉 혼(네페쉬 하이야)이 되었다 했습
니다.

생기는 히브리어로 니쉬마트 하임입니다. 니쉬마트(네샤마)는 루아흐
(영)와 동의어입니다. 하나님께서 사람의 코에 니쉬마트 하임을 불어넣으
시니 사람이 살아있는 생령(네페쉬 하이야)이 되었다 했습니다. 루아흐와
네샤마는 서로 병행해서 사용되는데 모든 생물들에게 생명을 주는 하나님
으로부터 온 호흡(루아흐, 영)입니다. 네샤마는 직접 인간의 영을 말할 때
도 있습니다(왕상 17:17, 사42:5).

하나님께서 동물의 혼을 만드실 때는 흙에게 명령하여 흙으로 하여금
짐승들과 곤충들의 혼을 내라 하셨습니다. 그러나 사람의 혼을 만드실 때

는 아담의 코에 영을 불으넣으시니 생령 즉 네페쉬 하이야가 나왔다고 했습니다. 그러므로 사람의 살아 있는 혼(Living Soul)은 네페쉬 하이야 이지만 사람의 영에서 만들어진 네페쉬 하이야입니다.

물에서 나온 물고기 혼(네페쉬)과 땅에서 나온 동물들의 혼(네페쉬)이 살아 있을 당시에는 사람이나 짐승이나 별 차이가 없습니다. 살아 있을 동안에는 비교가 되지 않습니다. 그러나 죽고 나면 엄연히 비교가 됩니다. 짐승이나 새나 물고기는 죽으면 그 네페쉬가 몸과 함께 사라져 버립니다. 물고기의 육체는 물 속에서 물로 변해 사라지고, 짐승들은 땅에서 흙으로 변해 그 육체가 사라져 버립니다. 그와 동시에 그들의 네페쉬도 같이 사라져 버립니다. 흙으로 변해 끝나고 맙니다. 그러므로 짐승은 죽으면 지옥에 가거나 천국에 갈 것도 없습니다. 사람들 중에 죽으면 그만이야 하는 사람들은 나는 짐승이야 하는 것과 같습니다.

시편 49:20, '존귀에 처하나 깨닫지 못하는 사람은 멸망하는 짐승과 같도다'

예수님을 믿고 죄사함 받아 거듭나 구원받은 사람의 영은 하나님께로 갑니다. 그래서 성도가 죽으면 돌아가셨다고 합니다. 어디로 돌아 갔는가 하면 하나님께로 말입니다. 불신자의 죽음에 대해서는 돌아가셨다고 말하면 안됩니다. 틀린 말입니다. 왜냐하면 불신자의 저주 받은 영은 지옥으로 가기 때문입니다.

이 말에 대해 전도서 3:19-21의 말씀이 잘 설명하고 있습니다.

'인생들의 혼은 위로 올라가고 짐승의 혼은 아래 곧 땅으로 내려가는 줄을 누가 알랴'(21절)

이 구절은 사람과 짐승의 차이점을 설명하는 구절로 많이 인용하는 말씀입니다. 사람은 하나님의 형상이 있기 때문에 그 혼은 하늘로 가지만 짐 승은 하나님의 형상이 없기 때문에 땅으로 내려간다는 것입니다. 혹은 사 람은 영이 있기 때문에 그 혼이 하늘로 가지만 짐승은 영이 없기 때문에 그 혼이 땅으로 간다고 알고 있습니다. 오늘날 많은 성도들이 그렇게 알고 있습니다. 그러나 이 말씀은 번역부터가 오역이며 이 구절의 의미 또한 다 릅니다. 우선 번역의 문제부터 살펴보겠습니다. 일반적으로 구약성경의 원어인 히브리어에서 사용하는 혼이라는 단어는 네페쉬(nephesh)이며 영 은 루아흐(ruach) 그리고 육은 바살(basar)이라는 단어를 사용하고 있습 니다.

전도서 3장21절에 사용된 사람의 혼이나 짐승의 혼이라는 단어를 보면 히브리어 성경에서는 똑같이 루아흐라는 단어를 사용하고 있는데 이는 영 이라는 의미입니다. 그렇기 때문에 전도서 3:21에 의하면, 사람에게도 영 이 있고 짐승에게도 영이 있다는 말이며, 혼으로 번역한 단어는 모두 영으 로 고쳐야 합니다. 이렇게 고치게 되면 "인생들의 영은 위로 올라가고 짐 승의 영은 아래 곧 땅으로 내려가는 줄을 누가 알랴" (전3:21)라고 번역을 해야 합니다.

그러나 문제는 그렇게 단순하지 않습니다. 이 번역을 그대로 적용하면 사람의 영은 하늘로 가고 짐승의 영은 땅으로 간다는 사실을 증명하는 말 씀이며 이는 짐승과 인간이 다르다는 사실을 입증하는 말씀으로 오해하기 쉽습니다. 만약 이런 식으로 해석을 하게 되면 앞에 나오는 17 절부터 20 절 사이의 말씀의 내용과 충돌이 됩니다.

전도서 3:17-20, '내가 내 마음속으로 이르기를 **의인과 악인을** 하나님이 심판하시리니 이는 모든 소망하는 일과 모든 행사에 때가 있음이라 하였 으며 내가 내 마음속으로 이르기를 인생들의 일에 대하여 하나님이 그들 을 시험하시리니 그들이 자기가 짐승과 다름이 없는 줄을 깨닫게 하려 하

심이라 하였노라. 인생이 당하는 일을 짐승도 당하나니 그들이 당하는 일
이 일반이라 다 동일한 호흡이 있어서 짐승이 죽음 같이 사람도 죽으니
사람이 짐승보다 뛰어남이 없음은 모든 것이 헛됨이로다. 다 흙으로 말미
암았으므로 다 흙으로 돌아가나니 다 한 곳으로 가거니와'

위의 말씀을 요약하면 인생이나 짐승이나 다를 바가 없으며 사람이나
짐승 공히 죽게 되며 흙에서 나와서 흙으로 돌아가는 그러한 존재라는 사
실입니다. 이렇게 사람이나 짐승이나 다를 바가 없다고 해놓고 갑자기 인
생의 영은 하늘로 가고 짐승의 영은 땅 아래로 간다는 말을 하면서 짐승과
인간의 차이점을 설명하려는 것은 문맥상 맞지 않는 해석이 됩니다. 이는
우리 한글 개역성경의 번역이 오해를 하도록 만들어 놓았기 때문입니다.
다른 역본을 한번 보겠습니다.

사람의 숨은 위로 올라 가고 짐승의 숨은 땅 속으로 내려간다고 **누가 장
담하랴**!(공동번역본)

사람의 영은 위로 올라가고 짐승의 영은 아래로 내려간다고 하지만, **누
가 그것을 알겠는가?**'(표준 새 번역본)

사람의 영은 위로 올라가고 짐승의 영은 땅 속으로 내려간다고 **누가 입
증할 수 있겠는가?**(현대인의 성경 번역본) 알 수 없다는 말입니다.

우리가 21절로 이어지는 그 이전의 문맥을 함께 읽는다면, 지금 전도서
의 저자가 일반적인 상식을 부정하고 있다는 것을 금방 알 수 있습니다.
사람들은 흔히 생각하기를, 사람의 혼은 위로 올라가고 짐승의 혼은 아래
로 내려가는 것이니, 사람과 짐승은 크게 다른 것이라고 하지만, 전도서
저자가 깨달은 것은, 사람이나 짐승이 다를 바 없다는 것입니다. 즉 사람
의 영도 구속을 받은 영은 하나님께로 천국으로 돌아가지만 저주 받은 불
신자의 영들은 지옥으로 간다는 말입니다. 그러므로 지옥으로 가는 사람
의 영은 짐승들과 같은 것입니다.

전도서 3:21에서 우리 성도들은 사람만 영이 있고 짐승에게는 혼(네피쉬)만 있는 것으로 알고 있었습니다. 전도서 3:21에서는 짐승에게도 영이 있다고 함으로 우리에게 혼동을 줍니다. 그러나 이것은 구원 받지 못한 사람을 빗대어 하신 말씀입니다.

창세기 3:1-5에서 성경은 뱀을 말하고 있지만 실제로는 뱀과 사탄을 아울러서 말씀하고 있습니다. 하나님께서 뱀에게 말씀하시지만 뱀에게 말씀하실 수도 있고 사탄일 수도 있습니다. 그래서 문맥을 잘 파악해서 하나님께서 뱀에게 말씀하시는지 사탄에게 말씀하시는지를 분별해야 합니다. 창세기 3:14, 15에서 14절은 하나님께서 뱀에게 말씀하시는 것입니다.

> '14 여호와 하나님이 뱀에게 이르시되 네가 이렇게 하였으니 네가 모든 가축과 들의 모든 짐승보다 더욱 저주를 받아 배로 다니고 살아 있는 동안 흙을 먹을지니라.'

15절은 사탄에게 말씀하시는 것입니다.

> '내가 너로 여자와 원수가 되게 하고 네 후손도 여자의 후손과 원수가 되게 하리니 여자의 후손은 네 머리를 상하게 할 것이요 너는 그의 발꿈치를 상하게 할 것이니라 하시고'

마찬가지로 전도서 3:21에서도 짐승이라 하지만 이 짐승이란 말 속에 실제 짐승과 구원받지 못한 영을 가진 사람을 의미하기도 합니다. 왜냐하면 전도서 3:18에서 **악인은 자기가 짐승과 다름이 없는 줄을 깨닫게 하려 하심이라**는 말씀을 하셨기 때문입니다.

> 전도서 3:17, 18, '17내가 내 마음속으로 이르기를 **의인과 악인**을 하나님이 심판하시리니 이는 모든 소망하는 일과 모든 행사에 때가 있음이라 하였

으며, 18 내가 내 마음속으로 이르기를 인생들의 일에 대하여 하나님이 그들을 시험하시리니 그들이 자기가 짐승과 다름이 없는 줄을 깨닫게 하려 하심이라 하였노라'

전도서 3:19,20은 사람과 짐승의 몸이 흙으로 만들어졌고 그래서 죽으면 흙으로 돌아가는 것을 말합니다.

'19 인생(악인)이 당하는 일을 짐승도 당하나니 그들이 당하는 일이 일반이라 다 동일한 호흡이 있어서 짐승이 죽음 같이 사람(악인)도 죽으니 사람(악인)이 짐승보다 뛰어남이 없음은 모든 것이 헛됨이로다. 20 다 흙으로 말미암았으므로 다 흙으로 돌아가나니 다 한 곳으로 가거니와'

그러므로 전도서 3:21은 짐승이라 말하지만 실제로는 구원받지 못한 사람과 그들의 영을 말하는 것입니다.

'21 인생(의인)들의 영은 위로 올라가고 짐승(악인)의 영은 아래 곧 땅으로 내려가는 줄을 누가 알랴'

여기에서 짐승의 영은 구원받지 못한 영을 말합니다.

창세기에서 루아흐가 나오는 곳

창1:2에서 하나님의 영에서, 창3:8에서 날이 서늘할 때의 서늘이 루아흐, 창6:3에 나의 영이 다시는 사람과 함께 하지 않겠다에서 나의 영이 루아흐입니다. 창6:17에 생명의 기운이 있는 육체를 멸한다 했는데 호흡하는 기운이 루아흐입니다. 창7:22에 육지에 있어 숨으로 기운하는 자는 다 죽었다에서 기운이 루아흐입니다. 창8:1에 하나님이 바람으로 땅위에 불게 하셨다에서 바람이 루아흐입니다. 창26:35에 이삭과 리브가 이야기에서 그 때에 이삭과 리브가에게 마음에 근심이 되었다에서 마음으로 번역된 것이 루아흐입니다. 창41:8에서 바로의 마음이 번민했다에서 마음으로 번역된 단어가 루아흐, 창41:38은 바로가 요셉을 향해 하나님의 영이 감동한 사람이라 말할 때에 하나님의 영이 루아흐입니다. 창45:27에서 요셉의 아비 야곱이 기운이 소생했다에서 기운이 루아흐입니다.

예수님, 그는 어떤 분이신가?

창세기 1:26, 27, 히브리서 13:8

위의 제목을 붙인 이유는, 우리가 예수님을 안다고 하지만 사실은 예수님을 너무나 모른다고 할 수 있습니다. 예수님은 하나님이십니다. 그는 영원 전이나 성육신해서 이땅에 오셨을 때나 영원히 동일하십니다. 우리가 주님을 아는 것은 사복음서를 통해서 입니다. 사복음서에서 주님의 출생, 성장, 공생애 때의 가르침과 교훈과 행하신 표적들 정도로만 알고 있습니다. 이땅에 계셨던 33년 중 3년 반의 공생애 때의 주님만 생각하는것입니다. 예수님의 공생애 때의 것만 생각하면서 주님을 안다고 말할 수 없습니다.

성경은 예수님의 성육신 하시기 전의 활동과 모습을 많이 보여 주고 있으며, 성경은 주님이 십자가에 죽으시고 부활, 승천 하신 후 하나님 보좌 우편에 계시면서 행하시는 일들을 또한 많이 보여 주고 있습니다. 여기서 예수님에 대해서 네 가지를 말씀드리면서 한 가지 점에 초점을 맞추려고 합니다. **그것은 예수님은 어제나 오늘이나 영원토록 동일한 형체를 가지고 계신다는 것입니다.**

첫째로 예수님은 하나님의 본체이시다

1. 하나님의 본체의 의미

'예수님이 하나님의 본체' 라는 말은 예수님은 영원 전부터 우리 사람과 같이 형체, 즉 몸을 가지고 있다는 말입니다. 하나님은 삼위일체이십니다. 이 말은 삼위께서 한 몸을 가지고 계신다는 말입니다. 성부하나님은 영이십니다. 성령하나님도 영이십니다. 몸이 없다는 말입니다. 그러나 성자 하나님은 몸을 가지고 있습니다. 이 몸은 성부하나님의 몸도 되고 성령하나님의 몸도 되고 물론 성자하나님의 몸도 됩니다. 성자하나님의 몸을 삼위께서 공유하십니다. 성부하나님을 본다는 것은 성자하나님의 몸을 보는 것입니 다.

> 요한복음 14:6-7, '내가 곧 길이요 진리요 생명이니 나로 말미암지 않고는 아버지께로 올자가 없느니라. 너희가 나를 알았다면 내 아버지도 알았으리라. 이제부터는 너희가 그를 알았고, 또 보았느니라.'

이 구절은 너무나 중요합니다. 7절에서 '이제부터 너희가 그를 알았고 보았느니라' 하신 말씀은 예수님을 알고 예수님을 보는 것이 하나님 아버지를 알고 보는 것이라는 말씀입니다. 예수님께서 바리새인들과의 대화 가운데 요한복음 8:18, 내가 나를 위하여 증언하는 자가 되고 나를 보내신 아버지도 나를 위하여 증언하시느니라' 했습니다.

그랬더니 바리새인들이 묻기를 19절에, '....네 아버지가 어디 있느냐 예수께서 대답하시되 너희는 나를 알지 못하고 내 아버지도 알지 못하느니라. 나를 알았다면 내 아버지도 알았으리로다.' 라고 말씀하셨습니다.

그 당시 바리새인들 뿐만 아니라 예수님의 제자들도 예수님에 대해서 잘 몰랐습니다. 요한복음 14:8에, 빌립이 예수님께 묻기를, '주여 아버지를 우리에게 보여 주옵소서. 그리하면 족하겠나이다' 했습니다. 예수님이 대답하시기를 '빌립아, 내가 이렇게 오래 너희와 함께 있으되 네가 나를 알지 못하느냐 나를 본 자는 아버지를 보았거늘 어찌하여 아버지를 보이라 하느냐' 했습니다. 삼위께서 한 몸을 공유하신다는 말과 예수님이 하나님의 본체라는 말을 이해하지 못하면 이 말이 무슨 말인지 도무지 알 수 없습니다.

예수님을 보는 것이 하나님 아버지를 보는 것입니다. 하나님 아버지를 본다는 것은 예수님을 보는 것입니다. 하나님 아버지의 모습이 예수님의 모습이요, 성령님의 모습이 예수님의 모습입니다. '하나님은 한분' 이시다 라는 말은 삼위이시지만 몸은 한 몸이시다' 라고 말할 수 있습니다. 그 몸은 예수님의 몸입니다. 삼위께서 한 몸을 서로 공유하시기 때문입니다. 요한복음 10:30, '나와 아버지는 하나이니라' 했습니다. 'I and The Father is One.' 삼위께서 한 몸을 가지고 계신다는 말씀입니다.

2. 하나님의 본체 성경구절들

성경에서 '예수님은 하나님의 본체' 라고 표현한 구절들을 찾아 보기로 하겠습니다.

1. 고린도후서 4:4, '그리스도는 하나님의 형상이시라.' 했습니다. 성부와 성령은 형상이 없지만 그리스도는 형상을 가지시며 하나님의 형상이시라는 말입니다.

2. 빌립보서 2:6, '그는 근본 하나님의 본체시나 하나님과 동등됨을 취할 것으로 여기지 아니하시고'

3. 골로새서 1:15, '그는 보이지 아니하는 하나님의 형상이요 ...' 했습니다. 여기에서 하나님 아버지와 성령 하나님은 보이지 않지만 예수님은 보이는 형상을 가지신 하나님이시란 뜻입니다.

4. 히브리서 1:3, '이는 하나님의 영광의 광채시요 그 본체의 형상이시라.' 에서

형상으로 존재하는 분이시란 뜻입니다.

5. 창세기 1:26, 27, '하나님이 가라사대 우리의 형상을 따라 우리의 모양대로 우리가 사람을 만들고...' 했습니다. 여기서 우리의 형상이라고 하시는데 성부 하나님과 성령 하나님은 형상이 없으신데 어떻게 '우리' 라고 말씀하십니까? 삼위일체 하나님은 성자 하나님의 몸을 공유하신다는 말씀입니다. 삼위일체이신 하나님의 형상과 하나님의 모양이 성자 하나님, 예수님의 모양, 예수님의 형상을 말합니다.

27절에서는, '하나님이 자기 형상 곧 하나님의 형상대로 사람을 창조하시되 남자와 여자를 창조하시고' 했습니다. 26절의 복수대명사 '우리' 라고 했는데, 27절에서는 단수 대명사로 바뀌었습니다. '우리' 대신 '자기 혹은 하나님의 형상' 으로 표현되었습니다. 27절의 '자기의 형상' 혹은 '하나님의 형상' 은 예수님의 형상을 말합니다. 보이지 아니하는 하나님의 형상을 가지시기를 영원 전부터 그리고 영원토록 동일하신 분으로서 같은 형상을 가지고 계십니다.

3. 사람의 형상

예수님의 형상이 하나님의 형상이신데 이 하나님의 형상을 사람에게도 주었습니다. 사람이 예수님의 모습을 닮게 되었습니다. 예수님은 성육신 하실 때도 영원 전부터 가지신 당신의 형상을 그대로 가지고 오셨습니다. 마리아의 몸을 통해서 났다고 해서 마리아의 형상을 받아 나온 것이 아니라, 예수님 자신의 형상을 그대로 가지고 오신 것입니다. 예수님은 어제나 오늘이나 영원토록 동일하십니다. 물론 너무나 이땅에서 고생하셨기에 30대가 50대의 사람으로 보여질 뿐만 아니라, 이사야 53장에서는 '연한 순같고, 마른 땅에서 나온 뿌리 같아서 고운 모양도 없고 풍채도 없은즉 우리가 보기에 흠모할 만한 아름다운 것이 없다' 고 표현했습니다.

한편 마태복음 17장에서는 하나님의 광채가 나는 영광의 모습을 잠깐 보여 주기도 했습니다. 자기 형상을 받은 사람들 사이에 오셨을 때도 같은 모습이기에 별로 서로 불편함이 없었습니다. 그런데 여기에서 문제가 생겼습니다. 하나님이신 예수님께서 사람들 사이에 메시야로 오셨는데 사람들이 그를 자신들과 같은 사람이기에 메시야로 영접하지 못했습니다. 오히려 '내가 메시야다. 내가 그리스도다. 나와 하나님은 하나이다 (요10:10)' 라는 말을 믿지 못하고 신성모독죄로 몰아 십자가에 죽었습니다.

4. 천사의 형상

하나님은 사람을 창조하실 때에 하나님의 형상대로 사람을 만드셨는데, 사람뿐만 아니라 천사들을 창조하실 때도 하나님의 형상을 주신 것 같습니다. 성경에는 창세기 1:26, 27과 같이 사람에게 하나님의 형상을 닮게 하셨다고 분명하게 말씀하셨지만 천사들에 대해서는 그런 분명한 언급이 없기는 하지만 성경을 자세히 관찰하면 천사들에게도 하나님의 형상을 주신 것이 분명합니다.

에스겔서 1:14에서 그룹들의 형상에 대한 설명에서 네 그룹들이 각각 네 가지 형상을 가졌는데 첫째 면의 형상은 소의 얼굴이요 둘째 면의 형상은 사람의 얼굴이요, 셋째 면의 형상은 사자의 얼굴이요, 넷째 면의 형상은 날아가는 독수리의 얼굴을 가졌다고 말씀하십니다. 여기에서 그룹의 한 면의 얼굴이 사람의 얼굴이란 점입니다.

계시록 4장의 네 생물들은 이사야서 6장과 같은 스랍들입니다. 계시록 4장에서 네 생물들의 모습을 묘사하고 있는데 이 네 스랍들은 각각 한 가지 얼굴을 가지고 있는데 첫째 스랍의 얼굴은 사자같고, 둘째 스랍의 얼굴은 송아지 같고, 셋째 스랍의 얼굴은 사람같고 넷째 스랍의 얼굴은 독수리 같다고 했습니다. 여기에서도 사람의 얼굴이 나옵니다. 그런데 우리가 유의해야 할 것은 하나님께서 사람을 창조하기 전에 천사들을 창조하셨다는 사실입니다. 사람의 얼굴이 사람들이 창조되기 전에 존재 했다는 말입니다. 왜냐하면 천사는 천지만물을 창조하기 전에 이미 존재하고 있었습니다 (욥기 38:7). 그러므로 하나님께서 천사들을 창조하실 때에 하나님의 형상, 즉 예수님의 형상을 천사들에게도 주셨다는 말씀입니다. 무엇보다도 신구약 성경에 나타나는 천사들이 모두 사람 모양입니다. 창세기 19장의 소돔성의 롯의 집을 방문한 두 천사들을 소돔 사람들이 두 남자로 보았습니다. **다니엘서** 9:21에 가브리엘에 대해 '그 사람 가브리엘' 이라고 말합니다. 결론은 예수님은 영원 전부터 항상 형체를 가지고 계신다는 말입니다.

둘째로 성육신 이전의 예수님

성육신 하기 전의 예수 그리스도는 어떤 형상, 모양을 가지고 있었겠습니까? 구약성경에서 '여호와 하나님'으로서 사람과 관계하시고, 사람에게 나타나시고, 사람을 구원하시는 하나님은 대부분 성자 하나님이십니다. 그분은 우리 사람에게 나타나 보이실 때에 보좌에 앉아 계시기도 하시고 그룹이나 천사들과 함께 거동도 하시고 활동하시는 모습을 보여 주십니다. 어떤 때는 수수한 남자 모습으로 나타나시고 어떤 때는 하나님의 영광 가운데 광채나는 엄위로우신 분으로 보이시기도 하십니다.

1. 보좌에 앉으신 엄위롭고 웅장하신 하나님

이사야 6:1-3, '주께서 높이 들린 보좌에 앉으셨는데 그 옷자락은 성전에 가득하였고 스랍들은 모셔 섰는데 각기 여섯 날개가 있어 그 둘로는 자기 얼굴을 가리었고 그 둘로는 자기 발을 가리었고 그 둘로는 날며 서로 불

러 이르되 거룩하다 거룩하다 거룩하다 만군의 여호와여 그 영광이 온 땅
에 충만하도다.'

이 말씀에서 그 옷자락이 성전에 가득하다는 말씀에서 형상을 가지신
하나님임을 알 수 있으며 이 분이 성육신 전의 예수 그리스도이심을 알 수
있습니다. 보좌에 앉으신 예수님의 위엄이 충만합니다. 이사야는 하나님
을 보고 죽게 되었다고 탄식합니다. 이렇게 위엄찬 영광의 모습을 우리에
게 보여 주고 있습니다.

2. 그룹을 타고 움직이시는 성육신 전 예수 그리스도(에스겔서 1:25-28)

'25 그 머리(그룹)위에 있는 궁창 위에서부터 음성이 나더라 그 생물이
설 때에 그 날개를 내렸더라. 26 그 머리 위에 있는 궁창 위에 보좌의 형
상이 있는데 그 모양이 남보석 같고 **그 보좌의 형상 위에 한 형상이 있어
사람의 모양 같더라.** 27 내가 보니 그 허리 위의 모양은 단 쇠 같아서 그
속과 주위가 불 같고 내가 보니 그 허리 아래의 모양도 불 같아서 사방으
로 광채가 나며 28 그 사방 광채의 모양은 비 오는 날 구름에 있는 무지
개 같으니 이는 **여호와의 영광의 형상의 모양이라** 내가 보고 엎드려 말씀
하시는 이의 음성을 들으니라.'

보좌에 앉으신 분이 사람의 모양이라 했으며 여호와의 영광의 형상이
라 했습니다. 성육신 전 여호와 예수 그리스도의 모습입니다. 그 분의 모
습을 묘사하기를 허리 위의 모양은 단 쇠 같아서 그 속과 주위가 불 같고
허리 아래의 모양도 불 같아서 사방으로 광채가 나는 엄위롭고 웅장한 모
습이 예수 그리스도의 모습입니다.

3. **이사야 9:6,** '이는 한 아기가 우리에게 났고, 한 아들을 우리에게 주

신 바 되었는데 그 어깨에는 정사를 메었고 그 이름은 기묘자라, 모사라, 전능하신 하나님이라, 영존하시는 아버지라 평강의 왕이라 할 것임이라'

4. 다니엘서 10;5, 6, '그 때에 내가 눈을 들어 바라본즉 한 사람이 세마포 옷을 입었고 허리에는 우바스 순금 띠를 띠었더라 6 또 그의 몸은 황옥 같고 그의 얼굴은 번갯빛 같고 그의 눈은 횃불 같고 그의 팔과 발은 빛난 놋과 같고 그의 말소리는 무리의 소리와 같더라'

여기에서 한 사람은 예수 그리스도이신데 에스겔서 1:27의 엄위로운 모습과 같습니다.

5. 창세기 3:8, 9, '그들이 그 날 바람이 불 때 동산에 거니시는 여호와 하나님의 소리를 듣고 아담과 그의 아내가 여호와 하나님의 낯을 피하여 동산 나무 사이에 숨은지라 9 여호와 하나님이 아담을 부르시며 그에게 이르시되 네가 어디 있느냐,'

아담과 하와는 에덴동산에서 형상을 가지신 성자하나님과 자주 산책을 하셨던 모습을 보여줍니다.

6. 하나님 예수그리스도는 사람들 앞에 수수한 모습으로 나타나십니다.

창세기 18: 1-2, 33 '여호와께서 마므레의 상수리나무들이 있는 곳에서 아브라함에게 나타나시니라 날이 뜨거울 때에 그가 장막 문에 앉아 있다가 2 눈을 들어 본즉 사람 셋이 맞은편에 서 있는지라 그가 그들을 보자 곧 장막 문에서 달려나가 영접하며 몸을 땅에 굽혀, … 33 여호와께서 아브라함과 말씀을 마치시고 가시니 아브라함도 자기 곳으로 돌아갔더라'

7. 창세기 32:24-30, '야곱은 홀로 남았더니 어떤 사람이 날이 새도록 야곱과 씨름 하다가 25 자기가 야곱을 이기지 못함을 보고 그가 야곱의 허벅지 관절을 치매 야곱의 허벅지 관절이 그 사람과 씨름할 때에 어긋났더라 26 그가 이르되 날이 새려하니 나로 가게 하라 야곱이 이르되 당신이 내게 축복하지 아니하면 가게 하지 아니하겠나이다 27 그 사람이 그에게 이르되 네 이름이 무엇이냐 그가 이르되 야곱이니이다 28 그가 이르되 네 이름을 다시는 야곱이라 부를 것이 아니요 이스라엘이라 부를 것이니 이는 네가 하나님과 및 사람들과 겨루어 이겼음이니라. 29 야곱이 청하여 이르되 당신의 이름을 알려주소서 그 사람이 이르되 어찌하여 내 이름을 묻느냐 하고 거기서 야곱에게 축복한지라 30 그러므로 야곱이 그 곳 이름을 브니엘이라 하였으니 그가 이르기를 내가 하나님과 대면하여 보았으나 내 생명이 보전되었다 함이더라.'

8. 출애굽기 33:18-23, '모세가 이르되 원하건대 주의 영광을 내게 보이소서 19 여호와께서 이르시되 내가 **내 모든 선한 것을 네 앞으로 지나가게** 하고 여호와의 이름을 네 앞에 선포하리라 나는 은혜 베풀 자에게 은혜를 베풀고 긍휼히 여길 자에게 긍휼을 베푸느니라 20 또 이르시되 **네가 내 얼굴을 보지 못하리니 나를 보고 살 자가 없음이니라** 21 여호와께서 또 이르시기를 보라 내 곁에 한 장소가 있으니 너는 그 반석 위에 서라 22 내 영광이 지나갈 때에 내가 너를 반석 틈에 두고 내가 지나도록 내 손으로 너를 덮었다가 23 손을 거두리니 네가 내 등을 볼 것이요 얼굴은 보지 못하리라.'

9. 다니엘 3: 25, '왕이 또 말하여 이르되 내가 보니 결박되지 아니한 네 사람이 불 가운데로 다니는데 상하지도 아니하였고 그 넷째의 모양은 신들의 아들과 같도다 하고 26 느부갓네살이 맹렬히 타는 풀무불 아귀 가까이 가서 불러 이르되 지극히 높으신 하나님의 종 사드락, 메삭, 아벳느고야 나와서 이리로 오라 하매 사드락과 메삭과 아벳느고가 불 가운데에서 나온지라'

이상의 내용들을 볼 때에 성육신 전의 성자하나님은 형체를 가지셨음을 보여 주고 있으며 예수님은 하나님의 본체라는 것을 보여 줍니다.

셋째로 성육신하신 예수님

예수님이 성육신하신 것은 우리 인간들을 위해서입니다. 그렇다면 예수님이 이 땅에 오셔서 우리를 위해 하신 일이 무엇이겠습니까?

1. 하나님 아버지가 어떤 분이신가를 알려 주셨습니다.

2. 천국에 대해 알려 주셨습니다. 공생애 시작하시면서 첫 마디가 회개하라 천국이 가까왔느니라고 하셨습니다. 천국은 마치 밭에 감추인 보화와 같다고 하셨으며, 천국은 마치 진주를 구하는 상인과 같고 천국은 마치 바다에 쳐서 각종 물고기를 모으는 그물과 같다고 했으며, 천국은 마치 사람이 밭에 심은 겨자씨와 같다고 했습니다. 주님은 우리에게 수 없이 천국에 대해 알려 주시려고 했습니다.

3. 주님은 십자가에 죽으시고 부활하심으로 죄사함과 천국 가는 길을 열어 주셨습니다.

4. 주님은 성령님을 보내 주시고 교회를 세우셨습니다.

5. 제자들을 세우셔서 온 천하에 교회를 세우도록 하셨습니다.

6. 세상 끝날에 일어날 일들을 알려 주시면서 그 때를 준비케 하셨습니다.

7. 주님은 완전한 하나님이시면서 완전한 사람으로 사셨습니다. 하나님이기 때문에 그렇게 살 수 있었습니다.

8. 주님은 하늘 나라 차원의 이적과 표적들을 행하셨습니다. 죽은 자를 살리고 나병을 고치고, 중풍병자를 고치고, 날 때부터 맹인의 눈을 뜨게 하고, 떡 다섯 개와 물고기 두 마리로 오천 명을 먹이시고, 귀신을 쫓아 내시고, 바다와 파도에게 명령하셨습니다. 주님이 말씀하시기를 너희들이

내말을 믿을 수 없다면 내가 행하는 일을 믿으라 (요10;11, 5:36)했습니다.

9. 주님은 마음만 먹으면 언제든지 하나님의 영광의 모습으로 변형될 수 있었습니다 (마17:2). 열두 군단의 천사들을 동원하실 수 있었습니다 (마26:53). 주님은 성육신하셔서 형상을 가지셨습니다.

넷째로 부활, 승천하셔서 형체로 하나님 보좌 우편에 계시는 하나님, 예수 그리스도

1. 부활하신 후 지상에 40일 동안 계시면서 사람들에게 부활체를 보여 주시고 그 몸을 만져 보게도 하시고 음식을 먹어 보이시기도 하셨습니다. 부활하신 예수님의 몸은 체질적으로 완전한 하나님의 몸의 체질이지만 그 모습은 십자가에 죽으시기 전의 모습과 부활한 후의 모습이 같았습니다. 만약 달랐다면 예수님의 제자들이 부활하신 예수님을 알아 보지 못했을 것입니다. 그랬다면 제자들이 예수님의 부활을 믿지 못했을 것입니다.

> 누가복음 24:36-43, '이 말을 할 때에 예수께서 친히 그들 가운데 서서 이르시되 너희에게 평강이 있을지어다 하시니 37 그들이 놀라고 무서워하여 그 보는 것을 영으로 생각하는지라 38 예수께서 이르시되 어찌하여 두려워하며 어찌하여 마음에 의심이 일어나느냐 39 내 손과 발을 보고 나인 줄 알라 또 나를 만져 보라 영은 살과 뼈가 없으되 너희 보는 바와 같이 나는 있느니라 40 이 말씀을 하시고 손과 발을 보이시나 41 그들이 너무 기쁘므로 아직도 믿지 못하고 놀랍게 여길 때에 이르시되 여기 무슨 먹을 것이 있느냐 하시니 42 이에 구운 생선 한 토막을 드리니 43 받으사 그 앞에서 잡수시더라.' 했습니다.

부활체는 살과 뼈가 있으나 시간과 공간을 초월하는 몸입니다.

2. 사도행전 1:10-12, '10 올라가실 때에 제자들이 자세히 하늘을 쳐다보고 있는데 **흰 옷 입은 두 사람**이 그들 곁에 서서 11 이르되 갈릴리 사람들아 어찌하여 서서 하늘을 쳐다보느냐 너희 가운데서 하늘로 올려지신 이 예수는 **하늘로 가심을 본 그대로 오시리라** 하였느니라'

부활하셔서 제자들에게 보여 주셨던 그 얼굴 그 모습으로 승천 하시는 장면을 성경은 우리에게 선명하게 공개하고 있습니다.

3. 사도행전 7:55-56, '스데반이 성령 충만하여 하늘을 우러러 주목하여 하나님의 영광과 및 예수께서 하나님 우편에 서신 것을 보고 56 말하되 보라 하늘이 열리고 **인자가 하나님 우편에 서신 것을** 보노라 한대'

스데반은 하늘 보좌 우편에 서서 계시는 분이 예수님이라고 말합니다.

4. 계시록 4장과 이사야 6장에서의 예수님의 모습. 2700년전 이사야가 본 하늘보좌에 계신 예수님의 모습과 2,000년 전의 사도 요한이 하늘보좌에서 본 예수님의 모습이 동일 합니다.

계시록 4: 2 '내가 곧 성령에 감동되었더니 보라 하늘에 보좌를 베풀었고 그 보좌 위에 앉으신 이가 있는데 앉으신 이의 모양이 벽옥과 홍보석 같고 또 무지개가 있어 보좌에 둘렸는데 그 모양이 녹보석 같더라'

5. 계시록 1:13-16에서 승천하셔서 천상에 계시는 예수님의 모습입니다. 사람의 모습입니다.

'13 촛대 사이에 **인자 같은 이**가 발에 끌리는 옷을 입고 가슴에 금띠를 띠고 14 그의 머리와 털의 희기가 흰 양털 같고 눈 같으며 그의 눈은 불꽃 같고 15 그의 발은 풀무 불에 단련한 빛난 주석 같고 그의 음성은 많은 물 소리와 같으며 16 그의 오른손에 일곱 별이 있고 그의 입에서 좌우에 날 선 검이 나오고 그 얼굴은 해가 힘있게 비치는 것 같더라'

(에스겔1:27의 모습과 같음)'

6. 계시록 19:11-16, '또 내가 하늘이 열린 것을 보니 보라 백마와 그것을 탄 자가 있으니 그 이름은 충신과 진실이라 그가 공의로 심판하며 싸우더라. 12 그 눈은 불꽃 같고 그 머리에는 많은 관들이 있고 또 이름 쓴 것 하나가 있으니 자기밖에 아는 자가 없고 …. 14 하늘에 있는 군대들이 희고 깨끗한 세마포 옷을 입고 백마를 타고 그를 따르더라 15 그의 입에서 예리한 검이 나오니 그것으로 만국을 치겠고 친히 그들을 철장으로 다스리며 또 친히 하나님 곧 전능하신 이의 맹렬한 진노의 포도주 틀을 밟겠고 16 그 옷과 그 다리에 이름을 쓴 것이 있으니 만왕의 왕이요 만주의 주라 하였더라.'

이와 같이 아마겟돈 전쟁을 수행하시려 오시는 주님의 모습도 사람의 모습입니다.

7. 계시록 22: 3-4, '다시 저주가 없으며 하나님과 그 어린 양의 보좌가 그 가운데에 있으리니 그의 종들이 그를 섬기며 4 그의 얼굴을 볼 터이요 그의 이름도 그들의 이마에 있으리라.'

그의 얼굴을 볼 것이라는 말은 우리가 거룩한 성 새 예루살렘에서 예수님의 얼굴을 다시 보게 될 것이란 말입니다. 에덴동산에서 아담과 하와가 예수님을 얼굴로 보았듯이, 예수님의 제자들이 성육신하신 예수님의 얼굴을 서로 보았듯이, 앞으로 우리도 주님의 얼굴을 보게 될 것입니다. 에덴동산에서 거니시던 예수님은 앞으로 우리가 거룩한 성 예루살렘에서 예수님과 함께 생명강 좌우편에 울창하게 들어찬 생명 나무 숲 길을 거닐게 될 것입니다.

이와 같이 예수님은 영원 전부터 형상, 몸을 가지고 계셨으며 성육신 하시고 승천 하실 때와 천상에 계실 때도 형상을 가지신 모습이며 영원토록 예수 그리스도는 형상을 가지실 분입니다. 성육신을 마감하신 후 승천하신 후에도 사람 모양의 형체를 가지신 천상의 예수님을 보았습니다. 예수님은 하나님의 본체이시며 그 본체, 형체, 형상, 모양을 영원 전부터 가지고 계셨으며 또 영원히 가지고 계십니다.

~

하나님이 사람을 창조하신 목적
— 많은 아들을 얻기 위함

창세기 1:26, 27 요한복음 1:12

히브리서 2:10-12, '그러므로 만물이 그를 위하고 또한 그로 말미암은 이가 많은 아들들을 이끌어 영광에 들어가게 하시는 일에 그들의 구원의 창시자를 고난을 통하여 온전하게 하심이 합당하도다 11 거룩하게 하시는 이와 거룩하게 함을 입은 자들이 다 한 근원에서 난지라 그러므로 형제라 부르시기를 부끄러워하지 아니하시고 12 이르시되 내가 주의 이름을 내 형제들에게 선포하고 내가 주를 교회 중에서 찬송하리라 하셨으며'

1. 어떻게 하나님의 참 자녀가 되는가?

우리가 어떻게 하나님의 자녀가 될 수 있었는가를 아는 것이 중요합니다. 하나님은 영원하신 분입니다. 영원세계에서 영원히 사시다가 어느 시점에서 천사들을 창조하시고 또 어느 시점에 우주 만물을 창조하셨습니다. 창세기 1:1과 요한복음 1:1에 '태초' 라는 말씀이 나옵니다. 구약성경 창세기 1장 1절인 **'태초에 하나님이 천지를 창조하시니라'** 입니다. 다른 한 곳은 신약성경 요한복음 1장 1절인 **'태초에 말씀이 계시니라 이 말씀이 하나님과 함께 계셨고 이 말씀은 곧 하나님이시니라'** 했습니다.

창세기 1장 1절의 태초와 요한복음 1장 1절의 태초가 시간적으로 같지 않습니다. 요한복음 1장 1절의 태초가 창세기 1장 1절의 태초보다 시간적으로 더 먼 과거에 속하는 태초입니다. **요한복음 1장 1절의 태초와 창세기 1장 1, 2절의 태초 사이에 하늘에서 큰 사건이 있었습니다. 그것은 루시엘의 반란이었습니다.**

이사야 14:12-15, 겔 28:16에 보면 루시엘(루시엘은 타락하기 전, 루시퍼는 타락한 사탄)은 하나님을 가장 가까이에서 찬양하면서 하나님을 섬기는 천사장이었습니다. 다른 어느 피조물보다 아름답고 영리하며, 권세를 가진 천사장이었습니다. 그는 아름다운 목소리와 악기로 하나님을 찬양하였고, 감미로운 말들을 비롯한 여러가지로 하나님을 즐겁고 기쁘시게 해드렸습니다. 그런데 세월이 무수히 흐르면서 하나님으로 부터 지극한 사랑을 받고 높은 권세를 누리다 보니 교만하여 하나님과 같이 되려고 천상의 쿠데타를 일으켰습니다.

이사야 14:12-15을 보면 루시퍼에 대하여

"12 너 아침의 아들 계명성이여 어찌 그리 하늘에서 떨어졌으며 너 열국을 엎은 자여 어찌 그리 땅에 찍혔는고 13 네가 네 마음에 이르기를 내가 하늘에 올라 하나님의 뭇 별 위에 내 자리를 높이리라 내가 북극 집회의 산 위에 앉으리라. 14 가장 높은 구름에 올라가 지극히 높은 이와 같아 지리라 하는도다. 15 그러나 이제 네가 스올 곧 구덩이 맨 밑에 떨어짐을 당하리로다"

이렇게 루시엘이 타락하는 것을 보고 하나님은 슬펐습니다. 루시퍼는 한낱 피조물에 지나지 않습니다. 루시퍼의 배신과 그의 교만, 그리고 그 휘하에 있는 영들의 악한 역사로 인한 아픔을 지금까지 오래 참고 계십니다. **하나님께서 단번에 멸하실 수도 있지만 그렇게 하시지 않는 이유는 하**

나님께서는 알곡 된 참자녀를 얻기 위해서 였습니다.

하나님은 전지전능 하신 분이시기에 루시퍼의 타락까지도 알고 계셨으며, 그 루시퍼의 타락까지도 하나님의 거룩한 뜻을 이루시는데 사용하십니다. 이제부터 삼위일체 하나님은 인간을 창조하시기를 작정하셨습니다. 하나님은 루시퍼의 타락을 이용해서 많은 인간들 중에 하나님의 참 아들들을 고르실 것을 작정하셨습니다.

하나님께서는 천사들을 창조하실 때에 부리는 영들로 만드셨습니다. 그러나 사람을 창조하실 때는 하나님의 아들로 만드시기로 작정하셨습니다. 천사들은 각각의 영들로 창조되었기에 천사 마다 그 영이 다릅니다. 이들은 스스로 재 생산하지 않습니다. 천사들은 한번 만들어지면 그대로 영원히 삽니다. 그러나 사람의 영은 한 영으로 만들었습니다. 하나님께서 인간을 만드실 때는 남자와 여자로 만드시고 이들을 통해서 사람들을 재생산 하도록 구상하셨습니다

> 말라기 2:15, '그에게는 영이 충만하였으나 오직 하나를 만들지 아니하셨느냐 어찌하여 하나만 만드셨느냐 이는 경건한 자손을 얻고자 하심이라 그러므로 네 심령을 삼가지켜 어려서 맞이한 아내에게 거짓을 행하지 말지니라.'

하나님께서 많은 영을 만드실 수 있지만 사람의 영은 하나만 창조하셨습니다. 그 이유는 경건한 자손을 얻기 위함이라고 하셨습니다. 한 영만 만들었다는 말은 하와의 영, 아벨의 영, 아브라함의 영, 이삭, 야곱, 김씨, 박씨, 할아버지, 아버지, 아들, 손자의 영이 아담의 한 영에서 유래했다는 것입니다. 그래서 구원받은 모든 사람들이 하나님을 아버지라 부르는 것입니다. 하나님 한 분만 아버지이시요 우리 인간들은 모두 형제들 입니다. 이 세상에 육체로 있을 때는 아버지, 할아버지, 아들, 손자 촌수를 따지지

만 하늘 나라에서는 한 하나님을 모신 한 형제들이 되는 것입니다.

> 로마서 8:29, '하나님이 미리 아신 자들을 또한 그 아들의 형상을 본받게
> 하기 위하여 미리 정하셨으니 이는 그로 많은 형제 중에서 맏아들이 되게
> 하려 하심이니라'

여기에서 예수님을 맏아들이 되게 하려 하신다 했습니다.

성부하나님, 성자하나님, 성령하나님께서 많은 자녀들을 두기로 작정하셨습니다. 성자 하나님이 맏아들이 되는 것입니다. **많은 자녀들을 두되 사탄 아래에서 시험을 통과하는 방법으로 경건한 자녀들을 선택하기로 하셨습니다. 그 방법이 에덴 동산에 선악을 분별하는 나무를 심은 것입니다.** 아담을 에덴동산으로 인도하시고 아담에게 당부하시기를 생육하고 번성하라, 땅에 충만하라 그리고 에덴동산을 지키며, 동산 중앙에 있는 생명과 일은 먹되 선악을 알게 하는 나무는 먹지 말라 먹는 날에는 정녕 죽으리라 하고 에덴 동산의 법을 만들었습니다.

사탄은 하나님께서 자기 대신에 사람을 창조하신다는 사실을 알고 그 사람을 타락시키려고 결심했습니다. 사람을 타락하게 해서 하나님의 하시는 일을 실패하게 할 것이라고 생각했습니다. 그런데 아담은 사탄에게 속아 에덴동산을 지키지도 못하였고 하나님의 법도 지키지 못했습니다. 선악을 알게 하는 나무의 실과를 먹지 않는 한 영생 하지만, 먹는 날에는 그 영이 당장 죽게 되고 몸도 서서히 죽게 되었습니다. 사탄이 존재하는 이상 아담은 사탄을 능가할 수 없습니다. 아담은 사탄의 꾀임에 속아 사탄에게 지고 사탄의 노예가 되고 말았습니다. 죄의 노예가 되고 말았습니다. 이렇게 사탄은 아담을 타락하게 하여 하나님의 일을 낭패케 하려 했으나 하나님은 사람의 실수와 사탄의 계교를 역이용 하셔서 더 큰 뜻을 이루시는 것입니다. 하나님은 오히려 사탄을 이용해서, 사탄이 사람을 타락시킴으

로 인해 그것에서 하나님의 참 자녀들을 골라낼 작전을 세우신 것입니다.

사람이 타락하자 창세기 3:15에서 인간을 죄에서(사탄에게서) 해방시킬 메시야를 보내 주시겠다고 언약하신 것입니다. 어떻게 인간의 죄를 용서해 주십니까? 하나님이신 성자 예수 그리스도께서 육신의 몸을 입고 오셔서 십자가에 죽으심으로 인류의 모든 죄를 대신 짊어지시고 죽으셨습니다. 예수님은 죄가 없으시고 남의 죄를 위해 죽으신 분이기에 죽으심으로 말미암아 죄만 떨쳐 버리시고 예수님은 살아나신 것입니다. 그래서 다시사신 주님을 믿는 자마다 죄 용서 받고 구원을 받게 되는 것입니다. 죄 용서 받고 구원받는 것을 영이 거듭났다, 영생 받았다, 하나님의 자녀가 되었다, 그 이름이 생명책에 기록되었다는 것입니다.

이 세상에서 신앙생활하는 것이 만만하지 않습니다. 사탄이 세상의 주인이요, 왕이요 신인 이 세상에서 사탄을 섬기지 않고 하나님을 섬긴다는 것은 핍박이요, 박해입니다. 기독교의 역사는 박해받는 역사요, 피흘림의 역사입니다. 그런 가운데서 신앙지조를 지킨 자들을 하나님은 당신의 자녀로 삼으시려고 하십니다. 믿음 때문에 목숨까지도 아끼지 않고 내 놓는 자들을 고르시는 것입니다. 하나님은 이런 자들을 골라서 하나님의 자녀로 삼으시는 것입니다. 예수님의 신부요, 예수님의 형제로 삼으시는 것입니다. 예수님이 맏아들이시니 예수님의 동생들로 삼으시는 것입니다.

2. 하나님의 아들, 예수 그리스도는 맏아들, 우리는 그의 형제

예수님이 부활하시기 전에는 그리스도는 하나님의 독생자이셨습니다.

요한복음 3:16, '하나님이 세상을 이처럼 사랑하사 독생자를 주셨으니 이는 그를 믿는 자마다 멸망하지 않고 영생을 얻게 하려 하심이라'

그러나 부활을 통하여 이 독생자가 많은 형제들 가운데 맏아들이 되셨습니다(롬 8장 29절).

예수님께서 우리를 형제라고 부르시게 된 때는 요한복음 20:17입니다. 여기서 내가 내 아버지 곧 너희 아버지, 내 하나님 곧 너희 하나님이라 강조하신 것은 이제부터, 즉 예수님이 부활하신 그 때로부터 정식으로 우리가 하나님의 자녀가 된 것을 선포하시고 계시는 것입니다.

> 요한복음 20:17 '예수께서 이르시되 나를 붙들지 말라 내가 아직 아버지께로 올라가지 아니하였노라 너는 내 형제들에게 가서 이르되 내가 내 아버지 곧 너희 아버지, 내 하나님 곧 너희 하나님께로 올라간다 하라 하시니'

히브리서 2장10절에 따르면 하나님은 많은 아들을 영광에 들어가게 하십니다. 이 많은 아들들은 맏아들이신 그리스도의 많은 형제들입니다. 이 말씀은 만물을 창조하신 하나님께서 많은 아들들을 영광의 천국으로 들어가게 하시는 일에 예수 그리스도를 십자가에 못박아 보혈을 흘리시고 죽는 고난을 받는 방법으로 하셨다는 것입니다.

> 히브리서 2:10-13, '만물이 그를 위하고 또한 그로 말미암은 이가 많은 아들들을 이끌어 영광에 들어가게 하시는 일에 그들의 구원의 창시자를 고난을 통해 온전하게 하심이 합당하도다. 11 거룩하게 하시는 이와 거룩하게 함을 입은 자들이 다 한 근원에서 난지라 그러므로 형제라 부르시기를 부끄러워하지 아니하시고 12 이르시되 내가 주의 이름을 내 형제들에게 선포하고 내가 주를 교회 중에서 찬송하리라 하셨으며 13 또 다시 내가 그를 의지하리라 하시고 또 다시 볼지어다 나와 및 하나님께서 내게 주신 자녀라 하셨으니

로마서 8:14-17은 하나님께서 예수 그리스도의 형제요 하나님의 자녀된 성도들이 하나님의 아들이 된 사실을 확신시켜 주시는 말씀인 것입니다.

'14 무릇 하나님의 영으로 인도함을 받는 사람은 곧 하나님의 아들이라 15 너희는 다시 무서워하는 종의 영을 받지 아니하고 양자의 영을 받았으므로 우리가 아빠 아버지라고 부르짖느니라. 16 성령이 친히 우리의 영과 더불어 우리가 하나님의 자녀인 것을 증언하시나니 17 자녀이면 또한 상속자 곧 하나님의 상속자요 그리스도와 함께 한 상속자니 우리가 그와 함께 영광을 받기 위하여 고난도 함께 받아야 할 것이니라. 18 생각하건대 현재의 고난은 장차 우리에게 나타날 영광과 비교할 수 없도다.'

3. 하나님의 자녀된 권세

하나님은 우리를 불러 당신의 자녀로 삼으시고 상속자로 삼으시기까지 하셨습니다. 이제 주님께서 우리를 부르러 오십니다. 전 3년반의 극심한 환란을 겪고 난 후에 공중강림하시면서 먼저 하늘나라로 간 성도들의 영들을 데려오시면서 부활을 시키시고 공중으로 휴거시키십니다. 하늘보좌 앞에서 어린양의 혼인잔치를 베푸신 후에 성도들과 함께 아마겟돈 전쟁을 수행하시기 위해 지상재림하십니다. 아마겟돈전쟁에서 적그리스도와 거짓 선지자를 산채로 불못에 던지시고 사탄은 무저갱에 천년 동안 가두십니다. 그리고 순교한 성도들과 함께 천년 동안 왕노릇하십니다.

계시록 20장 4-6절에서는 첫째 부활에 참여한 자들이 하나님과 그리스도의 제사장이 되어 천년 동안 왕노릇하리라 했습니다.

천년왕국이 지난 후에는 삼위일체 하나님께서는 많은 자녀들을 데리시고 영광 가운데 영원세계로 들어가십니다. 그곳에서 하나님의 자녀들인

우리는 세세토록 왕 노릇합니 다. 계시록 22장 5절에서는 세세토록 왕 노릇하리라 했습니다. 이들이 왕 노릇 할 범위는 온 우주이며, 그 기간은 천년이 아니고 영원토록입니다. 우리는 하나님의 자녀 된 권세를 가지고 온 우주를 다스리는 것입니다. 한 갤럭시(은하수)에 천 억의 태양계가 있습니다. 이런 갤럭시 천 억 개가 우주에 있습니다. 이런 우주를 다스리는 것입니다.

하나님은 당신의 많은 자녀들을 삼으시기 위하여 영원세계에 계시다가 시간세계로 내려오셔서 많은 자녀들과 함께 다시 영원세계로 들어가십니다. 그리고 영원토록 자녀들과 함께 영광의 복락을 누리실 것입니다.

창조된 사람의 기능

창세기 2:1-25

우리는 창세기 1장에서 우주창조의 목적이 지구에 사람을 창조하기 위함이었다는 것을 깨달았습니다. 창세기 1:3-31까지는 지구의 공허함을 채우시고, 혼돈된 것을 정돈하시고, 어둠을 물리치고 빛을 창조하셨습니다. 그렇게 하신 후에 여섯째 되는 날 마지막에 사람을 창조하셨습니다. 이것은 사람이 살 수 있는 좋은 환경을 만드신 후에야 사람을 창조하셨다는 것을 깨닫습니다. 하나님 마음 속에는 우주창조의 중심이 사람이었음을 알 수 있습니다. 이렇게 하나님은 사람을 귀중하게 생각하시며 사랑하셨습니다.

1. 안식일의 의미(창2:1-3)

이제 일곱째 날이 밝았습니다. 2장1-3절까지는 제 칠일 안식일에 관한 말씀이고, 4절 부터는 창세기 1장의 부연 설명입니다. 창세기 1장의 창조 과정을 더 상세히 설명하고 있습니다. 여섯째 날에 있었던 일들을 상세히 설명하고 있습니다. 일곱째 날은 안식일입니다. 하나님께서 엿새 동안에 일하시고 일곱째 날은 안식하셨습니다. 하나님이 여섯째 날까지 일하시고 쉬셨다 하니 이날은 아무 것도 하지 않고 놀고 먹고 잠자는 것으로 아무 일도 안 하는 것으로 생각하기 쉽습니다. 그러나 이날이야 말로 아담에게 가장 중요한 날입니다. **하나님은 일곱째 날을 안식일로 창조하셨습니다.** 하나님은 사람이 태어나자마자 일도 하기 전에 안식으로 인도하셨습니다. 하나님은 아담에게 제일 먼저 하게 하신 일이 안식입니다.

하나님께서 아담에게 하나님의 안식으로 인도하신 의도가 무엇이겠습니까?

1). 하나님과 함께 안식일에 들어가서 하나님의 임재 안에 있게 하기 위함이었습니다. 하나님과 깊은 교제를 가지며 하나님의 사랑을 받게 됩니다. 하나님은 너무나 기뻐하시고 즐거워하셨습니다. 당신께서 창조하신 사람이 자유의지를 가지고 하나님과 교제를 나누게 됩니다. 사람이 하나님과 교제하고 하나님을 예배하며 하나님과 동행하는 것이 안식일입니다. 안식일에 일하지 않고 쉬는 것이 목적이 아니라 하나님과 교제하고 하나님을 경배하며 하나님과 함께 하는 것이 안식입니다. 직장이나 사업처에서 일하지 않고 집에서 쇼파에 누워 팝콘을 먹으면서 TV를 보거나, 산으로, 바닷가로 나가거나 골프를 치는 것이 쉬는 것이 아니라 하나님을 예배하며 하나님을 경배하고 하나님과 교제하는 것이 안식이요 쉬는 것입니다. 사람은 안식일에 하나님 안에서 쉬고 그 다음 첫날부터 일하게 됩니다.

2). 주일은 시간에 대한 십일조입니다. 물질의 십일조는 소득의 십분의 일이지만 시간은 십분의 일이 아니라 칠분의 일입니다. 하나님께 물질보다 시간을 더 드리라는 말씀입니다. 우리는 하나님께 물질을 더 많이 드리려고 하나님께 드릴 시간을 잘라 먹는데, 하나님은 우리가 물질보다 당신께 시간을 더 드리기를 원하십니다. 하나님의 임재 안에 거하는 것, 즉 금식하며, 기도하고, 말씀을 읽고 묵상하며, 예배하는 시간을 하나님은 기뻐하십니다. 하나님은 우리가 하나님을 위한 사업이나, 봉사나 물질을 드리

는 것 보다 하나님께 우리의 시간을 드리는 것을 더 원하십니다. 이 안식의 원리를 깨달았다면 주일날에 형식적으로 예배드리는 것으로 하나님께 드릴 의무를 다했다고 생각지 마시고 하나님과 함께해서 주님께 우리의 마음을 드리는 시간을 많이 갖도록 해야 하겠습니다.

3) 안식일에 사람이 하나님 앞에 나와 예배를 드리는 것은 하나님의 생명을 부여 받는 시간입니다. 인간은 연약합니다. 질그릇과 같습니다. '너는 흙이니 흙으로 돌아갈지니라' 하신 말씀은 사람이 흙으로 만들어졌다는 말입니다. 약하고 깨어지기 쉽고 금가고 부서지기 쉽습니다. 그래서 생명의 근원이신 하나님께 나와서 생명을 공급받아야 합니다. 능력을 받아야 합니다. 새롭게(refresh)되어야 한다는 말입니다. 요한복음 15 장에 하나님은 농부요 예수님은 포도나무요 우리는 그 가지라고 했습니다. 가지는 포도나무에 붙어 있어야 합니다. 포도나무로부터 원액을 공급받아야 살 수 있고 열매도 맺을 수 있습니다. 가지가 포도나무에서 떨어져 나오면 말라져서 죽어버린다고 했습니다. 우리가 주님께 나아온다는 것과 주님께 예배드린다는 것은 생명의 근원이신 하나님께로부터 생명을 부여받는 것인데 하나님 임재 앞에 있게 되면 하나님의 생수와 생명과 능력이 흘러나와 나의 모든 피로를 풀어주시고 질병이나 근심, 걱정된 일들을 해결해 주시며, 새 힘을 주시고 능력을 주심으로 진정한 치료, 진정한 쉼을 받게 되는 것입니다. 그런 마음으로 예배에 임해야 할 것입니다. 아담은 창조되자마자 안식일에 들어가서 하나님의 생명과 능력과 새 힘을 받아 제 8일을 시작하게 됩니다.

2. 사람의 영과 혼과 육(창2:7)

창세기 2:1-3까지는 창세기 1장에 이어 창조과정에 속합니다. 하나님은 일곱째 날을 거룩하고 복된 안식일로 창조하셨습니다. 이제 창세기 2:4부터는 창세기 1장의 **여섯째 날**에 대한 부연 설명을 합니다. 아담이 어떻게 창조되었으며 그 몸의 재료가 무엇이며 여자, 하와는 어떻게 창조 되었는가를 보여 줍니다. 사람 창조는 창세기 1장과 2장에서 크게 두 번 나타납니다. 창세기 1:26-27은 전 우주 만물에 포함된 사람의 기원과 위치를 보여주고, 창세기 2:7-25에서는 언약의 대상이 되는 사람의 상태를 보여 주고 있습니다. 에덴동산을 창설하시고 에덴동산의 삶의 환경과 활동에 대해서 보여 줍니다.

먼저 하나님께서 창세기 1:26,27에서 사람을 하나님의 형상, 하나님의 모양으로 창조 하셨는데 창세기 2:7에서는 좀더 상세히 말씀하고 있습니다. 사람은 몸과 혼과 영으로 창조되었다고 합니다. 사람의 몸은 흙으로 만들었다고 합니다. 영은 하나님께로부터 왔다고 합니다. 혼은 흙으로 만들어진 신체에 하나님의 생기 즉 사람의 영을 신체에 불어넣었더니 사람이 생령 즉 혼, 아담의 자아가 생겨났습니다.

사람은 세 부분으로 구성되었는데 몸과 혼과 영입니다. 몸은 5감을 통하여 세상과 접촉하게 되고, 혼은 지정의를 가져 사람과 접촉하게 되며, 영은 영적 지정의를 가지며 하나님과 접촉하게 됩니다. 몸은 흙에서 왔기에 죽으면 흙으로 돌아갑니다. 사람이 죽는다는 것은 몸과 영이 분리되는 것을 말합니다. 본래 몸은 흙으로 지으진 신체였었는데 그 속에 영이 들어옴으로 생령(혼, Soul)이 되어 살아서 활동하게 되었다고 했습니다.

사람의 혼은 동물들과는 다릅니다. 하나님께서 동물의 혼을 만드실 때는 흙에게 명령하여 흙으로 하여금 짐승들과 곤충들의 혼을 내라 하셨습니다. 그러나 사람의 혼을 만드실 때는 흙에게 혼을 내라고 명령하지 않았습니다. 아담의 코에 영을 불어 넣으시니 생령 즉 '네페쉬 하이야' 가 나왔다고 했습니다. **그러므로 사람의 혼(Living Soul)은 '네페쉬 하이야' 이지만 영에서 만들어진 고급 '네페쉬 하이야' 입니다. 이 사람의 혼은 흙에서**

나온 것이 아니기에 사람이 죽을 때에 흙과 함께 소멸되는 것이 아닙니다. 성경은 사람을 혼으로 대표하는 경우가 많습니다. 이 사람의 혼은 사람이 죽을 때 몸과 영이 분리될 때에 혼은 영에 붙어 천국으로 가게 되는 것 같습니다. 그래서 계시록 6:9에 순교한 성도들의 영혼들(Souls)이 천국의 제단 아래에서 큰 소리로 불러 아뢰기를 거룩하고 참되신 하나님께 호소하는 광경이 나옵니다. 여기서 영혼을 영어로 Souls 로 표현되어 있습니다.

3. 아담과 하와의 에덴동산에서의 삶(창2:18-25)

하나님께서 아담을 위해 에덴동산을 창설하셨습니다. 8절 말씀을 자세히 읽어보면 하나님께서 동방의 에덴에 동산을 창설하셨다고 했습니다. 정확하게 말해서 에덴동산 이라기 보다는 에덴에 있는 동산입니다. 에덴이라는 지역의 한 곳에 아담과 하와가 거처 할 집인 동산을 만드셨다는 사실입니다. 에덴 전체가 동산이라면 에덴동산이 맞겠지만 에덴이라는 지역의 한 곳에 동산을 만드셨다면 에덴동산이라고 말할 수 없습니다. 에덴동산은 에덴지역이 모두 동산화되었다는 곳인데 정확하게 말하면 에덴에 있는 한 동산이라는 의미로 보고 에덴동산이라고 말해야 하겠습니다. 먼저 하나님께서 아담이 혼자 있는 것을 좋지 않게 보시고 아담에게 배우자를 주실 작정이었습니다. 그런데 아담이 원해야 합니다. 아담이 배우자를 원하지 않으면 배우자를 주어도 쓸데 없이 생각하고 천대하게 될지도 모릅니다. 장가 가고 싶지 않은 남자에게 아내를 줄 수 없잖습니까?

하나님께서 아담에게 배우자가 필요하다는 생각을 갖게 하십니다. 창세기 2:18에, '여호와 하나님이 이르시되 사람이 혼자 사는 것이 좋지 아니하니 내가 그를 위하여 돕는 배필을 지으리라 하시니라.' 했습니다. 그렇게 결심하셨으면 21절 말씀으로 넘어 가서 바로 하와를 창조하셔야 하는데 18절과 21절 사이에 삽입구절을 넣으셨습니다.

> '19 여호와 하나님이 흙으로 각종 들짐승과 공중의 각종 새를 지으시고 아
> 담이 무엇이라고 부르나 보시려고 그것들을 그에게로 이끌어 가시니 아담
> 이 각 생물을 부르는 것이 곧 그 이름이 되었더라. 20 아담이 모든 가축
> 과 공중의 새와 들의 모든 짐승에게 이름을 주니라. **아담이 돕는 배필이
> 없으므로'**

18절과 21절 사이에 왜 19절, 20절 말씀을 삽입했습니까? 이상하지 않
습니까? 여기에서 하나님의 의도를 깨닫습니다. 아담의 배필을 주시겠다
고 하고는 모든 짐승들을 아담 앞으로 지나가게 해서 이름을 짓게 하십니
다. 아담이 이 짐승들의 특징을 관찰해서 그에 걸맞는 이름들을 지어주었
습니다.

짐승들을 관찰하면서 그때까지 아담이 미처 깨닫지 못한 사실을 발견
했습니다. 그것은 짐승들이 각각 암수 한쌍씩이라는 사실입니다. 그때야
아담이 하나님께서 짐승들로 하여금 아담 앞을 지나가게 하시고 아담이
이름을 짓기 위해 그 짐승들을 관찰하게 하면서 모든 짐승들에게는 배필
들이 있는데 자기만 배필이 없다는 사실을 발견하게 됩니다. 하나님께 자
기에게도 배필을 주십사고 구하게 하시는 하나님의 의도를 발견하게 됩니
다. 아담은 하나님께 자기에게도 배필을 주십사고 여쭙습니다. 하나님
은 정말 위트가 있으시고 재미있는 분이십니다.

비로소 아담을 마취 시킨 후에 갈비뼈를 뽑아 하와를 만들었습니다. 아
담이 마취에서 깨어나 보니 자기 같이 생겼는데 아름답고 예쁜 여인이 기
다리고 있는 것을 보고 너무나 기분이 좋았습니다. 아담이 흥분해서 말하
기를, '이는 내 뼈 중의 뼈요 내 살 중의 살이로다 남자에게서 취하였은즉
여자라 칭하리라.' 하며 소감을 말합니다. 인류 최초의 결혼식은 예수님

이 신랑 아담군에게 그 신부 하와양을 데리고 오는 장면을 보여 줍니다. 요즘 결혼식에 장인이 딸을 데리고 들어와 신랑에게 인계하는 것이 창세기 2:22절의 '....그 갈빗대로 여자를 만드시고 그 여자를 아담에게로 이끌어 오시니' 의 구절에서 온 것입니다. 창세기 2:24에서 결혼의 원리를 보여 줍니다. '이러므로 남자가 부모를 떠나 그의 아내와 합하여 둘이 한 몸을 이룰지로다.' 했습니다. 남자가 부모에게서 떠나야만 아내와 완전하게 연합 할 수 있다는 사실입니다. 떠나는 것은 몸 뿐만 아니라 정신적으로 완전히 떠나야 합니다. 아내가 남편의 몸에서 나왔지만 결혼을 통해서 다시 하나가 되는 것을 보여 줍니다.

4. 에덴동산의 생명강(창2:10-14)

에덴동산에서 시작되는 네 강을 보여주고 있습니다. 창1:2에 보면 지구가 물 속에 잠겨 있습니다. 사람도 엄마의 자궁에서 물 속에 잠겨 있습니다. 사람의 몸은 물이 2/3이고 그외 부분이 1/3입니다. 지구도 물이 2/3이고 육지가 1/3입니다. 하나님은 이 물에 대해 깊은 의미를 부여하고 있습니다. 인간이 살게 될 에덴동산에 네 개의 강을 만드셨습니다. 물은 생명입니다. 이 강물들이 에덴동산의 모든 나무에게 생명을 공급하고 있습니다. 이 강물들이 흘러 온 세상에 생명을 공급하게 됩니다. 역사공부를 해 보면 강 물이 있는 곳에 사람들이 모여들게 되고 인간의 문명이 발생하게 되었습니다. 지구상에 4대 문명이 큰 강물이 있는 곳이었습니다. 황하의 중국문명, 인더스, 갠지스강의 인도문명, 애굽의 나일강문명, 티그리스, 유프라테스강의 메소포타미아문명 입니다. 여기서 보면 유프라테스는 아직도 그 이름을 그대로 가지고 있습니다. 13절의 기혼강은 요즘의 나일강일 것입니다. 힛데겔은 티그리스강입니다. 요한계시록 22:1에서 생명수

강이 하나님보좌 앞에서 흘러 나온다고 했습니다. 이 생명수강은 천국에서 영원히 있게 됩니다. 이런 사실들을 볼 때에 하나님께서 물을 귀중하게 여기시는 것을 깨닫습니다.

5 에덴에서 아담의 역할(창2:15-17)

하나님께서 아담을 이끌어 에덴동산에서 살게 하십니다. 에덴동산은 보기에 아름답고 탐스럽고, 먹기에 좋은 각종 좋은 나무들로 가득찼습니다. 동산 가운데는 두가지 중요한 나무가 있습니다. 그것은 생명나무와 선악을 알게 하는 나무입니다. 에덴동산에서 하나님께서 아담에게 명하신 두 가지 법이 있습니다. 첫째는 에덴동산을 다스리며 지키게 하셨습니다. 둘째는 동산의 각종 실과나무의 과일들은 얼마든지 먹되 동산 중앙에 있는 선악을 알게 하는 나무의 과일은 먹지 말라 먹는 날에는 정녕 죽으리라 했습니다.

첫째 명령에서 에덴동산을 다스리는 것은 이해가 되는데 지키라고 하신 것은 생각해 볼 여지가 있습니다. 무엇으로부터 에덴동산을 지키라고 하셨는가 하는 것입니다. 에덴 동산에도 도둑이 있었다는 말입니까? 그리고 왜 선악을 알게 하는 나무의 실과를 먹지 말것이며 먹는 날에는 정녕 죽으리라 했습니까? 첫째 질문의 답은 도둑이 있었습니다. 그 도둑은 사탄, 마귀, 옛뱀이었습니다. 아담은 이 옛뱀으로부터 여자, 하와를 지켜야만 했습니다. 뱀이 하와에게 접근하지 못하도록, 그래서 사탄이 하와를 유혹하지 못하도록 에덴동산을 지켜야만 했습니다.

그런데 왜 하나님은 선악을 알게 하는 나무를 만들고는 사람으로 하여금 따먹지 못하게 했습니까? 그것은 하나님이 아담으로 하여금 불순종의 죄를 짓게 함이 아니고 사탄을 잡기 위한 덫이었습니다. 하나님은 아담에게 에덴동산을 지키라고 말씀하셨지만 호시탐탐 에덴동산을 노리고 있는 사탄이 들으라고 하신 말씀이기도 합니다. 하나님이 아담에게 선악을 알게 하는 나무의 과일을 먹지 말라고 하면 사탄이 아담에게 접근하여 따먹으라고 유혹할 것을 아시고 사탄을 잡기 위해 선악을 알게하는 나무를 만드신 것입니다. 하나님께서 아담에게 에덴동산을 지키라고 말씀하신 것은 사탄이 아담에게 접근할 줄을 알았기 때문입니다.

사탄은 자기 꾀에 자기가 속은 것입니다. 그 선악을 알게 하는 과일은 자기 자신을 잡으려는 하나님의 계획인 줄을 모르고 자기가 아담과 하와로 그 과일을 먹게 해서 죄 아래 있게 함으로 하나님의 의도를 파괴하고 자신이 이긴 것처럼 착각하게 된 것입니다. 만약 아담이 선악과를 따 먹지 않았다면 예수님이 이 세상에 오시지 않았을 것입니다. 그러면 사탄은 불못에 들어가지 않게 될 것입니다. 사탄이 아담으로 선악과를 따먹게 함으로 이 일로 말미암아 하나님께서 인간을 구원하기 위해 인간의 몸을 입으시고 지구에 오시게 되는 것입니다. 요한일서 3:8은 하나님의 아들이 이 세상에 오신 것은 마귀의 일을 멸하려 오심이라 했으며 창세기 3:15에서 뱀은 여자의 후손과 원수가 되며 사탄은 여자의 후손의 발꿈치를 물 것이나 여자의 후손은 사탄의 머리를 부수리라 했습니다.

인간의 영 혼 육의 관계와 동물의 혼

창세기 1:20-28

    성경은 사람의 구성을 영혼과 몸으로 구성된 것 같이 보여 줍니다. 이것을 신학에서는 이분설이라고 합니다. 그런가 하면 사람의 구조를 영 혼 육으로 구성된 것으로도 말씀하고 있습니다. 창세기2:7, 히브리서 4:12과 데살로니가전서 5:23입니다. 성경은 이분설과 삼분설을 뚜렷하게 구분하고 있지 않습니다. 성경의 내용을 보면 영과 혼이라는 단어를 뚜렷이 구분했다기 보다는 혼용해서 사용하고 있습니다. 게다가 어떤 곳에서는 영혼을 사람 자체로 표현하는 곳도 있습니다. 그러나 성경은 신구약에서 영과 혼의 존재에 대한 용어가 분명하므로 성경이 영과 혼의 존재를 인정하고 있음을 보여 줍니다. 영은 히브리어로 '루아흐' 이며 헬라어로는 '프뉴마' 이며 혼은 히브리어로 '네페쉬' 이며 헬라어로는 '프쉬케' 로 구분되어 있는 것을 봅니다. 사람의 영 혼 육의 구조는 신비에 속합니다. 피조물인 사람은 영-혼-육의 결합에 대해 명쾌하게 설명할 수 있는 입장이 아닙니다. 성경도 이 부분에 대해 설명이 명쾌하지도 않습니다. 이 해석에 대한 바른 해석은 하나님 만이 하실 수 있습니다.

    저는 인간의 구조가 영 혼 육으로 되었다고 배웠습니다. 삼분설적으로 사람의 몸과 혼과 영을 생각해 보려고 합니다. 몸은 성경에서 분명히 흙으로 만들어졌다 했습니다. 그러나 영혼 없는 몸만 있으면 시체입니다. 그 속에 영혼이 있어야 삽니다. 누가복음 8:54-55에 예수님께서 회당장 야이로의 죽은 딸을 살리실 때에 '아이야 일어나라' 하실 때에 그 아이의 영이 돌아오매 그 아이가 살아 일어났다고 했습니다. 짐승도 혼이 있습니다. 그 짐승의 혼은 창세기 1장에 보면 하나님께서 흙에 명령하여 짐승의 혼을 내라 하시므로 혼이 생겨났다고 했습니다. 짐승이 죽으면 혼도 없어집니다. 그런데 사람이 죽으면 사람의 혼은 어떻게 되느냐에 대한 질문이 남았습니다. 먼저 짐승의 혼부터 생각해 보기로 하겠습니다. 쉬운 것부터 접근해서 사람의 몸과 혼과 영에 대해서 살펴 보기로 하겠습니다.

첫째로 짐승의 혼의 창조(창 1:20-23)

1. 물고기를 만드심

창세기 1:20, 21을 쉬운성경은 번역하기를 '20 하나님께서 말씀하셨습니다. "물은 움직이는 생물을 많이 내어라. 새들은 땅 위의 하늘을 날아다녀라."라고 해서 **물에게 물고기와 새를 내라고 명령하십니다.** 창세기 1:19절 이전에 하나님께서 만드신 광물질들은 숨을 쉬지 않는 것들입니다. 생명이 없는 것들입니다. 식물들도 숨을 쉬기는 하지만 성경에서 동물들과 같이 혼이 있다고 말씀하지 않습니다. 숨을 쉬는 동물들에 대해 개역 개정은 '20 하나님이 이르시되 물들은 생물을 번성하게 하라.' 해서 '생물'(creature)로 번역했습니다. 히브리어로는 '네페쉬 하이야'인데 영어로는 Living soul로 번역했습니다. 하이야는 살아있다는 의미입니다. 네페쉬는 여러 가지 뜻이 있는데 구약성경을 영어로 번역할 때에 가장 많이 번역되는 것으로는 혼(soul)입니다. 두번째로는 생명(life)입니다. 세번째는 생물(creature)입니다. 개역 개정에는 '네페시 하이야'를 '생물'로 번역했습니다. 네페쉬를 생물(creature)로 본 것입니다.

숨을 쉬기 때문에 살아 있는 것입니다. 사람이나 동물이 살았냐 죽었냐를 알기 위해서는 숨을 쉬느냐 아니냐를 살펴 봅니다. 네페쉬는 생명에 있어서 대단히 중요한 것입니다. 그런데 누가 숨을 쉬게 만드느냐 입니다. 그것은 혼(soul)입니다. 영혼이 우리로 하여금 숨을 쉬게 만든다는 것입니다. 영혼이 우리 몸을 떠나면 더 이상 숨을 쉴 수 없습니다. 사람이 죽는 것은 영혼이 몸과 분리 되면서 숨이 끊어지고 죽게 되는 것입니다. 숨을 쉬는 동물체는 물고기와 새, 그리고 땅에 있는 짐승과 곤충들을 말합니다. 하나님께서 물에 명령해서 물고기를 내라 하십니다. 물이 물고기와 새를 냈습니다. 그것을 만드는데 있어 모세는 무슨 단어를 사용했는가 하면 창세기 1:21에서 하나님께서 큰 물고기를 창조(바라)했다고 말합니다.

창세기 1장에서 하나님께서 만드신다는 단어가 두 개 있습니다. 무에서 유를 창조하실 때에 '바라' 라는 단어가 사용되었고, 어떤 존재하는 물질을 재료로 하여 만드실 때는 '아싸' 라는 단어가 사용되었습니다. 물이 물고기를 만들고 물이라는 본질로부터 물고기가 되는 것은 창조(바라)가 아니라 만들어지는 아싸가 되어야 하는데, 왜 모세는 아싸 대신에 바라를 사용했습니까? 새와 짐승들도 흙에서 만들어졌으면 아싸라고 해야 하는데 바라라고 했습니다.

여기서 물고기나 새의 몸은 물이 내었지만 그 속에 숨을 쉬게하고 생명을 유지시키는 살아 있는 혼(네페쉬 하이야)은 하나님께서 없는 것에서 창조하셨기 때문에 물고기와 새를 창조(바라)라고 하신 것 같습니다. 물로 하여금 물고기 몸을 만드는 것은 '아싸' 이고 그 몸을 움직이게 하는 살아 있는 혼(네페쉬 하이야)은 '바라' 하셨다고 생각할 수 있습니다. **창세기 1:20에서 생물 대신에 혼으로 번역하는 것이 창세기 1:20의 의도에 더 가깝다고 생각합니다.**

창세기 1:20에 '하나님이 이르시되 물들은 살아 있는 생물로 번성케하라.'는 히브리어문장을 한국말로 표기하면 '와이오메르 엘로힘 이스르츄 함마임 세레츠 네페쉬 하이야' 했습니다. 여기서 세레츠는 물고기들이 물에서 와글와글한 것을 말합니다. 물은 네페쉬 하이야로 가득차라, 살아 있는 혼으로 가득차라 했습니다. 한글 성경에서는 생물로 가득차라고 했는데 히브리어성경(강신택박사)은 그것을 생물로 번역하지 않고 혼(Soul)으로 번역했습니다. 하나님은 물로부터 살아 있는 혼으로 가득차라고 했는데 그 혼은 물고기 혼인 것입니다. 물고기가 혼이 있는 것입니다. 물고기들이 사는 것을 보면 신비롭습니다. 돌고래는 아주 영리합니다. 재주도 잘 부리고 사람에게 훈련을 잘 받습니다. 연어는 산란시기에 자기가 태어난 곳으로 찾아 갑니다. 그것은 혼이 없으면 불가능합니다. 알을 산란할 때는 물고기들이 수컷과 암컷이 번갈아 가며 지킵니다. 특히 가물치의 부모애는 지극합니다.

2 새를 만드심

창세기 1:20, 21에서 또 **물로 하여금 새를 만들라**고 했는데 땅 위의 하늘에는 새가 날으라 했습니다. 창세기 2:19에서는 여호와 하나님이 흙으로 각종 들짐승과 흙으로 **각종 새**를 지으셨다고 합니다. 창세기 2:19에서는 **새가 흙으로 만들어졌다**고 합니다. 창세기 1:20에서는 물로 만들라고 하셨습니다. 창1:20과 창2:19의 두 구절의 차이를 어떻게 생각해야 하겠습니까? 게마라와 미쉬나가 합쳐지면 탈무드가 됩니다. 게마라에서는 하나님께서는 새를 스왐(Swarm)즉 바다 뻘에서 만드셨다고 합니다. 그런데 그 뻘은 바다 밑바닥에 있습니다. 바다 밑바닥에 있는 뻘에서 하나님께서 새를 만드셨다는 것입니다. 하나님은 바다에 명령하시고 흙이 새를 만드는 것입니다. 하나님께서 새는 땅의 짐승들을 만드시는 여섯째 날에 만들지 않으시고 다섯째 날인 물고기를 만드시는 날에 만드셨습니다. 아마도 새의 몸의 성분이 땅의 짐승들의 몸의 성분과는 분명히 다를 것입니다. 땅

위의 동물들의 어머니가 흙이듯이 바다의 생물들과 새들의 어미는 물이었습니다. 그래서인지 새들 중에 물에서 헤엄치고 물에서 사는 새들이 많습니다.

3. 짐승과 곤충을 만드심

여섯째 날(창세기 1:24-25) 땅 위에는 각종 짐승들과 곤충들을 만드셨습니다. 그런데 땅 위의 각종 짐승들과 곤충들도 땅에서 만들어 집니다. 하나님께서 땅에게 명령하시기를 창세기 1:24에, '하나님이 이르시되 땅은 살아 있는 **생물**을 그 종류대로 내되 가축과 기는 것과 땅의 짐승을 종류대로 내라 하시니 그대로 되니라.' 했습니다. 25절에서, '하나님이 땅의 짐승을 그 종류대로, 가축을 그 종류대로, 땅에 기는 모든 것을 그 종류대로 만드시니 하나님이 보시기에 좋았더라.' 했습니다. 땅에서 각종 짐승이 나왔지만 역시 하나님께서 그렇게 하셨고 그렇게 만드신 것입니다. 역시 각종 짐승이나 곤충이 땅에서 나왔기에 땅이 짐승과 곤충들의 어머니입니다. 물속의 물고기들이 죽으면 물로 돌아가는 것은 물에서 나왔기 때문이요, 각종 식물이나 짐승들이 죽으면 땅으로 돌아가는 것이 땅에서 나왔기 때문입니다.

창세기 1:20을 다시 보면 하나님이 이르시되 물들은 (살아 있는) 생물을 번성케 하라. 이 '(살아 있는) 생물' 로 번역되었던 히브리어 단어는 '네페쉬 하이야' 인데 '살아 있는 혼' 을 말합니다. 이렇게 말씀하신 것은 하나님께서 물에게 그런 능력을 주셨다는 것입니다. 물은 하나님의 힘을 가지고 자기 안에서 혼(Soul)을 만들어 내는 것입니다. 창세기 1:24에서, 하나님이 이르시되 땅은 살아 있는 **생물**을 그 종류대로 내라 하셨습니다. 여기서도 살아 있는 생물은 살아 있는 혼(네페쉬 하이야, 리빙 소울)입니다. 살아 있는 혼을 흙이 내는 것입니다. 그렇다면 물고기나 새나 짐승에게 있는 혼은 무엇인가 하는 것입니다. 이것은 물질입니다. 혼은 혼인데 물질입니다. 물에서 만들어진 혼, 흙에서 만들어져 나온 혼은 육체를 움직여 나가는 힘을 가진 것입니다. 하나님께서 우주나 물고기 새 짐승 등을 만드신 것은 아주 단순합니다. 물에게 명령하시니 물고기의 혼이 만들어지고, 땅에 명령하시니 짐승들의 혼이 만들어졌습니다. 그랬더니 하나님께서 보시기에 좋았더라고 했습니다.

4. 짐승의 혼의 위치

성경은 혼들이 짐승들의 피에 있다고 합니다. 성경은 피를 먹지 말라고 합니다. 피를 먹는 것은 리빙 소울을 먹는 것 때문이라 합니다. 강신택박사의 히브리어 한글 대역 구약성경의 레위기 17:10-13을 인용합니다.

'이스라엘의 집 중에, 그리고 너희들 가운데서 거하는 이방인 중에서 어떤 사람이든지 어떤 피를 먹는다면, 그러면 나는 나의 얼굴을 그 피를 먹는 혼을 반대해서 세우겠다. 그리고 내가 그 혼을 그의 백성 중에서 잘라버리겠다. 왜냐하면 몸의 혼은, 그것은 피 안에 있기 때문이다. 그리고 내가 그것을 제단 위에서, 너희들의 혼을 위해서 속죄하기 위해서, 너희들에게 주었기 때문이다. 왜냐하면, 그 혼 안에 피가 (그 혼을)속죄하기 때문이다. 그러므로 내가 이것을 이스라엘의 아들들에게 말한다. 너희 중에 있는 모든 혼(생명)은 피를 먹지 말라. 그리고 보라 너희 중에 있는 이방인도 피를 먹지 말라. 그리고 이스라엘의 자손들 중에서, 그리고 너희들 중에 거하는 이방인들 중에서 먹어질 수 있는 들 짐승이나 새를 사냥하면, 그러면 그는 그의 피를 흘려내야 한다. 그리고 그는 그것을 흙으로 덮어야 한다. 왜냐하면 모든 육체의 혼은 그의 피이기 때문이다. 그것은 그의 혼에 있기 때문이다. 그러므로 내가 이스라엘의 자손들에게 이야기 했었다. 모든 육체의 피를 너희들은 먹지 말라. 왜냐하면 모든 육체의 혼은 그것은 그의 피이기 때문이다. 그것을 먹는 모든 자는 잘라질 것이다.'

하나님께서 짐승들의 피를 사람들이 먹지 말게 하신 것은 짐승들의 혼이 피에 있기 때문이라 했습니다. 그리고 그 짐승의 피에 있는 짐승의 혼이 사람의 죄를 속죄하기 때문이라 했습니다. 사람이 죄를 지었을 때에 염소나 송아지, 어린 양을 제물로 드릴 때에 그 짐승의 피에 있는 혼이 사람의 죄를 속죄하기 때문이라 했습니다.

> 레위기 17:11, '육체의 생명(동물의 혼)은 피에 있음이라 내가 이 피를 너희에게 주어 제단에 뿌려 너희의 생명(사람의 혼)을 위하여 속죄하게 하였나니 생명(혼)이 피에 있으므로 피가 죄를 속하느니라.'

둘째로 사람 창조(창세기 1:26-27)

삼위 하나님께서 사람을 만드실 때에 몸과 혼과 영으로 창조하셨습니다. 하나님께서 말씀하시되 '우리의 형상을 따라' 했습니다. 아담은 사람이란 뜻이고 또한 흙이란 뜻입니다. 하나님께서 처음부터 사람에게 '너는 흙'이라고 이름을 붙였습니다. 아담의 이름 자체가 흙이란 뜻입니다. 창세기 1:26에서는 사람을 만드셨다(아싸) 했습니다. 창세기 1:26에서 사람을 '아싸하셨다'고 한 것은 사람의 몸의 외모가 하나님을 닮게 하셨다는 의미에서 아싸하셨다고 했습니다. 창세기 1:27에서는 하나님께서 사람을 3번이나 '창조(바라)하셨다'고 하셨는데 이것은 사람의 영혼을 창조하신 것을 말씀하시는 것 같습니다. 그래서 창세기 1:26, 27은 창세기 2:7에서와 같이 영과 혼과 몸을 창조하셨다는 것을 보여 줍니다. 창2:7에서 하나님께서 아담의 코에 생기(영, NIV: breathed into his nostrils the breath of life)를 불어 넣으실 때에 생령(living soul) 즉 살아 있는 혼(네페쉬 하이야)이 되었다 했습니다.

1. 사람의 몸을 만드심

사람의 몸은 동물들과 같이 흙으로 만들어지기는 했지만 동물들의 몸과는 달리 사람의 몸은 신비 그 자체입니다. 사람의 몸의 기능은 사람의 혼과 영을 담는 그릇이요, 집입니다. 사람의 몸은 5감을 가지고 세상을 인식합니다. 시각, 미각, 후각, 청각, 촉각입니다. 시각으로 안전한지 위험한지 분별하고, 미각으로 영양분을 섭취하고, 후각과 청각, 촉각도 몸의 안전을 도모합니다. 동물들의 몸은 흙으로 만들어졌고 죽으면 다시 흙으로 돌아갑니다. 그러나 사람의 몸은 일단 죽어 흙으로 돌아가지만 다시 부활하게 됩니다. 동물들의 몸은 흙으로 돌아갈 때에 완전히 분해 되어 흩어져 없어집니다. 그러나 사람의 몸은 흙으로 분해 되기는 하지만 하나님께서 그 사람을 이루는 몸의 모든 원소들을 기록하시고, 기억하셔서 부활할 때에 이 사람의 본래 가지고 있던 원소들을 다시 결합시켜서 완전한 몸을 이루어 부활시킵니다.

> 계시록 20: 13, '바다가 그 가운데에서 죽은 자들을 내주고 또 사망과 음부도 그 가운데에서 죽은 자들을 내주매 각 사람이 자기의 행위대로 심판을 받고'

여기 바다가 그 가운데서 죽은 자들을 내준다고 했는데 이 죽은 자들이란 바다에서 죽은 자들의 시체를 말합니다. 이 바다에서 죽은 자들이 5백 년, 천 년이 지나서 그 사람의 몸의 원소들이 5대양에 흩어져 있습니다. 이 원소들을 다 모아 결합해서 사람의 신체를 만들어 바다가 그 가운데서 죽은 자들을 내놓는 것입니다. '사망과 음부도 그 가운데서 죽은 자들을 내주고' 한 것은 사망은 육지에서 죽은 자들의 시체를 말하고 음부는 죽은 자들의 영혼을 내줍니다. 불신자의 영혼은 시체와 결합해서 몸의 부활이 이루어 집니다. 계시록 20:13에서 '죽은 자들을 내준다' 는 말을 두 번이나 합니다. 한 번은 바다에서 죽은 자들을 내준다고 한 것이고 또 한 번은 사망과 음부도 죽은 자들을 내준다고 했는데 사망은 땅에서 죽은 자(신체)요, 음부는 바다에서 죽거나 땅에서 죽거나를 막론하고 예수 믿지 않고 죽은 모든 영들을 말합니다.

에스겔 37:1-10에서 하나님께서 에스겔 선지자를 마른 뼈들이 쌓여 있는 골짜기로 인도하셔서 그 뼈들에게 명령해서 뼈들이 서로 결합되고 그 뼈 위에 근육과 살이 채워져 신체를 만들라고 하셨습니다. 생기에게 명령해서 그 신체 속으로 들어가도록 명령했더니 그대로 되어 사람이 부활해서 큰 군대를 이루었다고 합니다.

'2 나를 그 뼈 사방으로 지나가게 하시기로 본즉 그 골짜기 지면에 뼈가 심히 많고 아주 말랐더라. 3 그가 내게 이르시되 인자야 이 뼈들이 능히 살 수 있겠느냐 하시기로 내가 대답하되 주 여호와여 주께서 아시나이다. 4 또 내게 이르시되 너는 이 모든 뼈에게 대언하여 이르기를 너희 마른 뼈들아 여호와의 말씀을 들을지어다. 5 주 여호와께서 이 뼈들에게 이같이 말씀하시기를 내가 생기(영, 루아흐)를 너희에게 들어가게 하리니 너희가 살아나리라. 6 너희 위에 힘줄을 두고 살을 입히고 가죽으로 덮고 너희 속에 생기를 넣으리니 너희가 살아나리라 또 내가 여호와인 줄 너희가 알리라 하셨다 하라. 7 이에 내가 명령을 따라 대언하니 대언할 때에 소리가 나고 움직이며 이 뼈, 저 뼈가 들어 맞아 뼈들이 서로 연결되더라. 8 내가 또 보니 그 뼈에 힘줄이 생기고 살이 오르며 그 위에 가죽이 덮이나 그 속에 생기는 없더라. 9 또 내게 이르시되 인자야 너는 생기를 향하여 대언하라 생기에게 대언하여 이르기를 주 여호와께서 이같이 말씀하시기를 생기야 사방에서부터 와서 이 죽음을 당한 자에게 불어서 살아나게 하라 하셨다 하라. 10 이에 내가 그 명령대로 대언하였더니 생기가 그들에게 들어가매 그들이 곧 살아나서 일어나 서는데 극히 큰 군대더라.'

시편 139:16에서는 우리가 지음 받을 때에 우리의 형질을 하나님께서 책에 다 기록하셨다고 했습니다. 우리 몸을 부활시킬 때에 우리 몸을 형성하던 모든 원소들을 하늘 이 끝에서 저 끝까지, 바다 이 끝에서 저 끝까지, 땅 이 끝에서 저 끝까지 찾아 모아 몸을 이루고 살을 입히고 신체를 만드신 후에 주님께서 공중강림하실 때에 영혼들을 데리고 오셔서 각 신체 마다 넣으셔서 부활시키는 것입니다.

데살로니가전서 4:14, '우리가 예수께서 죽으셨다가 다시 살아나심을 믿을진대 이와 같이 예수 안에서 자는 자들도 하나님이 그와 함께 데리고 오시리라.'

예수 안에서 자는 자들이란 천국에 있는 영혼들을 말합니다. 데살로니가전서 4:14과 에스겔서 37장 말씀을 종합하면 부활이 이루어지는 구조가 그림을 보듯 생생하게 보여집니다.

고린도전서 15: 35-37에 부활의 몸을 설명할 때에 부활의 몸이 현재 우리가 가지고 있는 몸과 형질이 전혀 다르지만 그 부활의 몸의 근본은 현재 우리가 가지고 있는 몸으로부터 이루어진다고 말합니다.

'누가 묻기를 죽은 자들이 어떻게 다시 살아나며 어떠한 몸으로 오느냐 하리니 36 어리석은 자여 네가 뿌리는 씨가 죽지 않으면 살아나지 못하겠고 37 또 네가 뿌리는 것은 장래의 형체를 뿌리는 것이 아니요 다만 밀이나 다른 것의 알맹이 뿐이로되 38 하나님이 그 뜻대로 그에게 형체를 주시되 각 종자에게 그 형체를 주시느니라.'

우리 몸을 수박 씨라고 하면 그 씨가 땅에 묻혀 썩어 그 영양분을 에너지로 하여 수박 씨에서 순이 나와 큰 넝쿨을 이루고 큰 잎들과 꽃을 피우며 수박이라는 큰 열매를 맺는데 이 수박 넝쿨이 부활의 몸과 같다는 것입니다. 수박 씨에서 나왔는데 수박 씨와는 전혀 다른 수박 넝쿨이라는 형체가 나왔습니다. 보잘 것 없는 수박 씨에서 엄청나게 화려하고 상상도 할 수 없는 수박 넝쿨이 나왔습니다. 이것이 부활의 몸이라는 것입니다. 그래서 부활의 몸은 현재 우리 몸과 전혀 관계가 없는 것이 아니고 우리 몸을 근원으로 하여 부활의 몸이 성립되는 것입니다.

하나님께서 사람을 만드실 때에 몸과 혼과 영을 얼마나 신묘막측하게 만드셨는가를 알 수 있습니다. 그러므로 우리 몸을 거룩하게 보존하셔야 합니다. 사람의 혼은 자기인식을 하지만 사람의 몸은 그 혼의 상태를 밖으로 표출하는 매개체입니다. 그래서 영혼이 부끄러워지면 옷을 입게 되고 저절로 숨어버리는 것입니다. 아담은 하나님 앞에 죄를 짓고 부끄러우니까 무화과 잎으로 몸의 부끄러움을 가리고 자기 몸을 나무 뒤에 숨겼습니다. 그래서 혼은 자기인식이고 육은 자기의식을 나타내는 매개체입니다. 영적인 존재인 사람은 육체로 인해서 완전한 인격이 드러나는 것입니다. 우리 몸은 우리 영혼이 나타나는 매개체이기 때문에 예수께서 온전히 우리를 통해서 나타날 수 있도록 우리는 그 몸을 깨끗이 거룩하게 보존해야 합니다. 아무 것이나 먹고 아무 것이나 마시고 음식을 너무 많이 먹어 우리 몸을 병들게 하고 약하게 해서는 안됩니다. 우리 몸을 건강하고 깨끗하게 보존해야 합니다. 또한 우리 몸을 거룩하게 보존해야 합니다. 죄짓지 않아야 합니다. 우리 몸은 성령의 전입니다. 우리의 것이 아닙니다. 하나님의 것입니다. 몸은 물질만으로 된 것이 아니고 영적인 가치가 있는 것을 꼭 알아 두시기를 바랍니다.

2. 사람의 혼을 만드심

창세기 1:26-28, '하나님이 이르시되 우리의 형상을 따라 우리의 모양을 따라 우리가 사람을 만들고 그로 바다의 물고기와 공중의 새와 육축과 온 땅과 땅에 기는 모든 것을 다스리게 하자 하시고 하나님이 자기 형상 곧 하나님의 형상대로 사람을 창조하시되 남자와 여자를 창조하시고 하나님 께서 그들에게 이르시되 생육하고 번성하여 땅에 충만하라 땅을 정복하 라. 바다의 고기와 공중의 새와 땅에 움직이는 모든 생물을 다스리라 하 시니라.'

혼의 역할은 세상과 사람을 접촉하며 이 세상의 삶을 주관합니다. 혼은 정신을 가지며, 지식, 의지, 감정을 행사합니다. 혼은 내 자아이며 내 자신 을 인식합니다. 내 자신을 나타냅니다. 혼은 내가 이 세상에서 생활하는 주체입니다. 혼은 지정의로 하나님을 알고 믿고 섬겨야 합니다. 성경에서 는 사람을 혼으로 표현하기도 하고 영혼이라 하기도 하고, 영으로 표현할 때도 있습니다. 하나님은 창세기 1:26, 27에서 사람을 창조하실 때에 사람 에게 기능을 주셨습니다. 세상에서 생육하고 번성하여 땅에 충만하고 세 상을 다스리고 정복하고 바다의 물고기와 하늘의 새들과 땅의 모든 짐승 들을 다스리게 하셨습니다. 이런 일을 하는 인간의 기능이 사람의 혼의 역 할입니다. 사람의 혼은 모든 동물들의 혼들을 다스리는 만물의 영장입니 다. 하나님께서 인간의 혼에 심어주신 능력은 세상을 정복하고 다스리는 능력입니다. 달나라를 여행하고 우주를 여행하고 탐사하는 능력을 주셨습 니다. 무한한 인간의 혼의 능력이 나타나고 있습니다. 사람의 혼에 무한한 능력을 주셨는데 죄로 말미암아 이것들을 사용할 수 있는 기능을 제한, 축 소하시고 사용하지 못하도록 잠그셨는데도 이런 정도인데 우리가 부활하 게 되면 상상도 할 수 없는 능력자가 될 것입니다.

짐승들도 혼이 있어 본능과 어느 정도의 학습능력이 있습니다. 돌고래 를 훈련시키고, 개를 훈련시키고, 얼마 전 세계 뉴스에 오스트레일리아에 서는 기린을 훈련시켜 다이빙을 하게 했습니다. 북극 팽귄의 새끼 양육과 짐승들이 무리지어 살고, 그들 자체적으로 질서를 유지하며, 위계가 있으며, 독수리나 사자처럼 새끼들을 훈련시키는 지적 능력을 가집니다. 연어와 같이 어떤 물고기들은 자신이 출생한 고향으로 귀향능력이 있는 것도 잘 알고 있습니다. 하나님께서 동물들에게 이런 능력들을 그들의 혼에 부어주셨기 때문입니다. 그러나 인간의 혼에 비하면 너무나 보잘 것 없습니다.

사람의 혼은 동물들과는 다릅니다. 하나님께서 동물의 혼을 만드실 때는 흙에게 명령하여 흙으로 하여금 짐승들과 곤충들의 혼을 내라 하셨습니다. 그러나 사람의 혼을 만드실 때는 흙에게 혼을 내라고 명령하지 않았습니다. **아담의 코에 영을 불어 넣으시니 생령 즉 혼 '네페쉬 하이야'가 나왔다고 했습니다.**

3. 사람의 영을 만드심

창세기 2:7에서 하나님께서 사람을 만드실 때에 몸은 흙으로 만드시고 그 코에 생기를 불어 넣으시니 사람이 생령이 되었다고 했습니다. 이렇게 사람의 영은 하나님께로부터 왔습니다. 말라기서 2:15에 의하면 하나님께서 천사들을 창조하실 때는 각각의 천사들을 창조하셨습니다. 그래서 천사들은 각각의 영이 다 다릅니다. 그런데 하나님께서 사람의 영을 창조하실 때는 한 영만 창조하셨다고 했습니다. 한 영만 창조하신 이유는 하나님의 참 자녀를 얻기 위함이라 했습니다. 이 말은 하나님께서 아담을 창조하실 때에 인간의 영은 하나로 지으시고 그 아담의 한 영에서 분리해서 다른 사람의 영을 만드셨습니다. 하와의 영도 아담에게서 분리되었고 그 이후의 모든 사람들의 영들이 아담에게서 분리되었습니다.

사람의 영의 본질은 하나입니다. 사람들은 많지만 사람의 영은 하나입니다. 이것은 신비입니다. 하나님은 세 인격이시면서 한 하나님이시듯이 하나님께서 만드신 사람의 영도 개체는 수억 수십억이지만 한 영인 것입니다. 우리가 하나님을 부를 때에 할아버지도 하나님께 아버지라 부르고 아버지도 하나님을 아버지라 부르며, 아들도 하나님을 아버지라 부르며, 손자도 하나님을 아버지라 부릅니다. 이 말은 사람의 영은 하나라는 것입니다. 우주 교회는 하나입니다. 신랑은 예수님이요, 신부는 교회라고 합니다. 그 교회는 한 영입니다.

영의 기능은 하나님을 감지하게 하는 기능입니다. 그러나 죄로 인해 그 영의 기능이 상실되었습니다. 예수를 믿어 죄씻음을 받으면 그 영이 다시 하나님과 소통이 이루어집니다. 구원받은 영은 그 혼과 함께 하나님을 뵙고, 하나님의 음성을 들으며, 하나님과 대화하고 하나님과 교제하고 하나님을 경외하고 섬기며 사랑하며 예배하는 기능이 있습니다. 우리의 영 혼 육 중에서 제일 중요한 부분이 영입니다.

요한삼서 2에, '사랑하는 자여 네 영혼이 잘됨 같이 네가 범사에 잘되고 강건하리라'

사람의 영은 자기를 인식합니다. 영이 없으면 자기인식을 못합니다. 혼을 가진 개가 부끄러워하는 것을 보았습니까? 개가 부끄럽다고 바지를 입고 나옵니까? 사람은 더워서 옷을 벗고 있다가도 사람이 오면 옷을 주워 입는 것은 영이 있기에 자기 인식을 해서 그런 것입니다. 사람의 혼도 영이 있기 때문에 자기 인식을 하고 무한한 능력을 갖게 되었습니다. 그러므로 사람은 영이 거듭나야 합니다. 예수를 믿어 죄씻음 받고 영이 구원받게 되고, 하나님의 자녀가 되면 영생을 소유하여 하나님과 함께 영원히 살게 될 것입니다.

사람의 영의 기원

창세기 2:7 말라기 2: 13–16

첫째로 천사의 영과 사람의 영

1) 천사의 영

우주에 세 가지 영이 있습니다. 하나님의 영, 천사의 영, 사람의 영입니다. 하나님의 영은 스스로 계시는 영이요, 영원히 사시는 영이요, 창조의 영이요, 살리는 영입니다. 천사의 영은 피조된 영이요, 섬기는 영입니다. 하나님은 천사를 지으실 때에 각각의 천사에게 각각의 영을 부여하셨습니다(말라기 2: 15).

천사의 영은 한번 만들어지면 영원 불멸입니다. 천사가 범죄하면 구원이 없습니다. 왜냐하면 천사를 구원하기 위해서는 그 각각의 영들을 위해 주님이 그 대가를 치루시기 위해 천사들의 수만큼 죽으셔야 하기 때문입니다. 천사들은 처음부터 창조하실 때에 구원에 대해서는 계산하지 않으셨습니 다. 범죄한 사탄과 그 무리들은 구원이 없습니다. 천사들은 처음부터 부리는 종으로 만드셨습니다(히1:14). 천사는 영으로서 사람의 꿈 속에도 나타나고, 환상 가운데도 나타나고 형체도 가집니다. 창세기 18:8에서 아브라함이 베푼 음식을 먹기도 하고 창세기19:16에서 롯의 식구들이 소돔성을 떠나기를 싫어하여 머뭇거릴 때에 그들의 손을 잡아 이끌어 내기도 하였습니다. 천사들의 몸은 시간과 공간을 초월합니다.

2) 사람의 영

창세기 2:7, '여호와 하나님이 흙으로 사람을 지으시고 생기를 그 코에 불어 넣으시니 사람이 생령이 된지라.'

사람의 영은 피조의 영이요, 사는 영입니다. 하나님께서 사람을 창조하실 때에 천사들과 전혀 다른 차원으로 만드셨습니다. 천사들은 부리는 종으로 만드셨지만 사람을 창조하신 목적은 하나님의 아들들로 창조하셨습니다. 천사들은 한 번에 많은 개체로, 각각의 형체와 각각의 영으로 만드셨습니다. 그러나 사람은 한 영과 한 개체만 만드셔서 그 한 개체 즉 아담한 사람으로부터 하와를 창조하시고 아담과 하와를 통해서 인류가 번성하도록 구상하셨습니다. 그리고 인간구원도 예정하셨습니다. 그 구원의 섭리 속에는 사탄도 포함되고 선악을 알게 하는 나무도 포함시킨 것입니다. 사탄과 선악을 알게 하는 나무와 인간의 범죄와 예수 그리스도의 성육신을 통해서 많은 인간들 중에 경건한 하나님의 자녀 될 자들을 선택하는 방법을 구상하셨습니다.

둘째로 인간 영의 기원

사람의 영의 기원 즉 우리의 실제적 존재인 영이 어떻게 생겨나느냐에 대해서 알아보기로 하겠습니다. 창세기 2:7말씀에 하나님이 사람을 흙으로 만드시고 코에 생기를 불어 넣으심으로 생령 즉 아담이 되었다고 했습니다. 아담의 영은 하나님께서 만드셨는데 현재 우리들의 영은 어떻게 생겨나느냐 하는 것입니다. 몸은 어머니의 자궁 속에서 자라는 줄은 알지만 아이들이 태어날 때마다 그 속에 들어가는 영이 어떻게 생겨나느냐하는 것입니다. 이 문제는 왜 모든 사람이 태어날 때부터 죄인이며 그리스도는 무죄 한가를 이해하게 될 것입니다. 신학적으로 영의 기원에 대해 설명하 는 세 가지 주장이 있습니다. 그것은 선재설, 창조설, 분리설입니다.

1. 선재설

선재설이란 인간의 육체가 세상에 태어나기 전에 하나님이 이미 많은 영들을 창조해 두셨다는 설입니다. 아이가 모태에서 나올 때마다 천사들이 영을 하나씩 아이에게 넣어준다는 것입니다. 아직 육체 속에 들어가지 못한 영들은 빨리 육체와 결합하여 사람이 되기를 원한다는 것입니다. 몰몬교는 이 선재설을 믿기 때문에 일부다처제를 하여 될 수 있는데로 많은 자녀를 낳아 좋은 일을 하고 하나님의 뜻을 이룬다는 것입니다. 이 선재설은 희랍의 플라톤이나 유대 랍비들도 받아 들였고, 교부 오리겐도 이 설을 주장했습니다. 선재설은 하나님이 영을 먼저 만드시고 육을 후에 만드셨다는 논리가 되겠는데 이것은 하나님이 사람 아담을 만드실 때에 흙으로 몸을 먼저 만드시고 그 후에 코에 생기를 불어 넣어 영을 만드셨다는 성경 말씀에 위배됩니다. 또 아직 육과 결합되지 않은 영들은 죄가 없겠기에 태중에 있는 아기는 죄가 없어야 합니다. 성경은 모든 사람이 죄 중에 태어난다고 한 말씀, 이사야 48:8, 시편51:5 말씀에 위배되며 의인은 없나니 한 사람도 없다(롬 3:10) 는 말씀과도 위배됩니다.

2. 창조설

창조설은 하나님이 지금도 각 사람이 이 세상에 태어날 때마다 한 사람,

한 사람의 영을 창조하고 계신다는 설입니다. 즉 모태에서 육체가 나오는 순간에 하나님께서 사람의 영도 지어 육체 속에 넣어 주신다는 것입니다. 이 설은 육체와 영을 구별하여 설명 하는데 편리하여 칼빈을 비롯해서 많은 개혁파 계통의 신학자들이 믿어 왔습니다. 히브리서 12:9에서는 육체의 아버지와 영의 아버지를 구별합니다.

'또 우리 육체의 아버지가 우리를 징계하여도 공경하였거든 하물며 모든 영의 아버지께 더욱 복종하여 살려하지 않겠느냐.' (히 12:9)

육체의 아버지는 각각 다릅니다. 증조, 고조, 조부, 아버지가 있습니다. 영의 아버지는 하나입니다. 누구나 하나님을 아버지라 부르지 않느냐고 주장합니다. 창조설은 영과 육을 구별하는데 편리합니다. 예수가 무죄한 분임을 설명하는데 편리합니다. 즉 그분은 죄 없는 영을 가졌다고 말입니다. 그러나 모든 인간이 죄 중에 태어난다는 원죄를 설명 할 길이 없습니다. 하나님이 일일이 영을 별도로 창조하시는 것이라면 그 창조된 영은 깨끗합니다. 그런데 성경은 어머니 뱃속에서부터 사람은 죄인으로 태어난다고 했습니다. 예수님의 영은 사람의 영과 다릅니다. 고린도전서 15:45에서 사람의 영은 사는 영이요, 예수님의 영은 살리는 영이라 했습니다. 예수님의 영은 하나님의 영입니다. 성령으로 잉태되었습니다. 몸은 사람의 몸을 입었습니다.

시편 51:5, '내가 죄악 중에 출생하였음이여 모친이 죄 중에 나를 잉태하였나이다'

우리가 하나님을 영의 아버지라 부르는 것도 성령으로 거듭난 후의 일이지 그 이전의 불신자일 때는 영이 죽었기 때문에 하나님을 아버지라 부를 수도 없고 부르지도 않습니다(롬 8:7).

3. 분리설

분리설은 모든 인류의 영은 아담의 영으로부터 분리되어 나온 것이랍니다. 하나님은 아담에게만 생기를 불어 넣었습니다.

> 말라기 2:15, '그에게는 영이 충만하였으나 오직 하나를 만들지 아니하셨느냐 어찌하여 하나만 만드셨느냐 이는 경건한 자손을 얻고자 하심이라…'

여기에서 하나님은 영을 많이 지을 수도 있지만 사람의 영은 많이 만들지 않으시고 아담의 영 하나만 만드셨다는 것입니다. 하와의 영도 아담에게서 분리되었습니다. 아담과 하와는 에덴 동산에서 함께 범죄 하므로써 그 영들이 저주를 받았습니다. 아담의 아들 가인과 아벨의 영은 아버지 아담의 죄 있는 영에서 분리된 영을 받아 태어나는 것입니다. 인간의 영의 기원은 아담의 영 하나로부터 분리됩니다. 분리설이 현재까지 인간의 영의 기원을 가장 잘 설명하고 있다고 생각합니다.

셋째로 어찌하여 하나의 영만 지으셨나이까?

이는 경건한 자손을 얻고자 하심이라 했습니다. 아담이 인류의 대표자가 되어 범죄 했기에 모든 인간이 아담으로부터 분리된 영을 받았으므로 아담이 지은 죄 아래에 묶이게 됩니다. 또한 마지막 아담인 예수 그리스도께서 인류의 대표자가 되셔서 인간의 죄를 담당하심으로 그를 믿는 자는 죄 사함을 받으므로 경건한 자손을 얻을 수 있게 된 것입니다.

로마서 5:18, 19, "그런즉 한 범죄로 말미암아 많은 사람이 정죄에 이른 것 같이 한 의로운 행위로 말미암아 많은 사람이 의롭다 하심을 받아 생명에 이르렀느니라. 한 사람이 순종하지 아니함으로 많은 사람이 죄인 된 것 같이 한 사람의 순종하심으로 많은 사람이 의인이 되리라.".

만약 영을 따로 지으셨다면 아담의 죄가 다른 사람에게 전가되지 않으며, 각자가 지은 죄는 각각 해결을 받아야 하는데 예수님은 천 사람 만 사람의 죄를 담당하려면 천 번 만 번 십자가를 지셔야 했습니다. 그러나 그는 단 한번에 우리 모두의 죄를 사 할 수 있었던 것은 아담에게서 분리된 한 영이기 때문입니다.

히브리서 9: 28, '이와 같이 그리스도도 많은 사람의 죄를 담당하시려고 단번에 드리신 바 되셨고 구원에 이르게 하기 위하여 죄와 상관 없이 자기를 바라는 자들에게 두 번째 나타나시리라'

아담의 아내, 하와도 남자에게서 났습니다. 그렇기 때문에 아담은 전 인류를 대표한 자입니다

고린도전서 11:8, '남자가 여자에게서 난 것이 아니요 여자가 남자에게서 났으며'.

분리설은 인간의 원죄를 쉽게 설명합니다. 즉 아담이 죄를 범하여 그 죄로 물든 영에서 분리되어 나온 영들도 이미 죄로 오염 되어버린 것입니다.

로마서 5:12, '한 사람으로 말미암아 죄가 세상에 들어오고 죄로 말미암아 사망이 모든 사람에게 이르렀나니'

아담의 범죄는 전 인류의 범죄요 그의 사망은 전 인류의 사망이었습니다.

분리설은 그리스도의 무죄도 쉽게 설명합니다. 여자는 자녀들에게 인격적, 생리적 유전을 할 수 있지만 남자는 이것들 외에 영을 유전시킵니다. 자녀는 남자의 성씨를 따릅니다. 즉 씨는 남자로 말미암아 유전한다는 것입니다. 여자는 씨를 받는 밭과 같습니다. 박씨를 심으면 박씨가 나고, 이(오얏)씨를 심으면 이씨(오얏)가 나옵니다. 박 심은데 박 나고 콩 심은데 콩 나는 것입니다. 족보를 보아도 남자의 혈통을 따릅니다. 성경에 나타난 예수님의 족보도 아브라함으로 비롯해서 부계를 따라 열거하고 있습니다. **예수님은 마리아에게서 나셨으나 성령으로 잉태했다고 했습니다. 즉 하나님이 아버지가 되셔서 예수 그리스도는 무죄하신 하나님 아버지의 아들이신 것입니다.** 천주교에서는 마리아의 무죄설을 주장하나 말도 안되는 것입니다. 마리아도 사람인 아버지가 있는 이상 죄인임을 면치 못합니다. 모든 사람은 믿음으로 각각 구원받지 않으면 결코 구원 받을 수 없습니다.

예수님의 영은 사람의 영이 아니고 하나님의 영입니다.

> 고린도전서 15:45, '첫 사람 아담은 산 영이 되었다 함과 같이 마지막 아담은 살려 주는 영이 되었나니'(개역판)

인간의 영과 예수님의 영이 다르다는 것을 보여 줍니다. 예수님을 믿어 거듭난 자는 하나님의 영을 받은 자들입니다.

> 로마서 8:9-16, '9 만일 너희 속에 **하나님의 영이 거하시면** 너희가 육신에 있지 않고 영에 있나니 누구든지 **그리스도의 영이 없으면 그리스도의 사람이 아니라.** 10 또 그리스도께서 너희 안에 계시면 몸은 죄로 인하여 죽은 것이나 영은 의를 인하여 산 것이니라. 11 **예수를 죽은 자 가운데서**

살리신 이의 영이 너희 안에 거하시면 그리스도 예수를 죽은 자 가운데서 살리신 이가 **너희 안에 거하시는 그의 영으로 말미암아** 너희 죽을 몸도 살리시리라. …14 무릇 하나님의 영으로 인도함을 받는 그들은 곧 하나님의 아들이라 15 너희는 다시 무서워하는 종의 영을 받지 아니하였고 **양자의 영을 받았으므로** 우리가 아빠 아버지라고 부르짖느니라 16 성령이 친히 우리 영으로 더불어 우리가 하나님의 자녀인 것을 증언하시나니'

우리가 거듭날 때에 하나님의 영, 즉 그리스도의 영을 받았다는 것을 말씀하고 있습니다. 그러나 예수의 영은 유전되지 않습니다. 예수님의 영은 사람의 영이 아니기 때문입니다. 만일 유전 된다면 조상 중 어느 한 사람만 예수 믿었어도 그 유전된 영을 받은 자손들은 저절로 천당 갈 수 있을 것입니다. 사람은 각각 개인적으로 거듭나야 합니다. 예수 믿는 사람은 누구나 하나님을 아버지라 부르는 것입니다(롬 8:15). 아담을 비롯해 인간의 영은 하나이기 때문입니다. 그래서 하나님이 인간의 영의 창조자요 아버지입니다. 모든 사람들이 하나님께 아버지라 부릅니다.

아담도 하나님께 아버지, 노아도 하나님께 아버지, 아브라함도 하나님께 아버지, 할아버지도 하나님께 아버지, 아버지도 하나님께 아버지, 나도 하나님께 아버지, 내 아들도 하나님께 아버지, 내 손자도 하나님께 아버지가 되는 것입니다. 천국에 가면 하나님 아버지를 중심으로 우리 모든 구원받은 하나님의 자녀들이 한 하나님 아버지를 중심으로 천국 가정이 되는 것 입니다.

천당에서는 육체적, 인격적 생활이 아니라 영적 생활만이 있기에 부부 관계, 부모 자식 관계, 형제 자매 관계 등 모든 인간관계는 다 사라지고 오직 믿음의 관계, 즉 하나님과의 관계, 성도의 관계만이 남게 될 것입니다. 하나님과의 관계는 아버지와 자식의 관계요, 구원받은 성도들의 관계는 형제의 관계가 되는 것입니다.

마태복음 22:30, '부활 때에는 장가도 아니 가고 시집도 아니 가고 하늘에 있는 천사들과 같으니라'

천사들의 관계는 인간관계가 아니고 하나님과의 관계에서 맺어지는 믿음의 관계만 있습니다.

넷째로 적용

말라기 2:13-16절 말씀에서 사람의 영은 하나라고 말씀하시는 의도는 경건한 자손을 얻기 위함이라 했습니다. 여기서 '경건한 자손' 이란 히브리 원문에는 "하나님의 씨"라는 의미로 되어 있습니다. 하나님께서 한 영을 창조하신 것은 경건한 자손을 얻기 위함 인데 이것은 하나님의 씨를 얻기 위함이란 것입니다. 경건한 자손을 얻기 위해서는 가정이 바로 되어야 합니다. 가정이 파괴되면 사회가 파괴되고 사회가 파괴되면 세상이 음란한 영으로 충만하게 됩니다. 그렇게 사회는 멸망하게 됩니다. 사람의 영은 하나이므로 사람이 사람을 학대해서는 안 된다는 것입니다.

말라기 2:13-14, "13 너희가 이런 일도 행하나니 곧 눈물과 울음과 탄식으로 여호와의 제단을 가리게 하는도다 그러므로 여호와께서 다시는 너희의 봉헌물을 돌아보지도 아니하시며 그것을 너희 손에서 기꺼이 받지도 아니하시거늘 14 너희는 이르기를 어찌 됨이니이까 하는도다 이는 너와 네가 어려서 맞이한 아내 사이에 여호와께서 증인이 되시기 때문이라 그는 네 짝이요 너와 서약한 아내로되 네가 그에게 거짓을 행하였도다"하셨고 (15절 하반 절), "…. 네 심령을 삼가 지켜 어려서 맞이한 아내에게 거짓을 행하지 말지니라. 16절, "이스라엘의 하나님 여호와가 이르노니 나는 이혼하는 것과 학대로 옷을 가리우는 자를 미워하노라 만군의 여호와의 말이니라 그러므로 너희 심령을 삼가 지켜 거짓을 행하지 말지니라."

오늘날도 가정폭력이 극도로 심각하지만 그때도 마찬가지였는가 봅니다. 가정에서 남편이 아내를 학대하고 폭력을 휘두르며 아내를 내어쫓는 일로 거짓을 행하지 말라고 본문에서 세 번이나 말하고 있습니다. 거짓을 행하지 말라를 영어성경 NIV에서는 'Breaking Faith' 라고 합니다. 거짓을 행하다란 '남 몰래 행동하다' '속이다' '배반하다' 아내를 학대하고 내어쫓을 뿐만 아니라 하나님과 맺은 언약을 어기고 이방인들과 결혼 함으로써 여호와의 거룩을 더럽혔다는 것입니다. 이러한 일들을 하나님이 싫어하신다고 하셨습니다.

같은 영, 한 영을 가진 아내를 학대하는 것은 하나님이 싫어하는 것이요 경건한 자손을 얻고자 하시는 하나님의 인류구속의 역사를 방해하는 것입니다. 마귀가 가정에 들어와서 남편으로 하여금 폭력을 휘두르고 이혼을 하게하고 가정을 파괴함으로 경건한 자손을 얻고자 하는 하나님의 일을 훼방하는 것입니다. 가정 폭력이 심각한 것은 큰 죄악입니다. 이것은 이혼으로 연결되는데 이혼은 가정파괴가 되고 궁극적으로 사회적으로 성적문란으로 이어지며 결국 성적문란은 하나님의 심판의 결과를 가져왔습니다.

성경에 사회적 성적문란에 대한 하나님의 심판, 세 가지 경우를 볼 수 있습니다. 그 첫째는 창세기 6장에서 시작되는 노아시대의 홍수심판입니다. 이 홍수심판의 원인이 많이 있겠지만 성경에서 보여주는 원인이 누가복음 17:26, 27에서 볼 수 있습니다.

> "노아의 때에 된 것과 같이 인자의 때에도 그러하리라. 노아가 방주에 들어 가던 날까지 사람들이 먹고 마시고 장가 들고 시집 가더니 홍수가 나서 저희를 다 멸하였으며"

'장가 들고 시집 가더니' 에서 장가 들고 시집 가는 것이 무엇이 죄이겠습니까? 그러나 장가 들고 시집 가는 것이 심판의 원인이 됐다는 것은 비정상적인 결혼상태를 보여줍니다. 한 사람이 한 번만 장가 가야 하고 한 여자가 한 번만 시집 가야 하는데 이혼하고 결혼하고 또 이혼하고 또 시집, 장가 간다면 가정이 파괴된 상태며 그 결과로 사회적으로 성적으로 심각하게 혼란된 상태였음을 보여줍니다.

두번째 경우는 창세기 19장에서의 소돔과 고모라의 멸망사건입니다. 소돔과 고모라 사회의 동성애가 멸망의 원인이었음을 봅니다. 누가복음 17:26-32에서 24절에, '노아의 때에 된 것과 같이 인자의 때에도 그러하리라' 28절에, '또 롯의 때와 같으리니…' 했습니다. 노아의 때나 소돔과 고모라의 때는 사회적 성적 타락의 시대였습니다. 이상하게도 오늘날 전세계적으로 동성애가 가장 큰 이슈가 되었습니다. 동성애를 인정하고 동성애자를 우대하는 것이 한 나라뿐만 아니라 전 세계적 전체적인 관심이 되고 있습니다. 동성애자들이 경제권을 쥐고 있고 법을 자신들의 손아귀에 쥐고 있습니다. 자신들이 원하는 대로 법을 바꾸고 사회관습과 규례를 바꾸고 있습니다. 동성애자들이 광분하는 그런 면에서 오늘날이 노아시대와 같고 소돔과 고모라 시대와 같아지고 있습니다. 주님이 오실 때가 가깝다는 것을 알 수 있습니다.

세번째 경우는 사사기 20장에서 에브라임 지역에 사는 어떤 레위인 첩의 살인사건에서 볼 수 있습니다. 베냐민지파의 주거지인 기브아 사람들 중에 동성연애 집단이 있었는데 이들이 그 여인을 윤간한 나머지 그 여자가 죽게 되었습니다. 그리고 기브아 사람들 뿐만 아니라 베냐민 지파 사회 전체가 이런 사회적 성적문란으로 생긴 끔직한 문제를 하나님의 법에 따라 처결하려 하지 않고 동성애자들과 성적문란의 죄를 옹호 했습니다. 이로 인해 이스라엘 11지파와 베냐민 한 지파 사이에 큰 전쟁이 일어나 베냐민 지파가 폐망하게 되었습니다. 베냐민 지파 용사 2만 5천이 죽임을 당하고 베냐민 남녀노소가 다 죽고 군인 600명만 살아 남았을 정도였습니다. 이 군인들이 아내를 가질 수 없어 이스라엘 11지파가 곤란을 당할 정도였습니다. 그렇게 쑥대 밭이 되도록 베냐민이 멸망한 것은 사회적 성적 문란이 그 원인이었습니다.

이 세 가지 사건들을 두고 생각해 볼 때에 성적 문란이 그 원인이었는데 그 결과는 심판이었습니다. 심판의 결과는 멸망이었고 결국 하나님의 경건한 자손을 갖고자 하는 일에 방해가 되었습니다. 말라기 2장은 마지막 세대를 향한 하나님의 경고입니다. 전 세계 각국의 가정의 폭력상황에 대한 유네스코 유엔 기관의 조사가 있었는데 각국의 가정폭력에 대한 통계가 나왔었습니다. 그 통계는 심각한 것이었습니다. 가정폭력은 가정의 파괴를 가져오고, 가정 파괴는 사회 파괴, 사회 파괴는 사회적 성적문란으로 이어집니다. 현재 가정폭력이나 성적 문란은 세계화 현상으로 되어 가고 있습니다. 이것은 마지막 세대의 모형인 것입니다. 이러한 때라도 하나님은 경건한 자손 즉 하나님의 씨를 골라 내고 있습니다.

아담의 생애와 그의 사명

창세기 2:18-25

우리는 아담에 대해서 많이 들어서 알고 있습니다. 그러나 아담에 대해 말해보라고 하면 막상 말할 거리가 별로 없다는 것을 생각하실 것입니다. 인류의 시조다, 뱀에게 속아 선악을 알게 하는 나무의 과실을 먹게 됨으로 죄아래 있게 되었다는 정도입니다. 아담은 구원도 받지 못했다고 말하는 목사님도 있었습니다. 아담은 분명히 구원받았습니다. 창세기 5장 셋의 후손들의 족보의 첫번째 사람이며, 누가복음 3:38의 예수 그리스도의 족보에 하나님 다음으로 기록되어 있습니다. 아담은 인류의 시조로서 보통 사람들과 다른 점이 너무 많습니다. 아담에 대해서 말하려면 타락하기 전과 타락한 후로 나누어 생각해야 하겠습니다.

1. 타락하기 전의 아담

1) 아담의 출생
인간들 중에 유일하게 아담만 하나님의 아들이라 말할 수 있습니다. BEN-HA-ELOHIM이란 창조주 하나님의 아들이란 뜻입니다.

아담은 하나님께로부터 직접 창조된 사람입니다. 아담은 성인으로 창조되었습니다. 아담은 배꼽이 없습니다. 아담 이후의 사람은 사람의 아들입니다. 부모를 통해서 출생 되었기 때문입니다.

천사들을 창조하실 때는 수천 수억의 천사들을 각각의 영들로 직접 만드셨지만 사람은 아담에게 한 영을 주셨는데 그 아담의 영이 세포분열 되듯이 자손들에게 분열되었습니다. 그렇게 하신 것은 경건한 자손들을 얻기 위해서라고 했습니다. 온 인류는 한 영입니다. 아담의 원죄가 그 후손들에게 전달되었습니다. 이것이 신학적으로 대표의 원리라고 합니다. 첫째 아담이 죄 아래 속했기 때문에 모든 사람이 그 죄 아래 속하게 되었듯이 사람이 그 죄에서 해방되려면 마지막 아담인 예수 그리스도 안에 들어오기만 하면 죄용서 받고 구원받도록 되어 있습니다. 인간의 영은 한 영이기 때문에 한 인간의 영이 예수 그리스도의 신부가 됩니다. 거듭난 성도들의 영이 많지만 한 인간의 영 안에 포함됩니다. 이것이 연합의 신비입니다.

계시록 21:9-10에서 한 천사가 거룩한 성 예루살렘을 신부 곧 어린양의 아내라고 소개합니다.

'일곱 대접을 가지고 마지막 일곱재앙을 담은 일곱 천사 중 하나가 나아와서 내게 말하여 가로되 이리 오라 내가 신부 곧 어린양의 아내를 네게 보이리라 하고 성령으로 나를 데리고 크고 높은 산으로 올라가 하나님께로부터 하늘에서 내려오는 거룩한 성 예루살렘을 보이니'

거룩한 성 새예루살렘은 구속받은 성도들로 구성되었습니 다. 이 거룩한 성 예루살렘 전체가 송두리째 이 어린양 예수 그리스도의 신부라고 소개합니다. 이 신부 즉 아내는 단수입니다.

2) 아담의 신비

히브리어에서 아담이란 단어는 사람을 의미합니다. 아담은 또한 흙을 의미하며 남자 (이쉬)는 여자(이솨)와 발음이 비슷합니다. 동물이나 식물을 창조하실 때는 그 종류대로 지었다고 하십니다. 그러나 아담을 창조하실 때는 하나님의 형상으로 하나의 존재로 만드셨습니다. 짐승과 식물은 암수 한 쌍씩 각각 따로 만드셨지만 사람은 아담 한 사람을 만드시고 그 사람 속에서 여자를 창조했습니다. 남자와 여자는 다른 종류가 아니란 뜻입니다. Adam이란 남자를 가리키는 말이 아니라 사람이란 뜻입니다. 이 사람이란 말 속에 남자와 여자가 포함됩니다. 창세기 1:27, '하나님이 자기(His) 형상 곧 하나님의 형상대로 **사람(man)을** 창조하시되 **남자와 여자를(복수) 창조하시고**' 했습니다. 타락하기 전까지는 여자의 이름을 따로 가질 필요가 없었습니다. 남자와 여자가 하나였기 때문입니다. 하나님의 형상을 닮은 남자와 여자는 둘이면서 동시에 하나인 존재였습니다.

> 창세기 1:26, '하나님이 이르시되 우리의 형상(Our Image)을 따라 우리의 모양(Our Likeness)대로 우리가 **사람**(man)을 만들고 그들로(them) 바다의 물고기와 하늘의 새와 가축과 온 땅과 땅에 기는 모든 것을 다스리게 하자 하시고'

하나님은 스스로를 '우리' 라는 복수로 부르셨습니다. 그것도 연속해서 세 번이나 반복해서 부르시더니 27절에서는 '하나님' 이라는 단수로 부르셨습니다. '하나님이 자기 형상 (His Image) 곧 하나님의 형상대로 사람

(man)을 창조하시되 남자와 여자를 창조하시고' (창1:27)했습니다. 하나님은 성부, 성자, 성령의 세 위격이면서 동시에 하나이신 분입니다.

창세기 1:26,27에서 하나님이 복수가 되셨다가 단수가 되시고 단수가 되셨다가 복수가 됩니다. 사람에 대해서도 한 문장에서 단수가 되었다가 복수가 되고 복수가 되었다가 단수로 됩니다. **단수와 복수가 신비한 구조를 이루고 있습니다.** 이것이 무슨 뜻일까요? 하나님이 단수이면서 복수인 존재이듯이 사람도 그러하다는 뜻입니다. 성삼위 하나님은 본질은 완벽하게 하나이면서도 성부, 성자, 성령의 세 위격이 완전히 분리되어 있습니다. 창조되었을 때의 아담은 하나님의 형상을 닮은 존재로서 자신이 신비로운 연합을 이룬 존재이기에 성삼위 하나님의 신비로운 연합을 이해하는 유일한 피조물이었습니다. 아담이 여자를 처음 본 순간 감탄사를 발했습니다.

'아담이 이르되 이는 내 뼈 중의 뼈요 살 중의 살이라 이것을 남자에게서 취하였은즉 여자라 부르리라 하니라'(창2:23)

도대체 '뼈 중의 뼈'는 어디며, '살 중의 살'은 또 어디입니까? 구분할 수 조차 없습니다. 아담은 여자를 보자마자 여자가 자기와 본질적으로 하나라는 것을 알았습니다. 하나님이 남자의 갈빗대를 뽑아 여자를 만드신 것은 남자와 여자가 본래 하나의 본체라는 것을 의미합니다.

남자와 여자는 서로 다른 몸을 가졌으면서도 본질적으로는 한 몸이었습니다. 남자와 여자는 겉보기에는 완전히 다른데 본질은 하나였습니다. **그들의 영도 하나였습니다.** 하나님의 형상을 닮은 아담은 여자와 신비로운 연합의 관계를 갖게 되자 성삼위 일체 하나님을 더욱 잘 이해할 수 있었습니다. 이것은 하나님이 당신의 형상, 즉 자신을 인간에게 나누어 주었기 때문입니다.

그러나 아담과 하와가 죄로 인해 타락하자 남자는 여자와, 여자는 남자와 분리되었습니다. 다른 개체가 되었기에 그때부터 이름이 필요했습니다. 그래서 보통명사였던 아담이 고유명사가 되고 여자에게 하와라는 이름을 지어 주었습니다. 둘이면서 하나였던 신비로운 연합체가 각각의 독립된 개체가 되었기 때문입니다. 여자라는 이름도 아담이 지어주었고, '이것을 남자에게서 취하였은즉 여자라 칭하리라.' 했습니다. 창세기 1장, 2장 그리고 3장19절까지는 여자로 칭하여졌는데 범죄하고 하나님께로부터 벌을 받은 후에 창세기 3:20에서 아담이 아내의 이름을 하와라 이름 지으면서 그는 모든 산 자의 어미가 될 것이라 합니다.

3) 에덴동산에서의 삶

하나님께서 사람을 창조 하시자마자 먼저 복부터 주셨습니다.

'하나님이 그들에게 복을 주시며 그들에게 이르시되 생육하고 번성하여 땅에 충만하라, 땅을 정복하라, 바다의 고기와 공중의 새와 땅에 움직이는 모든 생물을 다스리라 하시니라'(창1:28).

아담을 위해서 에덴동산을 창설하시고 아담의 보금자리가 되게하셨습니다. 에덴동산에는 보기에 아름답고 먹기에 좋은 나무가 나게 하시고 동산 중앙에 생명나무와 선악을 알게 하는 나무도 주셨습니다. 성경에 **보기에 아름답고 먹기에 좋은 나무라고** 했으니 아름답게 생긴 과일이 맛도 좋다는 말씀입니다. 하나님께서 아담에게 에덴동산을 다스리며 지키게 하셨습니다. 동산의 모든 과일들을 먹되 선악을 알게 하는 나무의 실과는 먹지 말라 먹는 날에는 정녕 죽으리라 했습니다.

에덴동산에서의 남자와 여자는 너무나 행복했습니다. 그들은 여호와 하나님과 동산을 거니면서 얼굴과 얼굴로 대면하고 서로 대화를 나누는 행복 극치의 삶을 영위하였습니다. 여호와 하나님은 제 2위 하나님이신 성육신 전의 예수 그리스도이십니다. 성자 하나님은 하나님의 본체이시며 형체를 가지신 분입니다. 창18장에서 하나님이 아브라함과 얼굴을 대면하고 함께 음식을 먹으며 대화를 나누었듯이, 하나님은 에덴동산에서 실제로 아담과 대화하면서 거니셨습니다. 성육신 하셔서 십자가에서 죽으시고 부활하셨을 때의 그 몸을 가지신 분입니다. 부활한 몸은 살과 뼈가 있으되 시간과 공간을 초월하고 음식을 잡수시는 몸이었습니다. 제자들이 보는 가운데서 하늘로 올리우신 몸을 가지신 하나님이십니다. 예수님은 어제나 오늘이나 영원토록 동일하신 분입니다. 하나님과 사람은 에덴동산을 함께 거닐면서 대화도 나누시고 에덴동산의 보기에 아름답고 맛 좋은 과실들을 따서 함께 잡수시면서 행복한 한 때를 가졌습니다.

창세기 3:8, '그들이 날이 서늘할 때에 동산에 거니시는 여호와 하나님의 소리를 듣고'

남자와 여자는 죄를 짓기 전에는 동산을 거니시는 여호와 하나님께서 '아담아, 내가 여기있다'하는 음성을 들으면 좇아나와 하나님과 함께 동산을 거닐면서 교제를 나누었습니다. 어느날 하나님께서 동산에 오셔서 '아담아, 내가 여기 있다' 고 말씀하시는데도 아담이 나타나지 않는 것입니다. '아담아, 네가 어디있느냐' 하고 다시 묻습니다.

창세기 3:8 하반절과 9절에, '아담과 하와가 여호와 하나님의 낯을 피하여 동산나무 사이에 숨은지라 여호와 하나님이 아담을 부르시며 그에게 이르시되 네가 어디 있느냐'고 물으십니다. 10절에서 '가로되 내가 동산에서 하나님의 소리를 듣고 내가 벗었으므로 두려워하여 숨었나이다.'

이제 하나님과 아담과의 그 행복한 시절이 깨어지고 말았습니다. 에덴동산은 벗고 살 수 있도록 아주 적절한 온도의 환경이었습니다. 그런데 노아시대 대홍수 이후에는 하나님께서 지구에 추위, 더위, 여름과 겨울을 두셨다고 했습니다.

창세기 8:22, '땅이 있을 동안에는 심음과 거둠과 추위와 더위와 여름과 겨울과 낮과 밤이 쉬지 아니하리라.'

2. 타락한 후의 아담

에덴동산에서 쫓겨난 후의 아담의 회개와 신앙 삶에 대해서만 말하겠습니다. 아담은 사탄에게 속아 하나님께서 먹지 말라 한 선악을 알게 하는 나무의 과일을 먹으므로 범죄했을 때에 하나님은 그에게 한 언약을 주셨습니다. 물론 이것은 사탄에게는 저주요, 심판의 말씀이지만 인류에게는 소망의 언약이었습니다.

창세기 3:15, '내가 너로 여자와 원수가 되게 하고 너의 씨도 여자의 씨와 원수가 되게 하리니 여자의 씨는 네 머리를 상하게 할 것이요 너는 그의 발꿈치를 상하게 할 것이니라 하시고'

메시야를 보내서서 마귀의 일을 멸하시고 인간을 죄에서, 사탄의 노예 상태에서, 죽음에서 구원하시겠다는 언약입니다. 하나님은 범죄한 아담과 하와에게 벌을 내리시기 전에 (창3:16-19) 이미 구원을 말씀하셨습니다. 하나님의 형상을 닮은 인간이 타락한 그 때에 이미 회복을 작정하셨습니다. 비록 사탄의 꾀에 넘어갔지만 그럼에도 불구하고 인간을 포기하지 않으셨습니다. 하나님이 인간을 얼마나 사랑하시는가를 아시겠습니까?

모든 것이 끝났다고 낙심하는 아담에게, 간교한 꾐이 성공했다고 환호하는 사탄에게 주님은 선포하셨습니다. 여자의 씨가 너 사탄의 머리를 깨부수리라! 이때부터 아담과 하와는 여자의 씨가 나타나기를 고대하는 삶을 삽니다. 하나님은 비록 아담과 하와를 에덴동산에서 쫓아내지만 이들이 미워서 쫓아내는 것이 아니라 이들을 장차 구원하시기 위한 하나님의 사랑이었습니다. 죄지은 몸으로 생명과일을 먹으면 영원히 그 죄에서 구원받을 수 없기 때문입니다. 하나님께서 에덴동산에서 아담을 내보낼 때에 에덴 동산 밖에서도 하나님을 만나는 법을 가르쳐 주었습니다. 양의 피를 흘려 제사를 지내라고 하셨습니다.

하와는 첫 아들을 낳으면서 혹시 이 아이가 하나님께서 약속하신 그 '여자의 씨' 인가 하고 이름을 가인 즉 '내가 여호와로 말미암아 득남하였다' 하고 외칩니다. 창세기 4:1의 하와의 기분을 공감해 보시기 바랍니다. 그러나 가인의 행태를 보고 하와는 얼마나 큰 슬픔과 고통을 느꼈겠습니까? 아, 가련한 하와여! 그러나 아직도 그녀는 '여인의 씨' 를 낳을 수 있는 소망이 있습니다. 마치 다말이 그렇게 '씨' 를 갖기를 원했던 것도 하와의 소망을 가졌었기 때문입니다.

이렇게 아담부부는 메시야를 대망하는 삶을 살았습니다. 비록 에덴동산의 낙원을 잃었지만 여자의 씨가 오셔서 자신들이 잃었던 복락원을 다시 회복할 것을 믿었습니다. 아들들에게 여호와 하나님을 만나는 제사법을 가르쳐 주었고 제사에 합당한 삶을 살도록 교육하였습니다(창4:3,4).

메시야 대망신앙은 아담에게서부터 시작해서 에녹에 이릅니다. 에녹의 생애와 사명에서 말씀드렸듯이, 에녹은 하나님께로부터 먼 훗날에 오실 메시야를 동영상으로 봅니다. 그 당시의 사람들에게 메시야를 대망하도록 가르쳤다고 했습니다.

유다서 14,15, '아담의 칠세 손 에녹이 사람들에게 대하여도 예언하여 이
르되 보라 주께서 그 수만의 거룩한 자와 함께 임하셨나니 이는 뭇 사람
을 심판하사…'

에녹이 메시야께서 수많은 성도들과 함께 재림하셔서 세상을 심판하시
는 것을 보고 그 당시 자신의 세대 사람들에게 메시야 대망신앙을 가르쳤
다고 합니다. 이것은 아담의 영향력 이었습니다. 아담은 에녹이 환상계시
로 여자의 씨이신 메시야께서 수많은 성도들과 함께 오신다는 사실을 가
르치는 것을 보고 기뻐했습니다. 메시야께서 오시면 에덴동산을 다시 회
복하시고 그때에 다시 여호와 하나님과 에덴동산을 거닐면서 생명 과일을
먹으면서 얼굴과 얼굴을 대면하고 대화도 나누리라 생각했습니다.

아담은 노아의 아버지요 므두셀라의 아들인 그 당시의 대 예언자였던
라멕의 나이 113세까지 살았습니다(아담은 라멕과 56년간 동시대를 살았
습니다.). 에녹 당대의 홍수 심판과 세상 끝날의 예수 그리스도의 재림과
성도들의 휴거를 알았으며, 에녹이 휴거 되는 것을 목격했습니다. 므두셀
라의 홍수심판 예고를 들었으며, 예수 그리스도께서 오셔서 아담 자신이
죄를 저질러 잃어버린 에덴동산을 틀림 없이 되찾게 될 것을 확실히 믿었
습니다. 천국을 소망하며 살다가 이 땅에서 930세의 삶을 향수하다가 천
국으로 부름을 받아 갔습니다.

메시야 대망신앙 즉 예수님 재림신앙은 아담으로부터 시작해서 에녹을
거쳐 주님께서 오실 때까지 이 땅에 사는 모든 성도들의 신앙입니다.

뱀과 사탄

창세기 3:1-15

창세기 3장에는 보이는 존재들과 보이지 않는 존재들이 있습니다. 보이는 존재는 뱀과 하와와 아담이요, 보이지 않은 존재는 하나님과 사탄의 존재입니다. 먼저 창세기 3장에는 뱀이 제일 먼저 등장합니다. 여호와 하나님이 지으신 들짐승 중에 뱀이 제일 간교하더라고 했습니다. 우리말 성경에는 뱀을 간교하다고 표현했습니다. 한글 [개역 성경] 에 "간교"라고 번역된 말의 히브리어 원어는 (아룸)인데, 이 단어는 사실상 부정적인 의미와 긍정적인 의미를 다 가지고 있습니다. 부정적인 의미는 "간사한" 등이며, 긍정적인 의미는 "기술이 좋은, 현명한, 총명한" 등입니다. 예를 들면 잠언 12:16, 23; 14:8,15,18; 22:3 등에는 이 단어가 모두 우리말로 "슬기로운"으로 번역되었고, [흠정 역] 은 신중한(prudent)으로 번역하고 있습니다.이 말이 창세기 3:1에서는 어떤 의미로 쓰였을까요? 결론부터 말하면 이 때에는 이 단어가 부정적인 의미로 사용될 수 없는 때입니다. 왜냐하면 아직 죄가 시작 되지도 않았고 또 뱀은 아직 저주받은 상태도 아니기 때문입니다. 뱀이 보통 존재가 아닙니다. 굉장한 존재였습니다. 뱀은 모든 동물보다 뛰어나고 사람 다음으로 영리하고 지혜로웠습니다. 인간 다음 단계에 이르는 명석하고 지혜롭고 영리했을 것입니다. 그 뱀은 지금 하나님께서 맨 처음 창조하신 완전하고 보기에 아름다운 상태에 있습니다.

> 창세기 1:25, '하나님이 땅의 짐승을 그 종류대로, 가축을 그 종류대로, 땅에 기는 모든 것을 그 종류대로 만드시니 하나님이 보시기에 좋았 더라.'

뱀도 창 1:25에 속하는 짐승으로서 하나님이 보시기에 좋은 짐승입니다. 창세기 3:1은 뱀이 유혹의 매개물로 이용되기 전, 맨 처음 창조되었을 당시의 상태를 소개하는 말입니다. 여기 "간교"라고 번역된 말은 "총명한" 슬기로운, 현명한, 등의 긍정적인 의미로 바꾸어야 합니다. 창세기 3:1의 가장 정확한 번역은, "여호와 하나님이 지으신 들짐승 중에 뱀이 가장 지혜롭더라" 입니다.

성경은 창세기 3장에서 뱀을 제일 먼저 등장시킵니다. 왜 첫 마디가 하나님이 만드신 들짐승 중에 뱀이 가장 총명하더라고 말했습니까? 무슨 의도가 있지 않겠습니까? 현재 사람들이 짐승 중에서 가장 가까이 하고 좋아하는 짐승이 개입니다. 왜 사람들이 개를 좋아합니까? 모든 짐승들 중에 가장 충성스럽고 영리하기 때문입니다. 사람과 개가 교감을 할 수 있기 때문입니다. 창세기 3장에서 하나님이 만드신 들짐승 중에서 뱀이 가장 아름답고 총명하더라고 한 것은 사람과 가장 가까운 존재였다는 것을 보여줍니다. 아담보다 하와와 가까웠다는 것을 보여줍니다.

하나님은 아담에게 에덴동산을 지키라고 했는데 그 말은 사탄이 에덴동산을 노리고 있다는 암시입니다. 사탄은 어떻게 하면 에덴동산에 침투할 것인가를 호시탐탐 노리고 있습니다. 하나님께로부터 에덴동산을 지키라는 직접 명령을 받은 아담보다는 간접 명령을 받은 하와 쪽으로 접근하겠다는 가닥을 잡았습니다. 사탄은 어떻게 하면 하와에게 접근할 것인가를 연구했습니다. 사탄은 하와의 친구인 뱀을 이용하기로 했습니다. 그렇다면 뱀도 사탄의 계략의 희생물입니다. 그런데 어떻게 그 영리하고 총명한 뱀이 사탄에게 속아 사람을 타락시키는 사탄의 도구가 되었는지 모르겠습니다. (제가 생각 하기로는 사탄의 술책은 항상 자신의 위치를 벗어나게 하는 것입니다. 말하자면 하와에게는 네가 선악과를 먹으면 눈이 밝아져 하나님과 같이 되리라고 한 것과 같이 뱀에게는, 내 생각대로 네가 움직여 주면 너도 사람과 같이 되리라 하는 꾀임에 속은 것입니다.) 어쨌던 뱀은 사탄의 유혹을 받아 하와를 속이는 일에 사탄의 도구가 되고 말았습니다.

그 결과로 뱀은 하나님의 형벌을 제일 먼저 받습니다. 하나님께서 뱀에게 벌을 주시는데, 첫째는 뱀을 배로 다니게 합니다. 전에는 뱀이 배로 다니지 않았다는 말입니다. 다리가 있어 걸어다녔습니다. 뱀이 아주 잘 생겼을 것입니다. 뱀이 범죄하기 전에는 지금과는 다른 모습이었을 것입니다. 두번째는 뱀에게 살아 있는 동안 흙을 먹으라 했습니다. 뱀이 쥐나 개구리를 잡아 먹을 때에 입으로 그냥 삼킵니다. 무엇을 먹어도 맛있는 줄 모릅니다. 무엇을 먹어도 흙입니다. 세번째로 뱀이 저주를 받은 것은 말을 하지 못합니다. 전에는 말을 했는데 그 말로 사람을 속이고 죄짓게 한 죄로 뱀은 말을 못하게 되었습니다. 하나님께서 지으신 모든 짐승들은 다 소리를 가지고 있어 자기들끼리 대화를 하는데 뱀은 소리가 없습니다.

범죄하기 전에는 하와와 뱀은 가장 친한 사이였지만, 15절 말씀에 의하면 이제는 원수 지간이 되었습니다. '내가 너로 여자와 원수가 되게 하고' 했습니다. 그 이후로 사람이 뱀을 보면 흉칙하고 섬뜩합니다. 뱀도 자신을 보호하기 위해 독을 품게 되어 자신을 해치려는 사람에게 독으로 공격을 합니다. 그러나 예수 그리스도께서 다시 오실 때는 이 뱀과 사람은 다시 화해를 하게 될 것입니다.

만물의 영장인 인간이 죄를 지어 타락하게 되고 저주를 받게 될 때에 지구 상의 다른 피조물들도 저주 아래 있게 됩니다. 피조물인 뱀이 사람의 타락을 도왔기 때문입니다. 로마서 8:19-23 에서 피조물들이 하나님의 아들들이 회복되기를 고대한다고 했습니다. 그 때가 천년왕국 때입니다.

> 천년왕국을 묘사하는 이사야 11;8,9, **'젖 먹는 아이가 독사의 구멍에서 장난하며 젖 뗀 어린 아이가 독사의 굴에 손을 넣을** 것이라. 9 내 거룩한 산 모든 곳에서 해 됨도 없고 상함도 없을 것이니 이는 물이 바다를 덮음 같이 여호와를 아는 지식이 세상에 충만할 것임이라.'

반면에 뱀을 꼬드겨서 벌 받게 한 사탄은 무저갱에 천년 동안 가두어졌다가 천년왕국이 지난 후에는 불못에 던져집니다. 계시록 12: 9과 20:2에서 '큰 용, 옛뱀, 곧 마귀' 라고 하는데 사탄의 이름에 옛뱀 즉 뱀의 이름이 올라가는 것은 창세기 때에 하와를 타락하게 한 사탄의 도구로 사용 되었다는 것을 보여줍니다.

창세기 3장에 두번째로 등장하는 사탄은 뱀으로 가장해서 하와에게 접근합니다.

> 창세기 3:1-3, '…뱀이 여자에게 물어 이르되 하나님이 참으로 너희에게 동산 모든 나무의 열매를 먹지 말라 하시더냐 여자가 뱀에게 말하되 동산 나무의 열매를 우리가 먹을 수 있으나 동산 중앙에 있는 나무의 열매는 하나님의 말씀에 너희는 먹지도 말고 만지지도 말라 너희가 죽을까 하노라 하셨느니라.'

이 장면에서 뱀은 보이는 실체이지만 보이지 않는 실재 존재가 있는데 하와는 보이는 실체만 의식하고, 보이지 않는 실재를 인식하지 못하는 큰 실수를 저지르고 있습니다. 사탄의 목표는 하와만 선악을 알게 하는 나무의 실과를 따먹게 하는 것이 아니라 처음부터 아담까지 그 공격의 목표를 세워놓고 있습니다. 창3:1에서 하와에게 묻기를 '하나님이 참으로 너희에게' 라고 했습니다. 4절에 '너희가 결코 죽지 아니하리라 너희가 그것을 먹는 날에는' 하여 아담까지 포함시킵니다. 말하자면 여자를 통해 아담까지도 선악과를 따먹게 할 심산이었습니다. 사탄은 하와에게 아주 교묘하게 접근합니다. 처음부터 선악과에 대해 말하지 않고, '하나님이 참으로 너희에게 동산 모든 나무의 실과를 먹지 말라 하시더냐 하면서 자신의 의도를 숨기고 상대방이 자신에 대해서 얼마나 방어를 하고 있는가를 시험해봅니다.

그런데 하와의 첫 마디에서 자신의 목적의 성공 가능성을 발견하게 됩니다. 3절 말씀에서 하와의 헛점을 수 없이 발견하게 됩니다.

> '2 여자가 뱀에게 말하되 동산 나무의 열매를 **우리가 먹을 수 있으나**, 3 동산 중앙에 있는 나무의 열매는 하나님의 말씀에 너희는 먹지도 말고 **만지지도 말라** 너희가 **죽을까 하노라** 하셨느니라.'

여기서 '우리가 먹을 수 있으나' 라고 말했는데 하와는 하나님이 동산의 모든 과일들에 대해서 억지로, 마지못해 먹도록 했다는 인상을 사탄에게 주었습니다. 하와는 사탄에게 '하나님이 우리에게 언제든지, 무엇이든지, 얼마든지 마음대로 먹으라고 하셨다' 라고 말했어야만 했습니다. 사탄의 파고드는 틈새를 막았어야만 했습니다. 또 하와는 먹지도 말고 만지지도 말라고 말했는데 만지지도 말라는 말은 하와가 지어낸 말입니다. 하와는 사탄에게 자신의 헛점을 드러냈습니다. 세번째로 하와의 실수는 먹는 날에는 죽을까 하노라고 했는데 먹는 날에는 정녕 죽으리라 하신 말씀을 가감했습니다. 사탄은 하와를 유혹하는 일에 반드시 자신의 목적을 성공시키겠다는 확신을 얻고 과감하게 자신의 정체를 드러냅니다.

'4 뱀이 여자에게 이르되 너희가 결코 죽지 아니하리라. 5 너희가 그것을 먹는 날에는 너희 눈이 밝아져 하나님과 같이 되어 선악을 알 줄 하나님이 아심이니라.'

하나님은 선악을 알게 하는 나무의 실과를 먹으면 정녕 죽으리라 했는데 사탄은 결코 죽지 아니하리라 했으며 먹는 날에는 너희 눈이 밝아져 하나님과 같이 되리라고 말합니다. 이 말을 들은 하와가 선악을 알게 하는 나무를 보니 정말 눈이 밝아져 그 과일이 먹음직하고 보암직도 하고 지혜롭게 할 만큼 탐스럽게 보였습니다. 그 과일을 따먹었는데 정말 눈이 밝아져 자신들의 몸이 벗은 줄을 깨닫게 되었다고 합니다. 자신들이 선악을 알게 하는 나무의 실과를 따먹은 것은 그냥 호기심에서 먹은 것이 아니라 하나님과 같이 되겠다는 반역의 대역죄를 저질렀습니다. 큰일 났습니다. 사탄의 말대로 눈이 밝아지기는 했는데 봐서는 안될 것을 보는 눈, 보이지 않던 것들을 보는 눈이 밝아져 이들이 얼마나 두렵고 놀랐겠습니까? 이 때에 사탄은 슬며시 사라집니다.

1800년대의 미국의 실용주의 철학자 존 듀이는 '아이들이 성에 대해 호기심을 가지고 죄를 짓게 되는데 아예 성을 공개해버리면 그 호기심이 사라질 것이다'고 해서 성교육을 시켰더니 그 때까지는 뚝방의 물이 쫄쫄 흐르던 것이 그 이후로는 방뚝이 터져버리는 결과를 낳게 되고 말았습니다. 선악을 알게 하는 나무의 열매는 지식을 주는 나무열매입니다. 지식은 알아야 할 지식이 있고 몰라도 될, 아니 차라리 몰랐어야만 할 지식도 있습니다. 성에 대한 것, 마약에 대한 것, 도박에 대한 것, 악한 습관에 대한 것들은 몰라야만 하는데 사탄은 이런 것에 사람들로 호기심을 갖게 합니다. 사탄은 에덴동산을 망가뜨린 수법으로 아직도 이 세상을 망치고 있습니다. 동성 연애, 마약 등으로 미국을 지금 망치고 있습니다.

결론적으로 사탄은 왜 아담과 하와를 타락하게 만들려고 했습니까? 사탄은 하나님이 창세기 1:1에서 지구를 중요시 여기고 귀하게 여기는 하나님의 의도를 깨달았습니다. 지구에 사람을 창조하시려는 목적이었습니다. 그 사람을 하나님의 자녀로 삼으시려는 것입니다. 사탄은 하나님의 그런 의도를 방해하려 했습니다. 하나님께서 사람을 창조 하시기 전에는 하나님과 천사들 밖에 없었는데 사람을 창조하셔서 당신의 자녀로 삼으시겠다는 의도를 파악한 사탄은 처음에는 창세기 1:2절에서 지구를 망가뜨리게 하였고 이제 사람을 창조하신 후에는 그 사람을 타락하게 해서 하나님과 사람 사이를 이간 시키고 하나님의 의도를 방해하려고 했습니다.

사탄은 사람을 타락하게 하는 일에 성공했다고 자축했습니다. 그러나 하나님은 이미 사탄의 이런 방해 공작이 있을 것을 아시고 사탄의 계략을 오히려 사탄을 잡는 덫, 함정으로 사용하신 것입니다. 사람이 사탄으로 인해 선악과를 따먹음으로 해서 죄를 지음으로 하나님이신 그리스도 예수께서 사람의 몸을 입으시고 이 세상에 오실 길을 열어 놓고야 말았습니다. 창세기 3:15이 인류를 사탄의 속박에서 해방하실 원시복음을 주시는 계기가 됩니다. 창세기 3:15에서 사탄을 저주하고 창세기 3:14절은 뱀을 저주합니다.

'15 내가 너로 여자와 원수가 되게 하고 네 후손도 여자의 후손과 원수가 되게 하리니 여자의 후손은 네 머리를 상하게 할 것이요 너는 그의 발꿈치를 상하게 할 것이니라'

요한일서 3:8에서는 하나님의 아들이 이 세상에 오신 것은 마귀의 일을 멸하려 함이라고 했습니다. 창세기 3:14은 뱀에게 저주하신 것이지만 끝절은 사탄에게 하신 말씀이기도 합니다.

'여호와 하나님이 뱀에게 이르시되 네가 이렇게 하였으니 네가 모든 가축

과 들의 모든 짐승보다 더욱 저주를 받아 배로 다니고 살아 있는 동안 흙
을 먹을지니라.'

'네가 살아 있는 동안 흙을 먹을 지니라'는 말씀은 흙을 육체로 가진 사
람의 몸을 갉아 먹어 병들고 약하게 할 사탄에 대한 예언이기도 합니다.

아담아 네가 어디 있느냐?

창세기 3:8-19

창세기 3장은 제 7일 안식일을 지난 에덴동산에서 제 8일째 이후의 삶을 보여 줍니다. 아담과 하와가 에덴동산에서 얼마나 오랫동안 살았는지 모릅니다. 한 달을 살았는지, 1년을 살았는지, 100년을 살았는지 천 년을 살았는지 모릅니다. 죄짓기 전의 삶은 영원한 삶입니다. 영원한 삶은 시간이나 나이나 연수가 없습니다. 창세기 3장에는 보이는 실체와 보이지 않는 실재의 존재가 있다고 했습니다. 창세기 3장에 제일 먼저 등장하는 존재가 보이는 실체인 뱀과, 보이지 않는 사탄의 존재에 대해서 말씀 드렸습니다. 창세기 3장에서 두번째로 등장하는 인물은 보이는 실체인 아담과 하와이며, 그 배후에 계시는 제 2위 하나님이시고 성자 하나님이신 예수 그리스도입니다. 지구와 사람과 관계하시는 하나님은 예수 그리스도이십니다. 창세기 1:1에서 전 우주와 지구를 창조하실 때는 삼위 하나님이 창조하셨고, 창세기1:3부터 31절까지는 혼돈하고 공허하며 흑암으로 가득 찬 지구를 채우시고 정돈하시고 밝히시는 창조 과정은 전적으로 예수 그리스도께서 하신 일입니다. 특히 인간을 창조하실 때는 성자 하나님의 형상으로 창조하셨다고 했습니다.

아담과 하와가 하나님의 말씀을 따르지 않고 사탄의 말을 따라서 먹으면 정녕 죽으리라 하신 선악을 알게 하는 나무의 실과를 따먹음으로 죄가 들어와 영안을 흐리게 합니다. 육안이 밝아져 보지 말았어야 할 벌거벗은 몸을 보고 두려워하고 부끄러워 하나님을 피해 숨었습니다. 죄가 하나님과 사람 사이를 갈라 놓았습니다. 하나님께서 정녕 죽으리라 하신 말씀은 영이 죽었다는 말입니다. 영이 죽었다는 말은 생명의 근원이신 하나님께로부터 떨어져 나왔다는 말입니다. 영 자체는 불멸입니다. 영존합니다. 그런데 영이 죽었다는 말은 죄로 인해서 사람의 영이 하나님과 분리되었다는 말입니다. 사탄의 노예가 되어 하나님 대신에 사탄을 주인으로 섬기게 된 상태를 영이 죽었다고 합니다. 영이 죽었다는 말은 몸이 죽은 것 같이 생각하면 안됩니다. 몸이 죽어 먹지도, 보지도, 걷지도, 움직이지도 못하는 것과 같이 생각하면 안됩니다. 영이 죽은 상태의 사람을 두고 살았으나 죽은 자라고 합니다. 마치 장미 줄기에서 잘려져 나온 화병에 꽂힌 장미꽃과 같은 것입니다.

영의 기능은 하나님과 접촉하고 하나님을 감지하며 하나님과 교제하고 하나님과 교통하는 것입니다. 그 기능이 마비되었기에 하나님을 대면할 수 없게 된 아담과 하와는 하나님이 나타났을 때에, 그들은 두려워하면서 나무 밑에 숨어버립니다. 왜 숨습니까? 왜 두려워합니까? 죄를 지었기 때문입니다.

> 요한일서 4:18, '사랑 안에 두려움이 없고 온전한 사랑이 두려움을 내어 쫓나니 두려움에는 형벌이 있음이라 두려워하는 자는 사랑 안에서 온전히 이루지 못하였느니라.'

아담과 하와가 하나님께 지은 죄목이 무엇입니까?
1. 그들은 먹지 말라하신 선악과를 먹은 불순종의 죄입니다.
2. 그들은 선악을 알게하는 나무의 열매를 먹은 동기가 하나님과 같이

되리라 하는 말을 듣고 먹었음으로 하나님께 반역죄를 지었습니다.

3. 그들은 하나님의 말씀을 듣지 않고 뱀, 사탄의 말을 들었습니다

우리가 지금까지 아담과 하와가 선악을 알게 하는 나무의 실과를 따먹음으로 죄를 지었다는데 대해서만 생각을 했습니다. 그런데 선악을 알게 하는 그 나무 자체에 대해서는 생각을 해 보지 못했습니다. 왜 하나님은 선악을 알게 하는 나무의 실과를 먹지 못하게 하셨는지에 대해 생각해 보겠습니다. 그러면 선악을 알게 하는 나무가 무엇이며 왜 그것을 먹지 말라 하셨을까요?

첫째로 선과 악은 히브리어로 '토브'와 '라아'인데 이것의 해석을 선과 악(Good and Evil)으로 보아 도덕적인 관점에서 봅니다. 선악을 알게 한다는 이것은 선한 일이고 저것은 악한 일이라는 것을 알게 되는 것입니다. 그런데 선과 악을 아는 것이 왜 죄가 되느냐 하는 것입니다.

창세기에서 히브리어 '라아'가 사용되었을 때에 번역된 단어의 의미를 볼 때에 'evil'과 'bed'로 번역된 것이 반반입니다. 여기서 하나님께서 토브와 라아로 말씀하신 것은 선과 악의 도덕적 관점에서만 바라볼 것이 아니라, 선악이 아닌 good과 bed(좋고 나쁨)의 의미로 생각해 볼 수도 있습니다. '아담아, 네가 저 실과를 먹으면 너희 인생에 좋고 나쁜 것에 대해서 네가 결정하게 된다. 왜냐하면 그 지식이 네게 들어가게 되니까, 그리고 너는 더 이상 내 말을 듣지 않게 될 것이야. 내가 무슨 말을 해도 너는 일단 너 마음에 비추어서 괜찮으면 좋고 아니면 아니라고 네 스스로 결정할 것이다.' 하나님의 뜻대로가 아닌 내 뜻대로 하게 된다는 것입니다. 말만 하나님의 뜻대로 하시옵소서 하고는 제 마음대로 행합니다. 아담이 선악을 알게 하는 나무의 실과를 먹으면 인생에서 좋고 나쁜 것을 아담 자신이 판단하게 됩니다. 하나님과 아담과의 관계가 끊어지게 되는 것입니다.

아담은 아무 것도 모르면서 좋고 나쁜 것을 결정해 버리니 모든 것을 다 아시는 하나님께서 관여할 기회가 없어지는 것입니다. 아비와 자식 사이

에서도 아버지는 인생의 그 과정을 지나왔으므로 알고 있습니다. 아버지는 자식이 그 길로 가는 것이 실패하고 좌절하게 되는 것임을 불을 보듯 환하게 보는데 자식은 모릅니다. 그러면서도 그 길로 가려고 하는데 아버지가 말립니다. 그러나 자식은 절대로 아버지 말을 듣지 않고 자기 생각대로 행합니다. 그러다가 실패했습니다. 아버지가 '그러니까 내가 그 길로 가지 말라고 하지 않았느냐'고 하면 아들이 말하기를 '왜 아버지는 나를 끝까지 말리지 않았느냐'고 대듭니다. 부모와 자식간에 겪는 어려움을 하나님과 아담 간에 겪게 되는 것으로 상상해 보시기 바랍니다. 부모와 자식간에는 부모도 인간이기에 부모가 틀리고 아들이 맞을 수도 있지만 하나님은 전지전능하신 분이시기에 아담을 보실 때에 얼마나 괴로우시겠습니까?

그것이 하나님과 아담의 관계였습니다. "아담아, 하나님과 함께 살아가려면 배에 사공이 둘이 있으면 안된다. 배가 산으로 올라 간다. 노를 젓는 것은 나 하나님께 맡겨라. 그러면 하나님인 내가 너 인생의 좋고 나쁜 것을 결정 해 주마. 그러면 너는 아무 걱정 없이 아멘 하고 나를 따르기만 하면 된다." 이것이 하나님께서 아담에게 선악을 알게 하는 나무의 실과를 먹지 말라하신 의도였습니다.

두번째로 아담이 선악과를 따먹으므로 선과 악의 기준이 자기 중심으로 판단하게 됩니다. 자기가 옳다고 생각하면 옳고 자기가 틀리다고 생각하면 틀린 것입니다. 하나님이 선과 악의 기준이 아니라 사람인 자기 자신이 선악의 기준이 된다는 것입니다. 하나님의 말씀이 선악의 기준이 아니라 자기가 생각해서 좋으면 좋고 자신에게 불리하면 그것이 나쁘게 된다는 것입니다. 사람이 이때부터 이기주의가 되었습니다. 오늘날 사람들이 선과 악의 기준을 자기 기준으로 하는 것은 아담과 하와의 후손이기 때문입니다. 아담이 선악과를 따먹게 됨으로 그 이후의 모든 인간들이 자기 중심적으로 되고 말았습니다. 하나님이 내 인생의 주인이 아니라 자신이 주인이 되었

습니다. 인생의 주인이 바뀝니다. 창조하실 때는 주님이 내 인생의 주인이 었는데 이제는 내 인생의 주인이 내가 되버리고 말았습니다. 이기주의는 좋고 나쁜 것을 내 기준으로 모든 것을 판단합니다

'아담아 네가 어디있느냐' 라고 부르는 것은 하나님의 절규입니다. 하나님께서 그렇게 사랑했던 아담과 하와가 죄를 짓고 하나님이 두려워 숨어버리는 모습을 보면서 하나님께서 너무나 슬퍼하셨습니다. 온 우주와도 바꿀수 없는 귀한 존재로 여기시며, 그렇게 사랑하는 아담과 하와가 하나님께로부터 도망을 치고 있습니다. 하나님께서 그들의 숨은 곳을 몰라 '아담아 네가 어디 있느냐' 고 물으신 것이 아니라 사랑하는 아들을 잃은 아버지의 심정을 나타내는 절규인 것입니다. 아버지의 사랑을 깨닫지 못하고 집을 나가는 아들의 등을 향해 외치는 아버지의 탄식입니다. 하나님과 사람 사이에 죄가 가로막아 그 교제가 끊어졌다는 말입니다. 이 죄는 사람으로서는 걷어 낼 수 없고 하나님께서 해결해 주셔야 했습니다.

창세기 3:15은 집을 나간 아들을 찾아 나서듯 예수 그리스도께서 아담과 하와를 찾아 이 세상으로 찾아오실 것을 선포하는 말씀입니다. 이 세상에 오셔서 죽으심으로 사람을 죄 가운데서 구원하시게 됩니다.

> '내가 너로 여자와 원수가 되게 하고 네 후손도 여자의 후손과 원수가 되게 하리니 여자의 후손은 네 머리를 상하게 할 것이요 너는 그의 발꿈치를 상하게 할 것이니라.'

집 나간 자식을 찾아 아버지가 인간의 몸을 입으시고 지구로 찾아 오실 것을 약속하신 말씀입니다. 하나님께서 인간을 만드신 것은 하나님의 자녀들을 만드시기 위함이었습니다. 하나님의 형상과 모양으로 만드신 것도 하나님의 참 자녀를 만드시기 위함이요, 에덴동산에 선악과를 두신 것과, 범죄하고 타락한 사탄을 잡아 불못 속에 당장 가두지 않으신 것은 사탄을

사용하여 하나님의 참 자녀들을 얻기 위함이었습니다. 인간에게 자기의 형상을 주신 것은 장차 이 땅에 오실 것을 미리 예비한 것입니다. 이 세상에 오실 때에 자신의 본래 형상 그대로 오시기 위함이었습니다. 사탄이 사람들을 죄 아래 가두고 핍박하고, 박해해서 하나님 앞에 나가지 못하게 방해하게 합니다. 그러나 사탄의 그런 방해에도 불구하고 끝까지 믿음으로 승리하는 자들을 고르시기 위함입니다. 기독교는 처음부터 핍박과 박해로 시작되었습니다. 기독교는 피흘리는 신앙입니다. 피 흘림이 없이는 죄사함이 없습니다. 예수님으로부터 시작해서 초대교회를 거쳐 지금까지 기독교는 핍박과 박해 가운데 있습니다.

창세기3:14-19에서 이제 하나님은 죄 지은 자들에게 벌을 내리십니다. 14절은 먼저 뱀에게 내리신 벌입니다. 뱀은 사탄에게 미혹받아 사람을 타락하게 한 도구로 사용된 것에 대한 벌로 땅을 기어 다니게 했습니다. 뱀만이 유일하게 땅을 기어 다니는 벌을 받습니다. 뱀과 모든 피조물은 천년왕국에 가서는 저주가 풀리게 됩니다. 그러나 사탄은 나중에 영원한 불못에 갇히게 됩니다. 창세기3:15은 사탄에게 내리는 벌입니다. 16 절에는 여자는 벌로 잉태하는 고통을 더하게 되리라 했습니다. 너는 남편을 사모하게 되고 남편은 너를 다스릴 것이라 했습니다. 그러나 여인이 아이를 잉태하는 것이 큰 고통이기는 하지만 아이를 임신하는 과정에서 예수 그리스도를 임산하는 복을 받을 것이라 했습니다.

창세기3:17-19에서 아담에게 주시는 벌은 땅이 사람으로 인해 저주를 받게 된다 했습니다. 하나님께서 아담에게 직접 벌을 주지 아니하시고 땅을 저주하신 것은 아담에게 벌을 주면 아담만 저주받아 살다가 죽으면 저주가 거기에서 끝나지만 땅을 저주한 것은 사람의 근본이 땅인데 땅이 저주 받으면 결국 사람이 저주를 받게 되는 것이요 그 저주는 후손대대로 이어지는 것입니다. 만물의 영장인 사람이 저주를 받게 됨으로 그 아래 있는 다른 피조물들도 저주를 받게 됩니다. 로마서 8장에서 이 피조물들이 저주에서 회복되기를 원한다고 합니다. 땅이 저주 아래에 있게 된 결과로 땅이 가시와 엉겅퀴를 내고 사람은 평생토록 수고하고 땀을 흘려야만 그 소산을 먹으리라 했습니다. 에덴 동산에 있었을 때는 그렇게 수고하지 않아도 먹고 살 수 있었습니다. 각종 씨가진 채소들과 각종 열매맺는 나무들에게서 과실들을 따먹으면서 살았는데 범죄한 이후에는 가시덤불과 잡풀과 엉겅퀴들과 싸우면서 농사를 지어야 했기에 고통과 수고를 해야만 먹게 됩니다. 범죄하기 전에는 몸이 병들거나 늙거나 죽지 않았는데 서서히 죽어 가게 된 것입니다. 너는 흙이니 흙으로 돌아갈 것이라 했습니다.

창세기3:20에서 아담이 하와라고 그 아내의 이름을 지어준 것은 모든 산 자의 어머니가 됨이더라 해서 하와가 생산해서 자손을 낳게 될 것을 말합니다. 이 말씀을 보면 범죄 하기 전에는 하와라는 이름을 갖지 않았습니다. 그 말은 범죄하기 전에는 생산활동을 하지 않았다는 암시일 수도 있습니다. 창세기1:27에서 남자와 여자라고 말씀하셨고, 창세기2:22에서 여자를 만드셨다고 했으며 창세기2:23에서 아담이 자신의 아내를 향한 찬사에서도 '이는 내 뼈 중의 뼈요 살 중의 살이라 이것을 남자에게서 취하였은 즉 여자라 부르리라 하니라'에서도 단지 여자라했습니다. 에덴동산에서 범죄하기 전에는 서로의 칭호가 남자야, 여자야 라고 하다가 범죄한 후부터는 아담과 하와로 그 칭호가 바뀌어집니다.

창세기3:21-24에서 하나님은 아담과 하와가 범죄한 상태에서 생명과일을 따먹으면 죄 사함을 받게 될 기회를 영원히 놓치게 되기에 이들을 내쫓고 에덴동산 생명과일을 지키기위해 그룹천사들과 화염검으로 보호합니다. 이것은 사람들을 구원하시기 위한 예수님의 사랑입니다. 에덴동산에서 쫓아내기 전에 먼저 이들의 부끄러움을 가리기 위해 짐승을 잡아 가죽옷을 지어 입힙니다. 이것 역시 집을 나가는 아들에게 언제든지 아버지께로 돌아올 수 있도록 길을 열어주시는 아버지의 사랑입니다. 무화과 나무잎으로는 부끄러움을 가릴 수 없습니다. 인간의 수단으로는 죄를 가릴 수 없고 죄문제를 해결할 수 없습니다.

에덴동산에서 최초로 인간의 죄를 가리기 위해 짐승이 피를 흘리며 죽어 희생되었습니다. 죄를 가리기 위해서는 죽음으로 값을 지불해야 함을 보여 줍니다. 사람이 죄를 짓기 전의 에덴동산은 영원한 곳이요 죽음이나 질병이나 고통이 없었습니다. 그런데 죄로 말미암아 에덴동산이 파괴되고 죽음과 피흘림이 있게 됩니다. 이것은 장차 예수 그리스도께서 오셔서 우리의 죄를 위해 죽으실 것을 미리 보여주신 것입니다. 뿐만 아니라 범죄한 이후에 에덴동산에서 쫓겨난 후에라도 사람이 하나님께 나아가기 위해 피를 뿌려서 부끄러움을 가린 후에 하나님을 만날 수 있고, 사람이 하나님을 만나기 위해 피의 제사를 드려야 한다는 것을 보여주신 것입니다. 에덴 동산에서 쫓겨나온 아담과 하와는 하나님을 만나기 위해 짐승의 희생제사를 드렸습니다. 아담과 하와는 그것을 아들들인 가인과 아벨에게 가르쳤습니다.

아벨의 예배와 가인의 예배

창세기 4:1-10

가인과 아벨은 우리가 너무나 잘 아는 인물들입니다. 이 두 사람 모두 예배가 있었습니다. 아벨도 제사가 있었고 가인도 제사가 있었습니다. 하나님께서 아벨과 아벨이 드리는 제사는 받으셨다고 했습니다. 이 '받는다'는 말의 히브리어 단어의 의미는 '눈이 주도면밀하게 들여다본다' 라는 뜻입니다. 하나님께 예배를 드리려 오는 사람들 중에 하나님의 마음을 빼앗는 사람과 그 사람이 드리는 예배가 있습니다. 하나님이 지나가시다가 그 눈이 머무르는 사람이 있습니다. 하나님의 마음을 머물게 하는 예배가 있습니다. 가인과 가인의 제물은 받지 않았다고 합니다. 하나님이 거들떠 보지도 않는 예배가 있다는 말입니다. 예배당에 앉아서 우리 모두가 예배를 드리고 있지만 하나님이 받으시는 사람과 그 사람의 예배가 있는가 하면 하나님이 거들떠 보지도 않는 사람과 그 사람의 예배가 있다는 말입니다.

하나님의 눈에는 다 같은 예배가 아니라는 말입니다. 주석책에 보면 하나님께서 가인의 예배를 받지 않은 것은 피의 제사가 아니었기 때문이라고 했습니다. 일리있는 말입니다. 이들은 어릴 적부터 아담과 하와가 하나님께 드리는 제사를 보면서 자랐습니다. 아담과 하와는 자신들이 하나님 앞에서 범죄했을 때에 그들의 허물과 죄를 가리기 위해 하나님께서 에덴동산에서 짐승을 죽여 피를 흘리고 그 가죽으로 그들의 부끄러움을 가려주셨습니다. 그 때부터 이들은 하나님께 나아가기 위해서 그들의 죄를 가려주는 짐승의 피를 흘리는 제사를 드렸습니다. 가인과 아벨은 그들의 부모들이 드리는 제사에 참여했습니다. 어떻게 제사를 드리며 왜 제사를 드리며 무엇을 드리며, 누구에게 제사를 드리는 가를 알고 있었습니다.

짐승의 피를 바치지 않았다고 해서 하나님께서 가인과 그의 제물을 받지 않았다는 말은 아닙니다. 왜냐하면 제사법은 모세 이후에 나온 것입니다. 레위기 2장은 소제를 어떻게 드릴 것인가에 대한 설명입니다. 이 소제는 곡물로 드리는 제사입니다. 하나님께서 가인이 드린 제사를 받지 않은 것은 곡물이나 농산물을 바쳤기 때문 만은 아닌 것입니다.

그 증거가 창4:4-5에 있습니다. 아벨과 그 제물이란 말씀 속에서 아벨의 제물만 받았다는 말이 아니고 먼저 아벨을 받으시고 아벨의 제물도 받으셨다고 했으며, 가인과 그 제물은 받지 않았다고 했는데 이것은 가인을 받지 않으시고 그의 제물도 받지 않았다는 것입니다. 하나님은 제사와 제물을 중요하게 여기십니다. 그러나 제물을 보시기 전에 그 제물을 드리는 사람을 먼저 보십니다. 5절에는 가인과 그 제물은 열납하지 않았다고 하는 것은 가인과 그 제물은 쳐다보지도 않았다는 말입니다. 그 예배를 거절하셨습니다. 하나님은 예배를 드리려 온 사람을 먼저 보시고 그 사람이 드리는 예배를 받으신다는 것입니다. 그렇다면 왜 가인과 그 제물은 하나님이 받지 않으셨고 아벨은 하나님이 주목하시는 예배를 드렸는가 하는 것입니다. 우리는 성경을 통해서 알아보기로 하겠습니다.

첫째 하나님이 받으시는 예배는 의인의 예배입니다

악인의 예배는 거절하십니다.

> 요한일서 3:12, '가인 같이 하지 말라 그는 악한 자에게 속하여 그 아우를
> 죽였으니 어떤 이유로 죽였느냐 자기의 행위는 악하고 그의 아우의 행위
> 는 의로움이라'.

가인은 악했다고 하는데 악하다는 말과 아벨은 의로웠다고 할 때 의로움은 헬라어 문법의 시제가 **미완료 과거시제입니다.** 이것은 가인의 악함과 아벨의 의로움이 과거부터 지금까지 지속적인 상태였다는 것을 강조하기 위해 미완료과거 시제를 사용하고 있습니다. 하나님께 예배를 드리는데 하나님이 보시기에 가인이 악했다는 것입니다. 이 악하다는 말의 원의미 '포내리아' 를 직역하면 '나 혼자의 유익과 편안함을 위하여 타인에게 해를 끼치는 모든 행위' 를 말한다고 합니다.

내가 좀 편하려고 좀 더 큰 유익을 위해서 타인에게 해를 끼치는 모든 행위라는 말의 의미입니다. 가인은 내가 편안하고 좀 더 큰 유익을 위한 것이 일시적인 것이 아니었고 과거부터 지금까지 쭉 악하게 행동해 왔다는 것입니다. 미완료 과거시제란 가인은 과거부터 현재 제사를 드리기 전까지의 그의 삶이 자신의 편안함과 유익을 위해서 타인에게 해를 끼치는 삶을 살아왔다는 것입니다. 하나님께서 제사와 제물만 받으시는 것이 아니라 오늘 예배를 드리고 있는 사람들을 받지 않는다는 말입니다. 그 사람의 과거의 삶이 자신의 유익과 편안함을 위해서 타인에게 해를 끼쳤던 사람들의 제사는 거들떠 보지도 않는다는 말씀입니다.

1. 악인 가인

1). 가인이 왜 하나님이 보시기에 악했습니까? 무슨 행동을 했기에 가인을 악하다고 보십니까? 그 당시는 농경사회입니다. 농사를 짓는 것이 최고의 직업입니다. 그 당시는 먹고 살기만 하면 되는 사회입니다. 지금과 같이 산업활동이나 경제활동이 복잡하지 않았습니다. 그저 먹는 것만 해결되면 최고 행복인 것입니다. 이 농업은 장자가 차지 했습니다. 가인이 장자이기에 농사를 차지했습니다. 그런데 아벨은 양을 치는 자라고 성경은 말합니다. 그 당시는 육식을 먹지 않은 때입니다. 양을 치는 이유가 짐승의 가죽으로 옷을 만들었을 것입니다. 왜냐하면 하나님께서 아담과 하와에게 에덴동산에서 짐승을 잡아 그 가죽으로 옷을 입혔기 때문입니다. 양을 치는 더 중요한 목적은 양을 잡아 하나님께 제사지낼 때에 제물로 바치기 위해서 입니다.

양을 치면 그것에서 먹을 것이 나오지 않습니다. 그 당시는 물물교환입니다. 가죽옷을 주고 곡식을 바꾸어야 합니다. 가인은 이 양식을 가지고 장난을 쳤습니다. 곡식을 공급 하지 않은 것입니다. 가인의 마음이 악한 것은 가인이 이 곡식을 주지 않기 위해서 양과 교환을 하지 않았다는 것입니다. 가인은 이 곡식을 가지고 전략적으로 사용한 것입니다. 이것을 가지고 농간을 부렸습니다. 아벨에게 공급해 주지 않았습니다. 가인은 자신이 지은 농산물로 제사를 드렸다는 것은 아벨에게 곡식을 주고 양을 사서 하나님께 제물로 드리기를 싫어하여 농산물로 제사를 했기 때문에 하나님이 가인을 악하게 본 것입니다. 가인의 심보를 보신 것입니다. 성경에서는 가인이 왜 악한가를 분명히 알려 주지 않으므로 본문 속에서 힌트를 찾아야 합니다. 성경에서 가인은 농사를 짓는 자라고 했고, 피의 제사를 드리는 줄 알면서도 농산물로 제사를 드렸다는 것입니다. 성경이 왜 가인을 악한 자라고 했는가하면, 아벨에게 양식을 공급해 주지 않기 위해서 농산물로 제사했다고 생각할 수 있습니다. 그것이 과거부터 현재까지 계속적으로 그랬다는 것입니다.

2). 가인은 평소에 아우 아벨을 멍청한 놈, 가난한 놈, 먹는 것도 해결하지 못하는 양치기를 멸시했습니다. 자신은 먹을 양식을 가진 자입니다. 물물교환에서 절대적으로 우세한 위치에 있습니다. 가죽옷은 한 번 해 입으면 몇 년간 사용할 수 있지만 양식은 극히 제한적입니다. 양식이 없으면 굶어 죽습니다. 그래서 자신은 우월하고 똑똑하고 부자고 잘난 사람이라고 생각했고, 아우는 머리가 모자라고 열등한 놈이라고 생각했습니다. 그런데 하나님은 월등하고 탁월한 자신의 제사는 받지 않고 아벨의 제사를 받으시는 것을 보고 분노와 모멸감과 배반감과 질투심으로 충만했습니다. 그가 평소에 이런 완악한 마음이 없었다면 하나님께서 자신의 제물을 받지 않았다고 심히 분하게 여기고 아벨을 죽이려는 생각을 갖지 않았을 것입니다. 이것을 볼 때에 가인의 평소 마음상태가 악했다고 볼 수 있습니다.

3). 가인이 악했던 것은 하나님께 대꾸하는 태도입니다. 가인이 아벨을 죽였습니다. 하나님께서 알고 있습니다. 그러나 가인으로 하여금 회개할 기회를 주시기 위해서 9절에, '네 아우 아벨이 어디 있느냐' 하고 묻습니다. 가인의 대꾸가 '내가 알지 못하나이다 내가 내 아우를 지키는 자니이까? 라고 합니다. 죄에 대한 찔림이 전혀 없습니다. 마음이 심히 뻔뻔스럽고 강퍅합니다. 심령에 화인맞은 자입니다. 아우를 죽이고도 하나님 앞에서 전혀 두려움이 없는 태도입니다. 이런 가인의 마음을 하나님이 보신 것입니다. 이런 자의 후손들이 모여 살면서 얼마나 큰 죄악들을 생산해 냈겠습니까? 온 세상을 죄와 악으로 물들이고 의인들까지도 타락시켜 결국 하나님이 홍수로 심판 하시게 되었습니다.

2. 의인 아벨

한편 의인이란 과거부터 현재까지 타인의 유익과 타인의 편안함을 위해 내가 봉사하고 수고하고 희생하는 삶을 사는 사람을 말합니다. 아벨은 왜 의인입니까? 아벨은 양을 치는 자라 했습니다. 아벨은 먹을 것을 공급받지 못했지만 양을 치는 것은 하나님께 제사드릴 제물을 준비하기 위해서입니다. 이런 아벨의 예배는 하나님이 받으신다는 것입니다. 돈을 많이 들여 제사를 드린다고 해서 하나님이 즐겨 받으시는 것이 아닙니다. 희생제물을 어마어마하게 드린다고 해서 하나님이 기뻐 받으시는 것이 아닙니다. 네가 누구냐 하는 것입니다. 제물을, 제사를 드리는, 예배를 드리는 네가 누구냐에 더 관심이 있으신 하나님이십니다.

이사야 1:11 -17, '여호와께서 말씀하시되 너희의 무수한 제물이 내게 무엇이 유익하뇨 나는 숫양의 번제와 살진 짐승의 기름에 배불렀고 나는 수송아지나 어린 양이나 숫염소의 피를 기뻐하지 아니하노라. 12 너희가 내 앞에 보이러 오니 이것을 누가 너희에게 요구하였느냐 내 마당만 밟을 뿐이니라. 13 헛된 제물을 다시 가져오지 말라 분향은 내가 가증히 여기는 바요 월삭과 안식일과 대회로 모이는 것도 그러하니 성회와 아울러 악을 행하는 것을 내가 견디지 못하겠노라. 14 내 마음이 너희의 월삭과 정한 절기를 싫어하나니 그것이 내게 무거운 짐이라 내가 지기에 곤비 하였느니라. 15 **너희가 손을 펼 때에 내가 내 눈을 너희에게서 가리고 너희가 많이 기도할지라도 내가 듣지 아니하리니 이는 너희의 손에 피가 가득함이라.** 16 너희는 스스로 씻으며 스스로 깨끗하게 하여 내 목전에서 너희 악한 행실을 버리며 행악을 그치고 17 선행을 배우며 정의를 구하며 학대 받는 자를 도와 주며 고아를 위하여 신원하며 과부를 위하여 변호하라 하셨느니라.'

이사야 66:3-4, "소를 잡아 드리는 것은 살인함과 다름이 없이 하고 어린 양으로 제사드리는 것은 개의 목을 꺾음과 다름이 없이 하며 드리는 예물은 돼지의 피와 다름이 없이 하고 분향하는 것은 우상을 찬송함과 다름이 없이 행하는 그들은 자기의 길을 택하며 그들의 마음은 가증한 것을 기뻐

한즉 4 나 또한 유혹을 그들에게 택하여 주며 그들이 무서워하는 것을 그들에게 임하게 하리니 이는 내가 불러도 대답하는 자가 없으며 내가 말하여도 그들이 듣지 않고 오직 나의 목전에서 악을 행하며 내가 기뻐하지 아니하는 것을 택하였음이라 하시니라."

악을 행하면서 드리는 제사, 제물은 하나님이 신물이 난다고 말씀하십니다. 부부지간에도 남편이 내가 좀더 편안하고 내 유익을 위해 행동한다면 악을 행하고 있는 것이며, 아내가 남편에 대해서 내가 좀더 편안하고 내 유익을 위한다면 남편에게 악을 행하고 있는 것입니다. 하나님 앞에 제사를 드리기 위해 제물을 가져온 아벨은 이 예배를 위해 타인의 행복과 타인의 유익과 타인의 편안함을 위해 희생하고 봉사하고 수고한 아름다운 행위를 하나님은 주목하신 것입니다.

두번째 하나님이 받으시는 예배는 믿음으로 드리는 예배입니다

히브리서 11:4, '믿음으로 아벨은 가인보다 더 나은 제사를 하나님께 드림으로 의로운 자라 하시는 증거를 얻었으니 하나님이 그 예물에 대하여 증언하심이라 그가 죽었으나 그 믿음으로써 지금도 말하느니라.'

아벨의 제사를 받으신 이유를 신약성경에 기록했습니다. 가인은 믿음이 없었고 아벨은 믿음으로 드렸다고 했습니다. 오늘 히브리서 11장에서 말하는 믿음은 단 한 가지입니 다. 히브리서 11장에 많은 믿음의 사람들을 소개하는데 에녹은 하나님과 함께 동행한 사람, 노아는 하나님의 말씀을 듣고 산꼭대기에 배를 짓고 순종한 사람, 아브라함은 하나님의 말씀에 순종하여 자신의 생명을 걸고 순종했던 사람, 라합은 하나님에 대한 소문을 듣고 상천하지에 이런 신은 없다고 하나님의 말씀에 목숨을 건 여자 등 히 브리서 11장에 등장하는 인물들을 통한 믿음의 정의는 단 한 가지, 하나님의 말씀에 반응한 사람들입니다.

믿음이란 하나님의 말씀에 순종하는 것을 말합니다. 아벨의 믿음의 특징은 아벨은 예배를 드리기 바로 직전까지의 삶이 하나님의 말씀따라 순종하며 하나님의 말씀에 반응하며 살았던 사람입니다. 그런데 가인은 어떻게 살았을까요? 하나님께서 가인에게 말씀하시기를 너는 왜 안색이 변하느냐, 너는 왜 분하여 하느냐 너는 왜 선을 행하지 않느냐. '너는 왜' 를 세번이나 말씀하십니다. 가인은 자신의 감정과 자존심에 반응합니다. 여러분은 여러분을 움직이게 하고 반응하게 하는 요소가 무엇입니까? 우리가 가정이나 직장이나 사회에 나가서 내 자존심과 감정에 반응하지만, 하나님의 말씀에 반응하지 않습니다.

주일예배 한 시간 하나님 앞에 마음을 다하여 드리는 예배는 너무나 중요합니다. 이 예배를 통해서 우리가 많은 허물이 있다 할지라도 하나님은 우리를 위로하시고 치유 하시며 능력을 주시고 은혜를 베푸십니다. 그런데 하나님의 관심은 이 한 시간 예배 뿐만 아니라 과거부터 이 예배를 드리기 전까지 나의 삶의 현장에서 하나님의 말씀에 반응하고 순종하는 삶을 살았는가를 주목하고 계시는 것을 믿으시기 바랍니다.

세번째 하나님이 받으시는 예배는 하나님을 의식하는 삶의 예배입니다

하나님이 아벨의 예배를 기뻐했던 이유와 가인의 예배를 거절하셨던 이유가 창세기4:8 에 나옵니다. 가인이 아벨에게 '우리가 들로 나가자' 고 말합니다. 가인이 아벨을 죽이기 위해서 들로 데리고 나갑니다. 왜 들로 나갑니까? 그곳에는 사람이 없고, 사람이 보지 않기 때문입니다. 하나님의 사람은 사람만 의식하는 것이 아닙니다. 가인은 제사를 드릴 때만 하나님이 계신 것으로 알고 있었습니다. 그런데 들에 나가면 하나님은 없습니다. 그러나 언제 어디서나 하나님은 내 말을 들으신다, 내 말에 귀 기울이신다. 하나님이 내 생각을 알고 계신다. 하나님이 내 마음을 읽고 계신다는 것을 인식하지 않습니다. 하나님이 내 마음 속에 계신다는 임재의식이 없습니다. 오늘 제사를 드리는 이 시간만 하나님이 계신다고 생각하는 사람이 드리는 그런 예배를 하나님이 거절하십니다. 우리가 교회에 와서 찬양하며 경배하며 예배를 하나님께 드립니다만 우리가 교회를 떠나 삶의 현장에서는 하나님을 조금도 의식하지 않습니다. 하나님의 면전, 하나님의 시선 앞에서 살지 않습니다. 하나님을 조금도 의식하지 않습니다.

하나님께 예배를 드리려 오는 직전까지 하나님을 의식한 적이 있느냐는 것입니다. 하나님이 나를 보고 있다는 것을 의식한 적이 있습니까? 교인들이 예배당 안에서는 교인으로 행세하지만 교회 밖을 나가면 전혀 다른 삶을 사는 것입니다. 창세기 28:16 에 야곱이 벧엘 들판에서 하나님께 기도하는 장면이 나옵니다.

'야곱이 잠이 깨어 이르되 여호와께서 과연 여기 계시거늘 내가 알지 못하였도다'

하나님은 교회건물에 갇혀 있는 분이 아닙니다. 바울과 실라가 감옥에서 하나님께 찬미하고 기도했더니 천사가 움직였습니다. 하나님은 감옥에도 계시고 들판에도 계시고 나의 삶의 현장에서 나를 보고 계시고 나를 주목하고 계십니다. 하나님을 의식하고 사는 삶이 예배입니다. 이것이 하나님이 찾으시는 예배임을 믿으시기 바랍니다.

가인아, 네 아우 아벨이 어디 있느냐?

창세기 4:9-12

'9 여호와께서 가인에게 이르시되 네 아우 아벨이 어디 있느냐 그가 이르되 내가 알지 못하나이다 내가 내 아우를 지키는 자니이까. 10 이르시되 네가 무엇을 하였느냐 네 아우의 핏소리가 땅에서부터 내게 호소하느니라. 11 땅이 그 입을 벌려 네 손에서부터 네 아우의 피를 받았은즉 네가 땅에서 저주를 받으리니 12 네가 밭을 갈아도 땅이 다시는 그 효력을 네게 주지 아니할 것이요 너는 땅에서 피하며 유리하는 자가 되리라'

아담아, 네가 어디 있느냐 물으셨는데 이 물음은 죄가 하나님과 인간을 갈라 놓았다는 말씀이요. 가인아, 네 아우 아벨이 어디 있느냐고 물으신 것은 죄가 사람과 사람 사이를 갈라놓았다는 말입니다. 창세기 3장은 인간에게 죄가 어떻게 들어왔는가를 보여 줍니다. 창세기 4장은 세상에 들어온 죄가 어떻게 세상에 퍼져 나가고 있으며, 죄가 어떤 결과를 가져오며, 죄 문제가 얼마나 심각한가를 보여줍니다. 창세기 5:2에 하나님께서 '남자와 여자를 창조하시고 그들에게 복을 주시고 그들의 이름을 사람이라 일컬었다' 고 하셨는데 그렇게 하나님 앞에 자랑스럽던 사람이 범죄함으로 인해 죄가 하나님과 사람, 사람과 사람 사이를 갈라놓고야 말았습니다.

"아담아 네가 어디 있느냐" 는 하나님을 등지고 떠나는 사람을 향해 부르짖는 하나님의 음성입니다. 하나님은 항상 그들 옆에 계십니다. 그러나 사람들의 영안이 닫혔기에 보지 못하게 되었습니다. 사탄은 "너희들이 선악과를 먹으면 눈이 밝아져 하나님과 같이 될 것이라" 했는데 그 결과로 아담과 하와는 하나님을 보는 영의 눈이 닫히고 볼 필요도 없고 보아서는 안될 것들을 보게되는 육안이 밝아져 자신들의 죄로 벌거벗은 몸을 보고 두렵고 부끄러워합니다. 우리는 "아담아 네가 어디있느냐, 가인아, 네 아우 아벨이 어디 있느냐"는 하나님의 음성에 대해서 생각해 보겠습니다.

1. 아담아 네가 어디 있느냐

하나님의 이 절규는 하나님과 인간의 관계가 단절되었다는 것을 보여줍니다. 하나님과 사람과의 사랑 관계가 끊어졌다는 말입니다. 하나님을 떠난 사람을 죄가 점령 했습니 다. 죄가 온 세상 사람들을 덮었습니다. 그 죄로 인해 하나님은 홍수로 땅 위의 모든 인간들을 다 쓸어버립니다. 하나님은 노아 가족 8명으로 다시 시작합니다. 그러나 인간에게는 아직도 그 속에 죄성이 있어 땅 위의 인간들이 번성할수록 죄는 더욱 충만합니다. 인간들이 모여 다시 하나님을 거스리고 바벨탑을 쌓습니다. 하나님께서 언어를 혼잡하게 하심으로 인간들의 죄 도모를 흩어버리십니다. 아브라함을 택하여 거룩한 백성들로 삼으시기를 원했습니다.

하나님은 이스라엘 백성들로 400년 종살이를 끝내려고, 모세를 미디안 광야로 이끌어 내어 하나님의 백성을 삼으시고 다시 하나님과 사람과의 관계를 세우시려고 합니다. 어떻게 하면 사람이 하나님께 나올수 있는가를 보여주는 것이 십계명입니다. 십계명은 십자가입니다. 죄로 인해 단절된 하나님과의 관계, 죄로 인해 단절되었던 사람과 사람과의 관계를 회복하는 법을 가르치는 것이 십계명입니다. 왜 예수님은 십자가에 못박혔습니까? 다른 형벌도 많은데 왜 하필 십자가형입니까? 십자가는 수직관계와 수평관계를 보여줍니다. 즉 하나님과 사람과의 관계는 수직입니다. 사람과 사람과의 관계는 수평입니다. 이 관계들을 다시 회복하기 위해 예수 그리스도께서 십자가에 못박혀 죽으신 것입니다.

십계명의 제 1계명에서 4계명은 하나님과 사람과의 관계를 어떻게 회복하느냐를 보여 줍니다. 너는 하나님 외에 다른 신들을 네게 있게 말지니라. 너는 우상을 만들어 섬기지 말라. 하나님의 이름을 망령되이 일컫지 말라, 안식일을 기억하여 거룩히 지키라 했습니다. 제 1계명에서 4계명까지는 다른 신들인 사탄의 말을 듣지 말고 하나님의 말씀을 듣고 하나님을 섬기며 하나님만을 사랑하라는 말씀입니다.

신명기 6:5에서 보이지 않는 하나님을 어떻게 사랑해야 할 것을 보여 줍니다. '너는 마음을 다하고 성품을 다하고 힘을 다하여 네 하나님 여호와를 사랑하라' 하십니다. 하나님을 마음을 다하고 성품을 다하고 힘을 다하여 섬기며 사랑하기를 구체적으로 어떻게 행동하는 것이냐 하면 6절에서 8절까지, '오늘날 내가 네게 명하는 이 말씀을 너는 마음에 새기라' 고 했습니다. 하나님 말씀을 마음에 새기는 것이 가장 중요합니다. '마음을 다하고 성품을 다하고 힘을 다해 하나님을 사랑해야한다'는 말씀을 마음에 새기라는 것입니다. 이렇게 하나님 사랑할 것을 마음에 새기고, 7절에 '네 자녀에게 부지런히 가르치라' 고 했습니다.

무엇을 가르칩니까? 하나님을 사랑하되 온 마음과 성품과 힘을 다해 사랑하라는 말씀을 자녀들에게 가르치라는 것입니다. 그것이 하나님을 온 마음과 성품과 힘을 다해 사랑하는 한가지 행동인 것입니다. **어떻게 자녀들에게 가르쳐야 하느냐** 하면 집에 앉았을 때에, 길에 행할 때에, 밤에 잠자기 전에, 그리고 아침에 일어날 때에 하나님을 사랑하되 온 마음과 온 성품과 힘을 다해 하나님을 사랑하라는 말씀을 가르치라는 것입니다. 이렇게 하나님을 사랑하라고 자녀들을 가르치는 것이 곧 하나님을 사랑하는 것이라 했습니다.

　신명기 6:8 말씀에서, 하나님 사랑하라는 말씀을 자녀들에게 가르칠 뿐만 아니라, 너는 그 하나님 사랑하라는 말씀을 손목에 매어 기호로 삼으며 네 미간에 붙여 표를 삼고 네 집 문설주와 바깥 문에 기록하라는 것입니다. 무엇을 말입니까? 하나님을 사랑하라는 말씀을 그렇게 하라는 것입니다. 하나님을 사랑하는 마음을 가지고, 그것을 행동으로 삼아야지 겉보기에 이런 행동만 하고 마음으로 사랑하지 않을 수가 있습니다. 그렇게 되면 율법주의가 됩니다. 사람 속에 죄성이 있지만 죄성을 이기고 하나님께 가까이 나오며 하나님과 관계성을 회복하고 교제할 수 있는 방법이 십계명이며 하나님을 사랑하게 되는 비결입니다. 가인이 자신의 제물이 거절되는 것을 보고 안색이 변하고 분노로 가득찼을 때에 하나님께서 가인에게 말씀하시기를 "네가 선을 행하지 아니하면 죄가 문에 엎드려 있느니라 죄가 너를 원하나 너는 죄를 다스릴지니라" 했습니다. 이것을 NIV 영어 문장으로 보면 이해하기 더 쉽습니다. 'Sin is crouching at your door, it desires to have you, but you must master it.' 이 문장을 직역하면 '죄가 네 문 앞에 웅크리고 있으면서 너를 삼키려고 하나, 너는 그 죄를 다스려야 한다.'고 합니다. 네가 죄를 다스리고 죄 안 지을 수 있다고 하나님께서 말씀하십니다. 죄를 짓고 안 짓고는 네게 달렸다는 말입니다. 마음에 하나님 사랑하려는 말씀을 새기고 하나님 사랑하려고 힘쓰면 죄가 들어올 수 없다는 말입니다.

　　마태22:35-40, '그 중의 한 율법사가 예수를 시험하여 묻되 36 선생님 율법 중에서 어느 계명이 크니이까 37 예수께서 이르시되 네 마음을 다하고 목숨을 다하고 뜻을 다하여 주 너의 하나님을 사랑하라 하셨으니 38 이것이 크고 첫째 되는 계명이요 39 둘째도 그와 같으니 네 이웃을 네 자신 같이 사랑하라 하셨으니 40 이 두 계명이 온 율법과 선지자의 강령이니라.'

이 말씀은 십계명을 두 구절로 표현한 것입니다. "아담아, 네가 어디 있느냐" 는 이 물음은 죄를 짓고 하나님께로부터 숨어버린 죄인을 부르시는 하나님의 음성입니다. 하나님을 사랑하되 온 맘과 뜻과 정성과 힘을 다해 사랑함으로 죄성을 이기고 하나님께로 나올 수 있습니다. 하나님은 사람이 하나님과의 관계성을 회복하는 것으로 끝나는 것이 아니고 죄의 결과인 사람과의 관계도 회복 하라고 하십니다. 사람과의 관계 회복 없이 하나님과의 관계가 온전히 회복될 수 없다는 것이 십계명이요 십자가입니다.

2. 가인아 네 아우 아벨이 어디 있느냐?

가인을 향한 하나님의 이 음성은 죄로 인해 하나님을 떠난 인간이 사람과 사람과의 관계도 끊어졌음을 알리는 말씀입니다. 사람과의 관계를 단절시킨 죄를 회개하고 돌아오라는 하나님의 음성입니다. 그런데 죄를 용서받고 하나님께 돌아오려거든 너만 돌아오지 말고 반드시 네 이웃과 함께 오라는 것입니다. 십계명에서도 첫 네가지 계명은 사람이 하나님과 화목해야 한다고 말씀하시고, 다섯째 계명에서 10계명까지는 사람과 화목 하라는 계명입니다.

기독교인 중에 하나님과 교제하고 하나님과만 가까워지기를 원하고 사람과의 관계를 무시하는 사람들이 많습니다. 어떤 여자집사님은 새벽예배를 비롯 모든 예배에 참석 하고, 금식기도 해야 하기 때문에 가족을 등한시 합니다. 그런데 십자가가 보여주듯 반드시 하나님과의 관계와 사람과의 관계를 똑같이 회복하기를 원하십니다. 목사님들 중에 하나님을 섬기는 일에 너무 바빠서 가정을 돌보지 않았기에 자녀들이 하나님을 싫어하고 하나님을 떠난 자녀들이 종종 있습니다.

요한일서 4:20-21, '누구든지 하나님을 사랑하노라 하고 그 형제를 미워하면 이는 거짓말하는 자니 보는 바 그 형제를 사랑하지 아니하는 자는 보지 못하는 바 하나님을 사랑할 수 없느니라. 우리가 이 계명을 주께 받았나니 하나님을 사랑하는 자는 또한 그 형제를 사랑할지니라.'

요한복음 13:34,35, '새 계명을 너희에게 주노니 서로 사랑하라 내가 너희를 사랑한 것 같이 너희도 서로 사랑하라. 너희가 서로 사랑하면 이로써 모든 사람이 너희가 내 제자인 줄 알리라.'

예수님께서 새 계명을 주신다고 했습니다. 새 계명이라고 하셨으니 전에도 주신 계명이 있었다는 말씀입니다. 그 계명이 구약에서 주신 십계명입니다. 신약에서 하나님이 직접 주신 새 계명은 하나입니다. 서로 사랑하라는 계명입니다. 십계명도 알고 보면 한 마디로 사랑입니다. 위로 하나님을 사랑하고 옆으로 사람을 사랑하라는 말씀입니다.

로마서 13:8-10, '피차 사랑의 빚 외에는 아무에게든지 아무 빚도 지지 말라 **남을 사랑하는 자는 율법을 다 이루었느니라.** 9 간음하지 말라, 살인하지 말라, 도둑질하지 말라, 탐내지 말라 한 것과 그 외에 다른 계명이 있을지라도 네 이웃을 네 자신과 같이 사랑하라 하신 그 말씀 가운데 다 들었느니라. 10 사랑은 이웃에게 악을 행하지 아니하나니 그러므로 **사랑은 율법의 완성이니라.'**

주님이 가르쳐 주신 주기도는 엄청난 보배입니다. 기도는 하나님께 대화하고 간구하는 것인데, 이것은 시험문제를 내주고 답을 주는 것과 같습니다. 우리가 하나님께 기도 응답을 받아야 하는데 어떻게 하면 기도응답을 쉽게 받을 수 있겠습니까? 그것은 하나님이 직접 가르쳐 주신 주기도문으로 기도하면 가장 정답입니다. 그 주기도문에, 우리가 우리 죄를 사하여

준 것같이 우리 죄를 사하여 주옵소서라고 가르쳐 주셨습니다. 우리가 하나님께 죄를 용서받는 것은 십자가의 수직입니다. 우리가 수평관계에 있는 사람을 용서하고 하나님께 나와 자기 죄를 용서받으라고 하십니다. 하늘나라에 가기를 원하는 성도라면 용서하지 못할 일이 없습니다.

> **누가복음 10:25-27,** '한 율법사가 예수님을 시험하기를 무엇을 하여야 영생을 얻겠습니까' 하고 물었을 때에 예수님께서 대답하시기를 **율법에는 무엇이라** 했느냐고 묻습니다. 율법사가 말하기를 네 마음을 다하며 목숨을 다하며 힘을 다하며 뜻을 다하여 주 너의 하나님을 사랑하고 또한 네 이웃을 네 몸과 같이 사랑하라 했습니다. 네 말이 맞다. 그 말씀대로 행하면 영생을 얻으리라. 율법사가 자기를 옳게 보이려고 묻기를 그러면 내 이웃이 누구입니까 했을 때에 예수님이 선한 사마리아 비유를 말씀하시면서 강도 만난 사람이 네 이웃이라 했습니다. "너희들도 그렇게 하라."

"가인아, 네 아우 아벨이 어디 있느냐"라는 물음은 네 이웃을 용서하라, 네 이웃을 네 자신과 같이 사랑하라는 하나님의 음성임을 기억하시기 바랍니다. 우리는 주님의 이 두 음성을 항상 기억해야 하겠습니다.

인간의 도성과 하나님의 도성

창세기 4:16-24; 요한계시록 18장

"16 가인이 여호와 앞을 떠나서 에덴 동쪽 놋 땅에 거주하더니 17 아내와 동침하매 그가 임신하여 에녹을 낳은지라 가인이 성을 쌓고 그의 아들의 이름으로 성을 이름하여 에녹이라 하니라. 18 에녹이 이랏을 낳고 이랏은 므후야엘을 낳고 므후야엘은 므드사엘을 낳고 므드사엘은 라멕을 낳았더라. 19 라멕이 두 아내를 맞이하였으니 하나의 이름은 아다요 하나의 이름은 씰라였더라. 20 아다는 야발을 낳았으니 그는 장막에 거주하며 가축을 치는 자의 조상이 되었고 21 그의 아우의 이름은 유발이니 그는 수금과 퉁소를 잡는 모든 자의 조상이 되었으며 22 씰라는 두발가인을 낳았으니 그는 구리와 쇠로 여러 가지 기구를 만드는 자요 두발가인의 누이는 나아마였더라. 23 라멕이 아내들에게 이르되 아다와 씰라여 내 목소리를 들으라 라멕의 아내들이여 내 말을 들으라 나의 상처로 말미암아 내가 사람을 죽였고 나의 상함으로 말미암아 소년을 죽였도다. 24 가인을 위하여는 벌이 칠 배일진대 라멕을 위하여는 벌이 칠십칠 배이리로다 하였더라(창세기 4:16-24)."

첫째로 인간의 도성

하나님의 지혜와 지식과 능력은 오대양의 바닷물이라면, 사탄의 지혜와 지식과 능력은 양동이에 담긴 물의 양과 같다고 하겠습니다. 그리고 사람의 지혜와 지식과 능력은 숟가락에 담긴 물의 양과 비교할 수 있습니다.

사람이 사탄의 지혜와 지식과 능력을 생각할 때 굉장하다고 생각합니다. 아담과 하와가 사탄의 꾀임에 쉽게 넘어갈 수 밖에 없었습니다. 양동이에 담겨진 물의 양과 같은 사탄의 지혜와 지식은 지구 오대양 바다의 물의 양과 같은 하나님의 지혜와 지식에는 당할 수가 없습니다. 그렇지만 성경의 창세기에서 요한계시록까지 사탄은 계속적으로 하나님의 일을 훼방하고 방해합니다. 그 방해란 인간을 향하신 하나님의 계획입니다. 그러나 하나님은 결코 사탄에게 당하지 않습니다.

하나님께서 우주를 창조하신 것은 지구를 창조하시기 위함이요, 하나님께서 지구를 창조하신 목적은 사람을 창조하시기 위해서입니다. 사람을 창조하신 목적은 그들 중에서 경건한 자들을 선택하여 하나님의 자녀로 삼으시기 위해서입니다. 하나님은 사랑이십니다. 사랑은 사랑할 상대가 있어야 합니다. 하나님은 사랑할 대상자로서 사람을 만드시고 그 사람들 중에서 하나님의 자녀로 삼으사 영원토록 사랑하기를 원하셨습니다. 사탄은 그 하나님의 계획을 훼방하려는 것입니다. 본래 이 지구는 아담의 것이었습니다. 하나님께서 지구를 정복하고 다스리라고 하셨습니다. 사탄의 꾀임으로 죄를 짓게 됨으로 죄의 노예, 사탄의 노예가 됨으로 지구도 사탄에게 빼앗기고 말았습니다. 사탄은 이 땅의 주인이요 왕이요 신입니다. 사람을 타락시키고 이 세상을 죄로 충만하게 합니다. 사람을 하나님과 멀어지게 합니다. 그 계획 중에 하나가 도시문명입니다. 도시를 만들어 하나님의 흔적을 없애기를 원합니다. 문명, 문화는 사람들이 만드는 것 입니다.

창세기 11:3, '서로 말하되 자, 벽돌을 만들어 견고히 굽자하고 이에 벽돌로 돌을 대신하며, 역청으로 진흙을 대신하고 또 말하되 자, 성읍과 탑을 건설하여 그 탑 꼭대기를 하늘에 닿게 하여 우리 이름을 내고 온 지면에 흩어짐을 면하자 하였더니'

여기에서 '서로 말하되' 했습니다. 인간들끼리 서로 말합니다. 벽돌로 돌을 대신하자고 하는데 돌은 자연적인 재료입니다. 하나님께서 만드신 것입니다. 그것을 우리가 만든 벽돌로 대신하자고 합니다. '역청으로 진흙을 대신하고' 에서 진흙은 자연적인 재료입니다. 하나님께서 만드신 것입니다. 진흙 대신에 역청을 만들자고 하는데 역청은 인간이 만든 것입니다. 이렇게 인간이 만든 재료들로 도시를 만들고 타워를 만드는 것까지는 좋은데 그 도시를 만드는 목적이 우리 이름을 내자는 것입니다. '하늘에 닿게 하자'는 것은 하나님처럼 되자, 즉 하나님과 비기겠다는 의도입니다.

'온 지면에 흩어짐을 면하자' 고 한 것은 사람들끼리 똘똘 뭉쳐 홍수를 내려 심판하시는 하나님으로부터 인간 스스로 보호하자는 의도입니다. 이렇게 도시란 하나님을 제거하자는 의도입니다. 그 당시 인간의 벽돌 발명은 엄청난 과학적 진보를 보여 줍니다. 돌이나 진흙으로 집을 지으면 크게 높이 쌓을 수 없습니다. 그런데 벽돌을 견고하게 굽자고 하는데 이렇게 견고히 구운 벽돌은 돌보다 단단합니다. 뿐만 아니라 벽돌과 벽돌 사이를 역청으로 부착시키면 돌만큼이나 단단합니다. 하늘 높이 탑을 쌓아 올릴 수 있었습니다. 요즘 도시를 보면 흙은 하나도 보이지 않습니다. 길바닥은 시멘트로 발랐습니다.

건물은 벽돌로 높이 높이 쌓았습니다. 벽돌의 발명이 위대하다는 것은 고대에 만들어졌던 이 벽돌이 아직도 사라지지 않고 그대로 사용되어지고 있다는 사실입니다. 인류 문명에 있어서 어떤 물건이 만들어지면 시간이 지난 후에는 그 물건보다 더 실용적인 물건이 발명되어 그 전에 나왔던 것들은 다 사라지고, 박물관에 보관하는데 이 벽돌 만큼은 없어지지 않고 지금까지 사용되고 있다는 사실입니다. 사탄이 인간에게 준 최초의 발명품입니다. 도시를 형성해서 사람이 하나님으로부터 멀어지게 하는 놀라운 수단입니다. 이 지구는 점점 거대한 도시화 되고 있습니다.

가인이 아우 아벨을 살해하고 난 후 하나님의 징계를 받아 하나님의 면전에서 쫓겨나와 유리방황하는 중에 에덴 동편 놋 땅에서 자신을 위해서 한 성을 건축합니다. 아들 에녹의 이름을 따서 에녹성이라 불렀습니다. 에녹성은 인간이 범죄한 후 하나님께로부터 떨어져나온 후에 세운 최초의 도시입니다. 이 성을 건축한 목적은 가인이 자신과 가족을 해하려는 자들로부터 자기 신변을 보호하기 위한 것이 첫째 목적이 었습니다. 이 성에서 사람들이 함께 모여 살게 되는데 여기에서부터 인간의 문명과 문화가 시작 됩니다. 인간의 본성인 온갖 죄악성이 생산되기 시작합니다. 이 에녹성에서 시작된 도시가 온 세상에 퍼져갑니다.

창세기 4장 19절의 가인의 6대손, 라멕은 인류 최초 축첩의 인물입니다. 하나님이 세우신 일부일처 가정법칙의 파괴와 성적 쾌락이 출현합니다. 라멕이 두 아내를 취하였는데 하나의 이름은 아다요, 하나의 이름은 씰라라고 소개합니다. 성경은 여자의 이름을 잘 밝히지 않는데 이들의 이름이 밝혀진 것입니다. 외모가 아름다웠고, 꽤 유명 했었고 또한 최초의 축첩의 악명 높은 여인이라는 의미에서 성경에 그 이름이 올려진 것 같습니다. 창세기 4:20 아다가 낳은 아들 야발은 장막에 거주하며 가축 치는 자가 되었다고 했는데 가축을 친 목적이 무엇이었을까요? 그 당시는 요즘 세대와 같이 육식을 위해 가축을 키우지는 않았을 것입니다. 가축이 인간의 음식물이 된 것은 창세기 9:3 노아 홍수 이후에야 하나님께서 인간에게 육식을 식물로 허락하셨습니다.

아마도 짐승의 가죽을 이용하여 장막을 만들기 위함이었고 옷을 만들기 위함이었을 것이라 생각해봅니다. 또한 교통수단으로 사용되기도 했을 것인데 무엇 보다도 야생짐승이 아닌, 사람들이 길들인 개나 소와 같은 짐승을 가정에서 한두 마리를 키우는 것이 아닌 대량 축산의 시초가 되었습니다. 21절의 야발의 아우 유발은 수금과 퉁소를, 하프와 오르간 같은 복잡한 악기를 다루는 모든 자의 조상이 되었다는 것은 인간문화인 음악을 최초로 개발한 사람입니다. 또한 라멕의 두번째 부인인 씰라는 아들 두발가인을 낳았는데 두발가인은 구리와 쇠로 여러 가지 기구를 만드는 것을 가르치는 자라고 했는데, 이 기계들은 농기구일 수도 있지만 특히 날카로운 기계라고 했습니다. 전쟁 무기인 것들임에 틀림없습니다. 최초로 사람을 죽이는 전쟁 무기가 개발된 것입니다.

창세기 4:23에서는 살인이 너무나 보편화된 상태를 보여줍니다. 라멕이 자신의 아내들을 불러 자랑하는 내용이 자신이 사람을 죽였다는 것입니다. '나의 상처로 말미암아 내가 사람을 죽였고' 에서 영어 성경에서는 'I have killed a man for wounding me, a young man for injuring me.' 무기를 가지고 서로 대결한 양상을 보여주고 있습니다. 상대방이 자신에게 상처를 입혔지만 자신은 그 사람을 이겨 죽였노라고 자랑스럽게 말하고 있습니다. 아마도 상대방이 자신보다도 젊은 사람이었는가 봅니다. 젊은 사람과 대결하여 이길 정도이므로 라멕이란 사람은 용사요 전사인 것 같습니다. 24절에서 라멕이 사람을 죽이고도 자랑을 할 뿐만 아니라 '가인을 위하여는 벌이 칠 배일진대 자신을 위하여는 벌이 칠십칠 배이리로다.' 라고 큰소리치는 것을 볼 때에 라멕이 얼마나 뻔뻔스럽고 양심에 화인 맞은자인가를 볼 수 있습니다. 죄악이 얼마나 만연되어 있고 죄로 인한 인간양심이 얼마나 부패되었는가를 보여줍니다.

아담이 에덴동산에서 쫓겨나온 후 많은 세월이 흘렀습니다. 라멕은 가인의 육대 손입니다. 아마도 400-500 년은 될 것입니다. 그 당시의 땅 위에 사람들이 수백만, 수천만 일 수도 있습니다. 가인이 에녹성을 건축할 때만 하더라도 가인의 사람들이 많았을 것입니다. 에녹성에서 시작된 하나님을 떠난 인간의 타락한 문명과 문화가 온 세상에 전파 되었습니다. 그 결과 하나님께서 지구상의 인간들을 여덟 사람만 남기고 다 죽일 정도로 사탄의 전략이 성공한 것 같습니다. 창세기 6장에는 하나님께서 인간의 죄악성이 가득하므로 물로 심판하게 됩니다. 노아시대의 홍수심판으로 여덟 사람만 남았는데 이들 중 여섯 사람들로부터 인류가 다시 시작합니다. 이들 속에 죄의 독성이 있다는 사실을 기억하시기 바랍니다.

창세기 10장에서는 많은 사람들이 모여 바벨도시 문명을 이룩하려다가 실패하게 되고 인간은 뿔뿔이 흩어지게 됩니다. 인간들이 많이 모이게 되면 인간들의 죄성이 결집하게 되므로 더욱 빨리 타락하게 됩니다. 인간이 많이 모여 사는 그곳이 바로 인간의 도성입니다. 성을 쌓는 것은 정착성을 보여줍니다. 한 곳에 오래 머물게 되면 문명, 문화가 형성됩니다. 사람은 살기 편리한 곳에 자연히 모여 살게 되어 있습니다. 인류 4대 문명 발상지가 큰 강가였습니다. 중국문명 발상지인 황하강, 메소포타미아의 바벨론 문명지인 티그리스와 유프라테스강과 인도 문명 발상지인 인더스강, 애굽 문명 발상지인 나일 강가인 것입니다.

인간의 도성은 살인을 하여 도망치는 가인이 세운 것입니다. 죄와 악의 결과이므로 결국에는 심판을 받게 됩니다. 그 세상의 성은 큰 성 바벨론으로 대표됩니다. 계시록 16: 17-21절에서 큰 성 바벨론이 망하는데 이것은 일곱째 대접재앙입니다. 7년 환난의 제일 마지막 재앙입니다.

"일곱째 천사가 그 대접을 공중에 쏟으매 큰 음성이 성전에서 보좌로부터 나서 이르되 되었다 하시니 번개와 음성들과 우렛소리가 있고 또 큰 지진이 있어 얼마나 큰지 사람이 땅에 있어 온 이래로 이같이 큰 지진이 없었더라 큰 성이 세 갈래로 갈라지고 **만국의 성들도 무너지니** 큰 성 바벨론이 하나님 앞에 기억하신 바 되어 그의 맹렬한 진노의 포도주 잔을 받으매 각 섬도 없어지고 산악도 간 데 없더라 또 무게가 한 달란트나 되는 큰 우박이 하늘로부터 사람들에게 내리매 사람들이 그 우박의 재앙 때문에 하나님을 비방하니 그 재앙이 심히 큼이러라"

큰 성 바벨론에 대한 일곱째 대접재앙에서 이루어지는 구체적인 내용이 계시록 18장에 나타납니다. 계시록 18:1-8은 큰 성 바벨론의 멸망이요,

18:9-20은 큰 성 바벨론의 멸망에 대한 애가, 18:21-24은 큰 성 바벨론 멸망의 결과에 대해 언급하고 있습니다. 혹자는 계시록 17장과 18장을 큰 음녀의 멸망으로 보고, 한 주제로 다루는가 하면 혹자는 계17,18장을 큰 성 바벨론의 멸망으로 한 주제로만 다룹니다. 계17, 18장을 자세히 살펴보면 이 두 장 사이에는 분명한 차이가 있습니다. 한 주제가 아니라 두 가지 주제라는 명확함을 볼 수 있습니다.

계시록 17장은 큰 음녀의 멸망을 다루고 있으며, 계시록 18장은 큰 성 바벨론의 멸망을 다루고 있다는 사실입니다. 이 음녀와 큰 성 바벨론은 아담과 하와의 타락 이후 사탄이 하나님의 인류구속 사역을 방해해온 두 가지 중요한 큰 수단이었습니다. 음녀는 하나님의 백성들로하여금 하나님 신앙을 저버리도록 방해하던 이단사상과 우상 숭배요, 큰 성 바벨론은 세속주의, 인본주의. 물질주의, 과학주의 등 문명과 문화와 권력으로 하나님의 백성들을 침략하고 핍박하고 박해해서 하나님을 대적하던 사탄의 요소였습니다.

큰 성 바벨론의 멸망은 계시록 14:8과 16:19에서 언급되고 있습니다.

> 계시록 14:8 "또 다른 천사 곧 둘째가 그 뒤를 따라 말하되 무너졌도다 무너졌도다 큰 성 바벨론이여 모든 나라에게 그의 음행으로 말미암아 진노의 포도주를 먹이던 자로다 하더라."

큰 성 바벨론이 인본주의 문명과 문화로 모든 나라를 하나님께로부터 멀어지게 하므로 음행인 것입니다. 큰 음녀와 큰 성 바벨론이 음행을 조장하지만 음행의 성격이 다릅니다.

계시록 16:17-21 단락은 일곱째 대접재앙을 묘사하고 있는 구절입니다. 마지막 재앙인 일곱째 대접재앙은 지상에서 일어나는 모든 재앙 중 가장 마지막 재앙으로서 전무 후무한 가공할 만한 공포를 생생하게 묘사해 주고 있습니다. 먼저 일곱째 대접이 부어 지는 곳은 공중입니다(계16:17). 공중에 대접이 부어지자 온 세계는 완전한 파괴를 당하게 되며(계16:18) 특히 사람들이 많이 거주하는 도시들이 산산이 부서지고 세계의 도시들이 우상을 섬기고 악을 행하도록 조장한 **신세계 정부의 수도 큰 성 바벨론**이 무너집니다. 그와 동시에 온 세계의 도시들도 무너져 내렸습니다.

큰 성이 세 갈래로 갈라진다는 것은 완전한 찢어짐을 의미합니다. 짐승의 권세를 가지고 이 세상의 도시들을 타락케 만든 세속도시인 여왕, 바벨론은 이렇게 철저하게 멸망 당합니다. 만국의 성들도 무너진다고 했습니다. 만국의 성은 세속도시의 중심지로 상징되는 바벨론에 속한 세상의 모든 도시들을 지칭합니다. 중심되는 큰 성이 멸망하므로 아울러 그에 속한 성들도 같이 무너지는 것은 당연한 현상입니다.

더욱이 세상 모든 도시의 거민들이 바벨론에 미혹당해 바벨론의 죄악에 동참한 이상 그들 역시 바벨론이 당하는 것과 같은 하나님의 진노의 심판을 당하는 것은 지극히 당연합니다. 세속 문명을 주도하는 중심도시요, 그 도시들 중심으로 이루어진 세속 문명을 상징하는 바벨론과 그에 속한 도시들이 멸망할 뿐만 아니라 각 섬도 없어지고 산악도 간 데 없더라고 했습니다. 이 현상은 지진의 결과입니다. 지진은 큰 성 바벨론을 완전히 무너뜨렸고 만국의 성들도 무너뜨립니다.

가인으로 시작된 세상 도시가 이렇게 종말을 고했습니다. 여러분들이 유의해야 할 것은 21세기의 지구는 점점 거대한 도시화로 되어가고 있습니다.

둘째로 하나님의 도성 에덴동산

아담과 하와가 범죄함으로 인해 에덴동산에서 쫓겨났습니다. 그 이후 하나님의 사람들에게는 인간성이 회복될 때까지는 하나님의 도성이 없습니다. 창세기 4 장과 5장을 비교해 볼 때 창세기 4장은 가인의 후예들이 에녹성을 쌓아 그 안에서 문명과 문화를 형성해 가는 것을 보여줍니다. 이들에게는 열심히 문화를 형성하는 것만 보여주는데 이들이 얼마나 살고 삶을 향수했는지에 대해서는 한사람도 언급되지 않습니다. 그러나 창세기 5장은 셋의 후예들의 삶을 보여 주는데 가인의 후예들과는 전혀 반대로 이 세상에 살면서 무슨 문화활동을 했는가에 대한 언급은 전혀 없고 몇 세에 자녀를 낳기 시작했고 얼마나 그 삶을 향수했는지에 대한 언급만 있습니다. 그들이 성을 쌓았다는 말이 없습니다.

예레미야 35장은 유다가 우상숭배의 범죄를 하고도 하나님께로 돌아서지 않음으로 바벨론에 포로로 잡혀갈 무렵 하나님께서 예레미야 선지자에게 말씀하신 것입니다. 레갑 족속들을 불러와 포도주를 마시게 하는데 그 레갑 족속들은 포도주를 거절합니다. 이유는 "그들의 조상 레갑의 아들 요나답이 그 후손들에게 명령하기를 너희와 너희 자손은 영영히 포도주를 마시지 말며, 집도 짓지 말며, 파종도 하지 말며, 평생에 장막에 살아라. 그리하면 너희가 머물러 사는 땅에서 너희 생명이 길리라" 한 명령대로 그 후손들은 포도주를 마시지 않으며 집도 짓지 않고 농사도 짓지 않고 목축을 하면서 이리 저리 이동하는 삶을 살았습니다(250년 간).

하나님께서 이들을 보시고 기뻐하셨으며 모든 유다 백성들에게 모범이 되게 하셨고 온 민족이 바벨론에 포로로 잡혀 갈 때에 이들은 하나님께서 특별대우 하셔서 해를 받지 않게 하셨습니다. 집을 짓고 농사를 하는 것은 정착된 문화생활을 형성할 수 있게 됩니다. 그러나 집을 짓지 않고 농사도 짓지 않으며 목축을 하는 것은 이동하는 삶을 말합니다. 나그네 생활을 말합니다. 한 곳에 정착해야만 사람들이 많이 모여 살게 되고 그 속에서 문화와 문명이 발달하게 됩니다. 그러나 자주 이동하게 되면 사람들이 많이 모여 살 수 없게되고, 집단으로 모여 살 수 없으면 문화와 문명이 발달되지 않습니다.

히브리서 11:13-16말씀에 보면 하나님의 사람들은 이 땅에서 나그네 삶을 살면서 장막에서 살았다고 했습니다.

> "이 사람들은 다 믿음을 따라 죽었으며 약속을 받지 못하였으되 그것들을 멀리서 보고 환영하며 또 땅에서는 외국인과 나그네임을 증언하였으니 그들이 이같이 말하는 것은 자기들이 본향 찾는 자임을 나타냄이라 그들이 나온 바 본향을 생각하였더라면 돌아갈 기회가 있었으려니와 그들이 이제는 더 나은 본향을 사모하니 곧 하늘에 있는 것이라 이러므로 하나님이 그들의 하나님이라 일컬음 받으심을 부끄러워하지 아니하시고 그들을 위하여 한 성을 예비하셨느니라"

> 히브리서 11:9-10 '아브라함은 믿음으로 그가 이방의 땅에 있는 것 같이 약속의 땅에 거류하여 동일한 약속을 유업으로 함께 받은 이삭 및 야곱과 더불어 장막에 거하였으니 이는 그가 하나님이 계획하시고 지으실 터가 있는 성을 바랐음이라'

그들은 하나님의 도성을 바랐습니다. 이 도성이란 바로 요한계시록 21:2과 10-25절에서 묘사된 성을 말하는 것입니다.

> 2절 "또 내가 보매 거룩한 성 새 예루살렘이 하나님께로부터 하늘에서 내려오니 그 준비한 것이 신부가 남편을 위하여 단장한 것 같더라."

> 10절, "성령으로 나를 데리고 크고 높은 산으로 올라가 하나님께로부터 하늘에서 내려오는 거룩한 성 예루살렘을 보이니 하나님의 영광이 있어 그성의 빛이 지극히 귀한 보석 같고 벽옥과 수정같이 맑더라. 11 하나님의 영광이 있어 그 성의 빛이 지극히 귀한 보석 같고 벽옥과 수정 같이 맑더라. 12 크고 높은 성곽이 있고 열두 문이 있는 데 문에 열두 천사가 있고

그 문들 위에 이름을 썼으니 이스라엘 자손 열두 지파의 이름들이라. 13 동쪽에 세 문, 북쪽에 세 문, 남쪽에 세 문, 서쪽에 세 문이니 14 그 성의 성곽에는 열두 기초석이 있고 그 위에는 어린 양의 열두 사도의 열두 이름이 있더라. 15 내게 말하는 자가 그 성과 그 문들과 성곽을 측량하려고 금 갈대 자를 가졌더라. 16 그 성은 네모가 반듯하여 길이와 너비가 같은지라 그 갈대 자로 그 성을 측량하니 만 이천 스다디온이요 길이와 너비와 높이가 같더라. 17 그 성곽을 측량하매 백사십사 규빗이니 사람의 측량 곧 천사의 측량이라. 18 그 성곽은 벽옥으로 쌓였고 그 성은 정금인데 맑은 유리 같더라. 19 그 성의 성곽의 기초석은 각색 보석으로 꾸몄는데 첫째 기초석은 벽옥이요 둘째는 남보석이요 셋째는 옥수요 넷째는 녹보석이요 20 다섯째는 홍마노요 여섯째는 홍보석이요 일곱째는 황옥이요 여덟째는 녹옥이요 아홉째는 담황옥이요 열째는 비취옥이요 열한째는 청옥이요 열두째는 자수정이라. 21 그 열두 문은 열두 진주니 각 문마다 한 개의 진주로 되어 있고 성의 길은 맑은 유리 같은 정금이더라. 22 성 안에서 내가 성전을 보지 못하였으니 이는 주 하나님 곧 전능 하신 이와 및 어린 양이 그 성전이심이라. 23 그 성은 해나 달의 비침이 쓸 데 없으니 이는 하나님의 영광이 비치고 어린 양이 그 등불이 되심이라. 24 만국이 그 빛 가운데로 다니고 땅의 왕들이 자기 영광을 가지고 그리로 들어가리라. 25 낮에 성문들을 도무지 닫지 아니하리니 거기에는 밤이 없음이라."

요한계시록 21장은 거룩한 성 예루살렘의 환경을 보여주고 계시록 22:1-5절은 거룩한 성 예루살렘의 생활을 보여줍니다. 거룩한 새 예루살렘은 회복된 에덴동산 입니다

"1 또 그가 수정 같이 맑은 생명수의 강을 내게 보이니 하나님과 및 어린 양의 보좌로부터 나와서 2 길 가운데로 흐르더라 강 좌우에 생명나무가 있어 열두 가지 열매를 맺되 달마다 그 열매를 맺고 그 나무 잎사귀들은 만국을 치료하기 위하여 있더라."

이것은 창세기 2장의 아담과 하와가 타락하기 전의 에덴동산과 같이 생명수가 흐르고 생명나무가 있어 달마다 열두 가지 열매를 맺는다고 했습니다. 인간이 지은 도성은 죄악의 결과입니다. 죄를 지었으므로 두려워서 자신을 보호하기 위해 쌓은 성입니다. 인본주의로 형성된 도성이므로 온갖 죄와 악의 온실이었습니다. 그것은 결국에는 망할 수밖에 없는 것입니다.

그러나 하나님의 도성은 죄가 없고 하나님이 지으신 환경이요 죄가 없는 사람들이 들어가 영원히 사는 곳입니다. 그 때까지 하나님의 사람들은 이 땅에서 사는 동안에는 성을 쌓아 정착하는 것이 아니고 아브라함과 같이 아무리 재산이 많다 하더라도 장막을 치고 나그네와 같이 살면서 영원한 본향, 하나님의 도성을 사모하는 삶인 것입니다.

에녹의 생애

창세기 5:21-24, 히브리서 11:5

창세기 5:21, "에녹은 육십오 세에 므두셀라를 낳았고 므두셀라를 낳은 후 삼백 년을 하나님과 동행하며 자녀들을 낳았으며 그가 삼백육십오 세를 살았더라 에녹이 하나님과 동행하더니 하나님이 그를 데려가시므로 세상에 있지 아니하였더라."

히브리서 11:5, "믿음으로 에녹은 죽음을 보지 않고 옮겨졌으니 하나님이 그를 옮기심으로 다시 보이지 아니하였느니라 그는 옮겨지기 전에 하나님을 기쁘시게 하는 자라 하는 증거를 받았느니라."

우리는 창세기 원역사 시대로 거슬러 들어가서 그 시대의 사람들을 만나고 그들의 환경과 삶과 생각들을 살펴보고 있는 중입니다. 우리는 창세기 3, 4장의 시대를 통과해 왔습니다. 창세기 3, 4장은 사망의 음침한 골짜기였습니다. 그 골짜기를 통과해서 셋의 의의 후손 세계로 들어왔습니다. 먼저 창세기 5장에 나오는 인물들의 이름들을 살펴보면, 신구약 성경의 메시지인, 하나님의 원대한 계획인 종말론적 인간 구속사의 내용들을 깨닫게 됩니다. 이 사람들의 이름을 그들의 아버지가 지었을텐데, 하나님의 족보에 올려질 이 사람들의 이름을 지을 때에 하나님께서 그들에게 계시하셨다고 생각합니다. 한국 사람들의 이름에 그 이름의 의미가 있듯이, 히브리인들의 이름에도 그 이름의 의미가 있습니다.

ADAM- MAN(아담- 사람)

SETH - APPOINTED(셋- 지목함)

ENOSH - MORTAL(에노스- 죽음)

KENAN - SORROW(게난- 슬픔)

하나님께서 사람, 아담에게 지목하시기를 너는 죄를 지었음으로 슬프게도 죽게 될것이다라는 메시지입니다.

MAHALALEL - THE BLESSED GOD(마할랄렐- 축복의 하나님)

JARED - SHALL COME DOWN(야렛- 강림하셔서)

ENOCH - TEACHING(에녹- 가르치시기를)

METHUSELAH- HIS DEATH SHALL BRING(므두셀라-그의 죽음)

LAMECH - DESPAIRING(라멕- 절망)

NOAH - COMFORT AND REST(노아- 위로와 안위)

축복의 하나님이신 그리스도께서 이 땅에 내려오셔서 가르쳐주십니다. 그의 죽음은 절망에 처한 인생들에게 위로와 안위를 베푸실 것이다란 메시지를 이상의 열 사람들의 이름 속에 넣어 주셨습니다. 마치 하나님이 창세기 5장 속에 숨겨두신 암호를 찾아낸 것 같습니다.

1. 에녹의 족보

에녹은 유다서 14절 말씀에 보면 아담의 7세 손이라 했습니다. 에녹은 당대의 선지자요 선견자로서 하나님의 종말계시를 받아 그의 365세의 삶 중에 300년은 하나님과 동행하며, 하나님의 심판을 전파한 삶이었습니다. 에녹은 65세 때에 므두셀라를 낳았고 또 그의 나이 252세 때에(창 5 : 21과 25절을 비교해 보라) 노아의 아버지인 손자 라멕이 태어났습니다. 에녹이 승천할 때 손자 라멕의 연령은 113세 였습니다. 에녹으로부터 시작해서 4

세 손인 노아 집안은 하나님의 심판의 메시지를 세상 사람들에게 전하는 삶이었습니다. 증조 할아버지 에녹의 심판계시가 증손자 노아 시대에 노아 방주를 통하여 성취 됩니다. 므두셀라와 라멕은 에녹이 어떻게 경건한 생활을 하며 하나님과 동행했던가를 친히 보았습니다. 그들은 경건한 에녹의 감화로 자라난 아들과 손자였음이 분명합니다.

2. 에녹이 하나님과 동행하게 된 원인

에녹은 65세에 므두셀라를 낳았습니다. 이때부터 에녹의 삶이 획기적으로 변하게 됩니다. 왜냐하면 21절에, '에녹은 므두셀라를 낳은 후 삼백년을 하나님과 동행하며 자녀를 낳았으며' 했기 때문입니다. 므두셀라를 낳은 후부터 하나님과 300년 동안 동행했다고 합니다. 에녹이 하나님과 동행했다는 말은 하나님을 기쁘시게 하는 삶을 살았다는 말입니다. 다시 말하면 하나님을 기쁘시게 하는 삶이란 하나님과 동행하는 삶이란 뜻입니다. 언제부터 에녹은 하나님을 기쁘시게 하는 동행하는 삶을 살게 되었습니까? 성경은 므두셀라를 낳은 후부터라고 했습니다.

므두셀라를 낳을 때에 에녹에게 무슨 일이 일어났을까요? 하나님께서 에녹에게 므두셀라가 태어나는 전후에 무슨 일을 행하셨습니까?

에녹에게 므두셀라를 주실 때에 그에게 특별계시를 주신 것이 확실합니다. 그 특별계시란 장래에 될 일을 보여 주신 것입니다. '장래에 될 일'이란 장차 언젠가 세상을 물로 심판하실 것과 장차 이 세상을 불로 심판하실 것을 보여 주신 것입니다. 에녹이 물심판에 대한 계시를 받은 후부터는 그의 삶이 달라졌습니다. 그때부터 그는 증거 하는 삶을 살았습니다. **에녹이 므두셀라를 낳았을 때에 홍수 심판의 계시를 받았을 것이라는 두 가지 증거를 제시해 보겠습니다.**

첫째로 므두셀라라는 이름에서 찾을 수 있습니다. 므두셀라는 두 단어로 구성되었습니다. **무트**는 심판, 죽음을 의미하며, **살라트**는 보낸다라는 뜻입니다. 므두셀라라는 이름의 뜻은 므두셀라를 보내면 이 세상에 심판이 있을 것이란 의미입니다. 이 단어의 뜻을 찾으면 명사는 '창을 던지는 사람', '던지는 무기', 투창, 동사로서 기본어근으로 '보내버리다' 도중에 가져가다, (멀리, 밖으로)인도하다, 되버리다, 주다, 포기하다, 보내다, 내던지다 등 여러가지 많은 뜻이 있습니다.

므두셀라라는 이름의 뜻 중 '창을 던지는 자' 란 의미를 두고 생각해 보겠습니다. 이 이름의 뜻은 기능적인 이름입니다. 옛날의 전쟁은 먼저 적군과 아군이 마주서서 대항 하며 두 편에서 대표자를 내보내어 서로 싸우게 합니다. 자기들의 대표가 이기면 사기가 충천해져서 그 날의 전쟁은 대표자가 이기는 쪽 군대가 그 전쟁에 승리하는 것이었습니다. 다윗이 골리앗을 이겼을 때 이스라엘 군대가 불레셋 군대를 이겼던 것처럼 말입니다. 창을 던지는 자는 대표자로서 이 자가 이기면 자신의 군대가 이긴다는 것입니다. 이 창 던지는 자가 죽으면 세상이 끝난다는 말입니다. 므두셀라가 죽으면 세상도 끝납니다.

또한 '보내버리다' 라는 뜻에서 무엇을 보내버린다는 말입니까? 에녹이 하나님께로부터 홍수심판의 계시를 받았을 때에 그의 아들의 이름을 '므두셀라' 로 지었습니다. 이 세상이 이 아들을 떠나보내면 세상에 큰 심판이 있을 것이라는 예언적 의미로 지은 것입니다. '이 사람을 떠나보내면 이 세상에 큰 물이 임할 것이다' 라는 의미를 가지고 므두셀라라고 이름을 지었다면, '므두셀라' 라는 이름을 부르고 듣는 것만으로 종말에 관한 메시지를 듣고 말하는 것이 됩니다. 이 세상을 보내버린다는 말입니다. 이 세대를 보내고 새 시대가 올 것이라는 말입니다.(매튜 헨리의 창세기 주석 번역본 상권 P192).

에녹과 그의 부인이나 동생이나 이웃 친구들이 '므두셀라' 라고 이름을 불렀다면 이 사람이 죽으면 이 세상에 큰 비가 와서 세상을 심판하리라는 뜻으로 들리게 되는 것입니다. 므두셀라의 삶은 예언적 삶이요, 969년 동안 긴 삶을 살게된 것도 심판을 예고 하기 위한 삶이었습니다. 그렇다면 노아시대의 큰 홍수 심판은 노아시대에만 주어진 것이 아니고 증조 할아버지 에녹시대 때부터 계산하면 1,000년 이상 동안 하나님께서 그 시대 사람들에게 물심판을 예고하셨다는 사실입니다. (그 당시 사람들은 평균 연령이 900세 이므로 그들 당대에 일어날 일이었습니다.) 마치 마지막 심판은 불심판이 있을 것이라고 2,000년 전부터 예고하고 있는 것과 같이 말입니다.

두번째 에녹이 므두셀라를 낳을 때에 물심판에 대한 계시를 받았을 것이라는 증거입니다.

> 유다서14,15, '아담의 칠대 손 에녹이 이 사람들에 대하여도 예언하여 이르되 보라 주께서 그 수만의 거룩한 자와 함께 임하셨나니 이는 뭇 사람을 심판하사 모든 경건하지 않은 자가 경건하지 않게 행한 모든 경건하지 않은 일과 또 경건하지 않은 죄인들이 주를 거슬러 한 모든 완악한 말로 말미암아 그들을 정죄하려 하심이라 하였느니라.'

에녹이 선지자로서 먼 훗날 우리 세대에 일어날 주님의 재림과 성도들의 부활과 불 심판을 보았다는 사실입니다. 에녹이 하나님께로부터 먼 훗날에 있을 주님의 재림과 성도들의 부활 사건과 불심판의 사실을 보았다면 그 하나님께서 그 당시의 물심판을 왜 보여 주시지 않았겠는가 하는 것입니다. 에녹이 므두셀라를 낳는 일을 계기로 그의 삶이 완전히 하나님과 동행하는 삶을 살게 된 원인은 이렇게 먼 훗날의 불심판과 성도들의 부활과 주님의 재림과 당시의 물심판을 보고 알게 됨으로 세상에 대한 미련을 버릴 수 있었기 때문입니다.

그의 삶은 믿음의 삶이요 하나님과 동행하는 삶이요 어떠하든지 하나님을 기쁘시게 하는 삶이 되었습니다. 이 계시를 받기 전에는 에녹도 모든 사람들과 같이 세상에 관심을 두고 세상적으로 잘 살아 보고자 힘쓰고 애썼을 것입니다. 세상이 물로 심판 받고 불로 태워지게 될 것이라는 사실을 깨닫게 될 때에 에녹은 그 때부터 세상에 대한 미련을 말끔히 씻어버리고 천국만을 사모하며 하나님께 온 정성을 드리며 하나님과 동행 하는 삶을 살기로 작정했던 것입니다. 에녹은 하나님의 계시의 사실처럼 철저히 하나님 뜻대로 살므로 하나님을 기쁘시게 하는 삶을 살았습니다.

3. 에녹의 그리스도 재림복음

에녹이 하나님과 동행하며 행한 선지자적 사명이 놀랍게도 그리스도의 재림의 복음을 전파했던 것입니다. 유다서 14,15절에서 에녹은 그 당시의 사람들에게 예언하기를 주께서 수만의 거룩한 자와 함께 오신다고 했으며, 말세에 사는 사람들을 심판하실 것이라고 예언했습니다. 노아 시대에 홍수 심판이 임하기 훨씬 이전, 에녹이 살아가던 시절에도 인류의 죄악이 매우 심각했었다는 사실을 알 수 있습니다. 이같은 죄악 중에서 에녹은 하나님과 300년이나 동행하는 생활을 하는 가운데 그리스도의 재림으로 말미암은 하나님의 심판을 경고 하였던 것입니다.

인류 역사 초기에 왜 이같은 인류 종말에 있을 그리스도의 재림과 하나님의 심판에 관한 경종이 필요했습니까? 이 해답은 인류의 역사는 오직 에덴에서 천국까지의 여정(旅程)이기 때문에 인류 초기로부터 모든 인간은 천국에 소망을 두어야하며, 그 천국이 성취되기에 앞서 반드시 있을 그리스도의 재림과 하나님의 심판은 어느 시대 누구나 엄숙하게 받아야 할 경종이기 때문입니다. 그들도 장차 흰 보좌 심판대에서 주님의 심판을 받을

것입니다. 말하자면 에녹은 죄악으로 만연된 세상을 향하여 주의 재림으로 인류의 역사는 마감되고 인류가 소망하는 새로운 시대, 영원한 '하나님의 나라'가 찾아온다고 하는 소망을 외친 것입니다.

에녹, 므두셀라, 라멕 그리고 노아의 활동은 거의 아담의 생존시란 점에서 아담이 인류에게 미친 신앙적인 영향이 얼마나 큰 것인가를 짐작케 합니다. 창세기 5 장에서 아담 후손들의 계보 상에 나오는 연대를 토대로 계산한다면 아담은 노아의 아버지로 등장하는 라멕의 나이 56세까지 생존했다는 사실을 보게됩니다. 아담은 에녹이 전하는 예수 그리스도의 재림과 그로 말미암은 최종적인 심판의 복음을 들었을 것이며, 에녹이 하늘로 승천하는 것까지도 바라보았을 것입니다. 라멕의 예언 대로 장차 노아 시대에 홍수로 인한 하나님의 심판이 임하실 것이란 사실도 알고 있었을 것입니다. 그러나 가인의 자손들은 이들과는 동떨어진 곳에서 별도의 문명 사회를 이루는 생활에 적응해 왔으며 하나님 없이 생활하는 것을 보면서 아담의 마음을 슬프게 했을 것입니다. 인류 역사 초기 시대의 에녹은 예수 재림을 전했는데 진짜 예수님의 재림이 가까운 세대에 사는 오늘날의 교회는 예수님의 재림을 전하지 않고 있는 이상한 세대입니다.

4. 에녹의 승천은 성도들의 휴거를 보여줌

데살로니가전서 4:15-17절에 일어날 일을 바울 사도가 본 것 같이 에녹도 보았던 것입니다. 에녹이 말세의 메시야 재림을 보았던 것은 말세를 사는 우리의 삶을 보여주는 것입니다. 주께서 수만의 거룩한 자와 함께 임하셨다는 말은 예수님께서 공중 강림 하심을 보여주는 것입니다. 공중강림 하실 때에 부활할 영혼들을 데리고 오시는 것을 보았다는 사실입니다. 그 때에 부활한 성도들과 살아 남은 성도들이 순식간에 변화되어 하늘로 들림을 받는다고 했습니다. 주님의 재림을 그 당시 사람들에게 전한 에녹은 그 당시 사람들이 보는 가운데 산채로 들림을 받았습니다. 주님이 오실 때에 우리 살아 남은 자들이 순식간에 변화되어 들림받는 체험을 에녹이 먼저 몸소 체험했을 뿐만 아니라, 자신이 전한 주 예수 그리스도의 재림복음이 사실이라는 것을 몸으로 증거했습니다.

우리는 사람이 어떻게 산채로 들림을 받을 수 있는가에 대해 의문이나 의심을 할 수 있습니다. 이것에 대한 해답으로 성경은 에녹과 엘리야와 예수님의 들림받음을 보여준 것입니다. 에녹은 인간이 지구상에 창조된 초기의 인물입니다. 아담의 7세 손이라 했습니다. 엘리야는 아합 왕 때의 사람입니다. 그리고 예수님의 승천입니다. 성경은 성도들의 휴거에 대해서 세 번이나 그 사례를 보여주고 있습니다. 에녹의 승천은 간단하게 언급했지만 엘리야의 승천은 자세하게 설명하고 있으며, 예수님의 승천도 자세히 묘사하고 있습니다.

에녹의 승천은 창세기 5:24, '에녹이 하나님과 동행하더니 하나님이 그를 데려가시므로 세상에 있지 아니하였더라.'

열왕기하 2:11, '두 사람이 길을 가며 말하더니 불수레와 불말들이 두 사람을 갈라놓고 엘리야가 회오리 바람으로 하늘로 올라가더라'

사도행전 1:9-11, '이 말씀을 마치시고 그들이 보는데 올려져 가시니 구름이 그를 가리어 보이지 않게 하더라 10 올라가실 때에 제자들이 자세히 하늘을 쳐다보고 있는데 흰 옷 입은 두 사람이 그들 곁에 서서 11 이르되 갈릴리 사람들아 어찌하여 서서 하늘을 쳐다보느냐 너희 가운데서 하늘로 올려지신 이 예수는 하늘로 가심을 본 그대로 오시리라 하였느니라.'

데살로니가전서 4:16-17, '주께서 호령과 천사장의 소리와 하나님의 나팔 소리로 친히 하늘로부터 강림하시리니 그리스도 안에서 죽은 자들이 먼저 일어나고 17 그 후에 우리 살아 남은 자들도 그들과 함께 구름 속으로 끌어 올려 공중에서 주를 영접하게 하시리니 그리하여 우리가 항상 주와 함께 있으리라.'

고린도전서 15:52, '나팔 소리가 나매 죽은 자들이 썩지 아니할 것으로 다시 살아나고 우리도 변화되리라.'

므두셀라의 생애와 그의 사명

창세기 5:25-32

우리가 창세기 5장에서 셋의 후예들의 가계를 볼 때에 969세로 인류 역사상 최고 장수한 므두셀라를 봅니다. 저는 성경에서 므두셀라를 대할 때마다 969 년 동안 무엇을 하면서 살았을까 생각해 봤습니다.

I. 므두셀라는 어떤 인물입니까?

므두셀라라는 이름의 뜻은 므두셀라를 보내면 이 세상에 심판이 있을 것이란 의미입니다. 에녹이 하나님께로부터 홍수심판의 계시를 받았고 아들의 이름을 '므두셀라' 로 지었을 때, 세상이 이 아들을 떠나 보내면 세상에 큰 심판이 있을 것이라는 예언적 의미로 지은 것입니다. '이 사람을 떠나 보내면 이 세상에 큰 물이 임할 것이다' 라는 의미를 가지고 므두셀라라고 이름을 지었다면, '므두셀라' 라는 이름을 부르고 듣는 것 만으로 종말에 관한 메시지를 듣고 말하는 것이 됩니다. 이 세상을 보내버린다는 말입니다. 이 세대를 보내고 새 시대가 올 것이라는 의미입니다.

에녹과 그의 부인이나 동생이나 이웃 친구들이 '므두셀라' 라고 이름을 불렀다면 이 사람이 죽으면 이 세상에 큰 비가 와서 세상을 심판하리라는 뜻으로 들리게 되는 것입니다. 므두셀라의 삶은 예언적 삶이요, 969년 동안 긴 삶을 살게된 것도 심판을 예고하기 위한 삶이었습니다. 그렇다면 노아시대의 큰 홍수 심판은 노아시대에만 주어진 것이 아니고 증조 할아버지 에녹시대 때부터 계산하면 1000년 이상 하나님께서 그 시대 사람들에게 물심판을 예고하셨다는 사실입니다. **그 당시 사람들은 평균 연령이 900세이므로 그들 당대에 일어날 일이었습니다.**

969년이라는 므두셀라의 길고 먼 생애는 예언적 삶이었으며 복음을 증거하는 삶이었습니다. 그의 길고 먼 삶은 보람된 삶이었으며 꼭 오랫동안 살아야만 했던 삶이었습니다. 왜냐하면 그 당시에는 책이나 문자가 없었으므로 입으로 전해야만 했습니다. 므두셀라가 사는 것은 한 사람이라도 더 물심판에서 구원하고자 하는 것입니다. 한 사람에게라도 더 하나님의 뜻을 전하려는 것입니다. **므두셀라가 살아 있는 동안은 이 세상에 물심판이 없습니다. 므두셀라가 살아 있다는 것은 이 세상을 유지하는 원인입니다. 므두셀라의 삶은 이 세상의 존재 이유입니다.** 성도가 산다는 것은 이 세상을 유지 한다는 것입니다. 성도가 세상에서 사라지면 이 세상은 멸망하는 것입니다. 성도가 산다는 것은 한 사람에게라도 더 구원의 메시지를 전한다는 의미인 것입니다. 구원 받은 성도가 사는 의미는 세상 사람들에게 심판이 있다는 것을 깨닫게 해서 예수믿어 구원 받게 하는 것입니다.

II. 에녹, 므두셀라, 라멕 ,노아에 이르는 물심판 예고

므두셀라는 자신의 삶의 목적이 무엇이며 사명이 무엇이었나를 분명히 깨닫고 그 사명 수행에 충실했다는 사실을 깨닫습니다. 그것은 그의 아들 라멕이 아들을 낳아 노아라고 이름을 지었는데서 알 수 있습니다. 므두셀라의 아들 라멕은 아버지의 사명과 그의 증거를 철저히 믿고 바라며 행하던 사람이었음을 알수 있습니다. 므두셀라가 아버지 에녹에게서 받은 그의 생애의 목적과 사명에 충실했다는 것을 알 수 있습니다. 그의 사명적 삶이 아들에게 전수되었음을 알 수 있기 때문입니다. '노아'라는 이름을 되새겨 봅시다.

창세기 5:29, '이름을 노아라 하여 이르되 여호와께서 땅을 저주하시므로 수고롭게 일 하는 우리를 이 아들이 안위하리라.'

라멕 역시 예언자이었음을 알 수 있습니다. 라멕은 예언적인 삶을 살았던 것입니다. 그 아들의 이름을 노아라고 지은 것을 보면 아들 노아에게서 어떤 운명적인 요소를 보았던 것입니다. **수고롭게 일하는 우리를 이 아들이 안위한다는** 말은 이 세상의 삶의 고통에서 구원한다는 의미인데 아마도 라멕은 노아에게서 구세주를 기대했던 것 같습니다. 메시야를 기다렸던 것 같습니다. 왜냐하면 할아버지 에녹이 그렇게 전했기 때문입니다. 라멕은 아담과 56년을 동시대에 살았습니다. 하나님께서 그의 조상 아담에게 들려주셨던, 온 인류의 소망이신 창세기 3:15 언약의 여인의 후손을 고대하고 있었던 것 같습니다. 할아버지 에녹이 먼 훗날에 있을 예수 그리스도의 공중강림, 성도의 부활, 휴거, 지상재림에 대해 그 당시 사람들에게 증거했으므로 예수 그리스도를 고대했습니다. 노아라 이름 지었고 노아가 창세기 3:15이 의미하는 메시야는 아니었지만, 메시야적인 사명을 수행했던 것입니다. 그가 하나님의 물심판으로 인한 멸망에서 사람들을 구원하기 위해 하나님의 계시를 받고 구원의 방주를 지었기 때문입니다.

노아시대의 물심판에 대한 예고가 단지 창세기 6장에서 하나님께서 노아에게만 계시하시고 노아가 방주 짓던 120년 기간 동안만 노아시대의 물심판에 대한 경고기간인 줄로 생각합니다. 성경은 에녹에서부터 노아에 이르는 1000년의 기간 동안 물심판을 예고하셨습니다.

불심판에 대한 예고를 받은 현재 세대는 평균 연령이 70-80세입니다. 자신의 시대에 불심판을 받지 않을 수도 있습니다. 에녹과 노아에 이르는 물심판의 예고를 받던 세대는 평균 연령이 900세였습니다. 에녹시대에서 노아에 이르는 세대는 홍수심판이 반드시 당대에 이르게 될 심판이었던 것입니다. 그 심판이 임박한 세대에 살던 사람들은 심판에 대한 예고를 듣고 노아의 방주(교회)에 들어와 구원을 받으라는 것입니다.

III. 므두셀라의 죽음과 노아 홍수와의 관계

노아 출생시 노아의 할아버지인 므두셀라의 연세는 369세 였습니다 (187+182). 므두셀라가 손자인 노아의 출생을 보면서 하나님의 물심판 사건이 극히 가까웠음을 예지하였을 것입니다. 아버지 라멕이 아들의 이름을 노아라고 하고 여호와께서 땅을 저주하시므로 수고롭게 일하는 우리를 이 아들이 안위하리라고 했을 때에 할아버지 므두셀라도 그 옆에 있었을 것입니다. 노아 500세에 므두셀라는 869세 (369+ 500) 였습니다. 노아가 500세에 큰 아들 야벳이 출생했고 창세기 6:3에 의하면 노아가 하나님께로부터 홍수에 대한 계시를 받은 때가 480세 였습니다(600-120). 그리고 창세기 7:6에 노아 600세에 이 땅에 홍수가 있었다고 했습니다.

노아는 아담이 죽고 126년 후에 출생했습니다. 아담은 노아 홍수가 나기 726년 (600 +126) 전에 별세했습니다. 아담은 라멕의 나이 56세 때에 그의 나이 930세로 별세하였고, **므두셀라의 할아버지 야렛(에녹의 아버지)은 962세를 향수했는데 홍수 심판이 있기 7년 전에 세상을 떠났습니다. 노아의 아버지 라멕은 777세에 세상을 떠났습니다. 라멕은 노아 홍수가 있기 5년 전에 세상을 떠났습니다. 노아 600세에 아버지 라멕은 782세 (라멕은**

그의 나이 182세에 노아를 낳음, 600+182)가 되는 셈입니다. 창세기 5장에
등장하는 인물 열 명 중에 노아 외에는 홍수가 있기 전에 하나님께서 다 데
려 갔습니다.

> 이사야 57:1,2, '의인이 죽을지라도 마음에 두는 자가 없고 진실한 이들이
> 거두어 감을 당할지라도 깨닫는 자가 없도다. 의인들은 악한 자들 앞에서
> 불리어가도다. 그들은 평안에 들어갔나니 바른 길로 가는 자들은 그들의
> 침상에서 편히 쉬리라.'.

중요한 것은 노아 나이 600세에 할아버지 므두셀라의 나이가 969세였
습니다. 창세기 7:6 노아 600세에 홍수가 있었다고 했습니다.

아담과 노아에 이르는 계보

구분 이름	아들을 낳은 때의 연세	그때 아담의 연세	아들의 이름	임종연세	비 고
아담	130	130	셋	930	
셋	105	235	에노스	912	
에노스	90	325	게난	905	
게난	70	395	마할랄렐	910	
마할랄렐	65	460	야렛	895	
야렛	162	622	에녹	962	
에녹	65	687	므두셀라	365	
므두셀라	187	874	라멕	969	
라멕	182	930	노아	777	라멕 56세 아담별세
노아	500		셈,함,야벳	950	600세에 홍수
아담 세상 나이 1세에서 노아 600세 되어 홍수 나기까지의 년 수들의 합계 1,656년					
노아	노아 600세에 아버지 라멕은 벌써 별세, 므두셀라의 나이 969세, 노아 600세 홍수가 시작 되기 전에 위의 모든 사람들은 소천하심.				

창세기 7:4, '지금부터 칠 일이면 내가 사십 주야를 땅에 비를 내려 내가 지은 모든 생물을 지면에서 쓸어버리리라'

창세기 7:10-12, '칠 일 후에 홍수가 땅에 덮이니 노아가 육백 세 되던 해 둘째 달 곧 그 달 열이렛날이라 그 날에 큰 깊음의 샘들이 터지며 하늘의 창문들이 열려 사십 주야를 비가 땅에 쏟아졌더라.'

창세기 7:4에 7일 후라고 한 그 날은 노아 600세 되던 해의 2월 17일이며, 7일 후에 비가 내리리라는 계시를 받은 날은 2월 10일입니다. 노아의 600세 되는 생일은 1월 1일(창 8:13)입니다. 아마도 므두셀라의 생일과 노아의 생일이 비슷한 날짜였던 것이 분명합니다. 므두셀라의 생일이 1월 1일에서 2월 10일 안에 있어야 하기 때문입니다. 창세기 7:7에서 노아 식구들은 방주에 들어갔습니다. 창세기 7:10에서 노아가 육백 세 되던 해의 2월 17 일에 비가 오기 시작 했습니다. 그렇다면 므두셀라는 언제 세상을 떠났겠습니까? 아마도 창7:4에서 앞으로 7일 후라고 해서 홍수가 시작되는 날에 대한 힌트를 주신 것은 므두셀라가 이날에 세상을 떠났거나 아니면 이날이 므두셀라의 시체를 장사 지내는 날이 아니었나 추측해 봅니다.

비가 오기 일 주일 전에 므두셀라가 세상을 떠남으로 노아와 그 당시의 모든 사람들로 하여금, 아니 므두셀라의 장례식(?)에 참석한 사람들 만이라도 홍수가 시작될 시기가 7일 후로 임박했음을 상기시켰습니다. 므두셀라의 장례식은 므두셀라 생애 969년 동안의 홍수 예고를 상기해서 하나님의 말씀에 순종하여 방주에 들어가라는 하나님의 마지막 경고였을 것입니다. 그러나 그 당시의 사람들 중에 노아 가족 외에는 한 사람도 듣지 않았다는 사실에 경악하지 않을 수 없습니다.

결론

앞에서 본 바와 같이 불신이라는 것이 얼마나 무서운 것인가를 깨달았을줄 믿습니다. 하나님께서는 노아시대의 물심판을 에녹에서부터 시작해 1000 년 동안이란 기나긴 세월 동안 예고했을 뿐만아니라 노아 600세 되던 해, 2월 10일 므두셀라의 장례식(?)에 이르기까지 마지막 순간까지 하나님은 한 사람이라도 더 구원받기를 원하셨던 것입니다. 그러나 구원받은 사람들은 노아의 식구 8명 밖에 되지 않았다는 사실입니다. 요즘 세대도 마찬가지입니다.

> 누가복음 18:8, '…. 그러나 인자가 올 때에 세상에서 믿음을 보겠느냐 하시니라.'

> 누가복음 13:23,24, ' 어떤 사람이 여짜오되 주여 구원을 받는 자가 적으니이까 그들에게 이르시되 좁은 문으로 들어가기를 힘쓰라 내가 너희에게 이르노니 들어가기를 구하여도 못하는 자가 많으리라.'

이 말씀에서 제자들의 질문에 유의하시기 바랍니다. 제자들이 예수님께 묻기를 구원받을 자가 적습니까 하고 물은 것입니다. 제자들이 구원받을 자가 많습니까라고 왜 묻지 않았을까요? 아마도 제자들이 이 질문 했을 때에 구원받을 자들이 그렇게 많지 않을 것이라는 대화의 분위기였을 것이라 추측해 봅니다.

주님께서도 제자들의 질문에 분명하게 '그렇다' 고 말씀하시지 않고 에둘러서 표현하시기는 했지만 말씀의 핵심은 구원받을 사람들이 많지 않을 것이라는 것입니다. 왜냐하면 구원받고 싶은 사람들은 많으나 주님이 말씀하시는 바 좁은문으로 들어가는 신앙 삶이 현대 사람들에게 매력적이지 못하기 때문입니다. 좁은문으로 들어가기를 원하기는 하지만 좁은문으로 들어가지 못하든지 혹은 들어가기를 포기해 버리는 자가 많다는 것입니다. 주님께서 말세 현상에 대해

> 누가복음 17:26-27, '노아의 때에 된 것과 같이 인자의 때에도 그러하리라. 27 노아가 방주에 들어가던 날까지 사람들이 먹고 마시고 장가 들고 시집 가더니 홍수가 나서 그들을 다 멸망시켰으며'

주님 말씀에 노아가 방주에 들어가던 날까지 사람들이 먹고 마시고 장가 들고 시집 가는 일에 온 정신을 쏟았던 것을 봅니다. 므두셀라의 장례식에 참석한 사람들도 먹고 마시고 장가 들고 시집 가는 일에만 신경을 곤두세움으로 홍수심판과 같은 예고의 말씀이 귀에 들릴 리 없었을 것입니다. 이 세대 사람들이여, 요한계시록의 경고를 들으시기 바랍니다. '귀있는 자는 성령이 교회에 하시는 말씀을 들을지어다.'

노아의 생애와 그의 사명

창세기 7:1-2

1. 노아시대의 사회환경

성경은 하나님의 일을 방해하는 사탄의 투쟁 역사를 보여주고 있습니다. 특히 창세기는 그 일이 너무나 분명하게 나타납니다. 창세기 1:1에서 우주와 지구를 창조하셨는데 창세기 1:2에서는 사탄이 지구를 파괴합니다. 창세기 1:3에서 혼돈, 공허, 흑암으로 가득한 지구를 다시 채우시고 정돈하시고 밝히시는 창조역사를 이루시고 인간을 창조하십니다. 사탄은 하나님의 의도를 파악하고 하나님과 사람을 이간시키기 위해 사람을 타락시킵니다. 그러나 창 3:15에서 사탄을 멸하고 사람을 사탄의 손아귀에서 해방시킬 여자의 후손을 보내주실 것이라 언약했습니다. 그 때부터 아담은 인류를 구원하러 오실 메시야를 기다리는 신앙으로 살게 될 뿐만 아니라 그 후손들에게도 메시야를 대망하도록 가르칩니다. 인간이 비록 죄 아래 있지만 하나님의 임재 안으로 들어 올 수 있는 길을 열어 주셨습니다.

죄의 능력은 대단합니다. 가인이 아벨을 죽이는 사건으로부터 시작하여 사람이 이땅에 번성 할수록 죄의 범람도 위력적입니다. 결국 창세기 6장에 이르러 죄의 능력이 온 세상 사람들을 덮었습니다. 죄는 하나님과 함께 할 수 없기에 하나님은 죄 지은 사람들을 심판하십니다. 하나님은 그렇게 사랑했고 귀중히 여겼던 사람을 멸망시킬 수 밖에 없었습니다. 대홍수 심판이 있습니다. 사람과 하나님 사이를 이간질 시키는 일에 사탄은 대 승리를 거두는 것 같습니다. 그러나 하나님의 일은 망하지 않습니다. 세상 사람들 중에 한 사람 노아를 찾았습니다. 노아와 그 가족 8 사람들로부터 세상을 다시 시작합니다.

노아의 이름 뜻은 '하나님이 땅을 저주하심으로 수고롭게 일하는 우리를 이 사람이 안위를 얻게 한다' 는 뜻입니다. 여기서 하나님이 땅을 저주했다는 말은 인간이 죄를 지었음으로 인간이 저주를 받았다는 것입니다. 사람이 수고롭게 일하게 된 것은 죄로 인해 저주를 받았기 때문입니다. 그 결과로 물심판을 받아 죽게 되는데 그 심판을 면하기 위해서는 각자 배를 지어야 하는 수고를 해야하는데 노아가 대표로 120년 동안 방주를 짓는 수고를 합니다. 다른 사람들은 그 방주 안으로 들어오기만 하면 됩니다. 노아의 아버지 라멕이 노아를 낳을 때에 그 이름을 노아라 해서 하나님이 땅을 저주함으로 수고롭게 일하는 우리를 이 아이가 안위를 준다라고 했듯이 노아는 방주를 지어 사람들로 그 안으로 들어와 구원을 받으라고 합니다. 이것이 안위입니다. 예수 그리스도가 만민을 위해 대표로 죽음의 수고를 하심으로 그 예수안에 들어오는 자마다 구원받게 되는 원리입니다.

2. 산 위의 노아 방주

하나님의 지시에 따라 노아는 높은 산 위에 방주를 짓습니다. 지금이나 과거에나 배는 물가에서 짓습니다. 노아의 방주는 산 위에 지어집니다. 하나님은 왜 산 위에 방주를 짓게 합니까? 하나님께서 방주를 높은 산에서 짓게하신 의도를 생각해 보겠습니다.

> 마태복음 5:14, '너희는 세상의 빛이라 산 위에 있는 동네가 숨겨지지 못
> 할 것이요.'

첫째는 모든 사람들이 보게 합니다. 배가 지어져 가는 것을 보고 경각심을 갖게 하기 위함입니다. 배가 완성되어 가는 것을 보면서 홍수심판의 때가 가까이 오는 표적을 보게 함입니다.

둘째로 그 산 높이 만큼 물이 찰 것임을 보여 줍니다. 방주 속으로 들어가지 않고서는 한 사람도 구원받지 못할 것임을 알게 함입니다.

셋째로 선전용이요 광고용입니다. 배는 물가에 지어야 하는데 노아는 산 위에 배를 짓고 있습니다. 미친 놈의 미친 짓이라고 생각할 것입니다. 이상한 행동입니다. 온 세계적인 토픽뉴스감입니다. 사람들이 입소문을 냅니다. 그 당시는 라디오나 신문이나 물론 텔레비전도 없습니다. 입소문으로 뉴스가 전달되는 시대입니다. 너무나 기괴한 행동 일수록 사람들의 호기심을 강하게 불러 일으킵니다. 소문이 소문의 꼬리를 물고 그 당시 알려진 모든 곳, 모든 사람들에게 전달되는 것입니다. 노아가 홍수심판을 대비하여 산 위에 큰 배를 짓고 있다는 사실을 모르는 사람이 없게 하기 위함입니다. 하나님 앞에 핑계치 않게 하기 위함입니다. 노아가 방주를 짓는 것도 몰랐고, 홍수 심판이 있을 것도 알지 못했노라고 핑계대지 못하게 하기 위함입니다.

> 로마서 1:18-20, '하나님의 진노가 불의로 진리를 막는 사람들의 모든 경
> 건하지 않음과 불의에 대하여 하늘로부터 나타나나니 19 이는 하나님을
> 알 만한 것이 그들 속에 보임이라 하나님께서 이를 그들에게 보이셨느니
> 라. 20 창세로부터 그의 보이지 아니 하는 것들 곧 그의 영원하신 능력과

신성이 그가 만드신 만물에 분명히 보여 알려졌나니 그러므로 **그들이 핑계하지 못할지니라. '**

3. 하나님의 홍수심판 계시

창세기 6:3, '여호와께서 이르시되 나의 영이 영원히 사람과 함께 하지 아니하리니 이는 그들이 육신이 됨이라 그러나 그들의 날은 백이십 년이 되리라 하시니라.'

이 말씀은 참으로 중요합니다. 우리 성경에는 단지 '나의 영이 영원히 사람과 함께 하지 아니하리니' 라고 했는데 영어성경에는 그렇지 않습니다.

NIV성경에, 'Then the Lord said,'My Spirit will not contend with man forever, for he is mortal.' 여기 'contend' 라는 단어는 다투다, 싸우다라는 의미입니다. 왜 성령님이 사람과 싸웁니까? 성령님이 사람 영에 계셔서 죄 짓지 말라고 경고하는데 사람이 듣지 않고 죄를 계속 짓습니다. 말을 듣지 않으니 성령님이 사람에게서 떠납니다. 사람들에게 하나님의 심판이 임하게 된 것입니다. 그래서 '그들의 날이 120년이 되리라.' 했습니다. 이 말씀을 잘못 이해해서 이 때부터 인간 수명이 120년으로 되었다고 하는데 잘못된 생각입니다. 그 당시 사람들의 평균수명이 900세 정도입니다. **이 때에 홍수심판으로 인해 모든 사람들이 일시에 죽게 될 것이란 말입니다. 노아가 하나님께로부터 홍수심판 계시, 방주건축 계시를 받은 때로부터 120년 후에는 모두 죽게 될 것이란 말입니다.** 그렇다면 홍수가 난 때가 노아 나이 600세였으므로 방주계시를 받은 때는 480세 입니다.

창세기6:13, '하나님이 노아에게 이르시되 모든 혈육 있는 자의 포악함이 땅에 가득하므로 그 끝 날이 내 앞에 이르렀으니 **내가 그들을 땅과 함께 멸하리라'**

창세기 6:17, '내가 홍수를 땅에 일으켜 무릇 생명의 기운이 있는 모든 육체를 천하에서 멸절하리니 땅에 있는 것들이 다 죽으리라.'

창세기 7:23, '지면의 모든 생물을 쓸어버리시니 곧 사람과 가축과 기는 것과 공중의 새까지라 이들은 땅에서 쓸어버림을 당하였으되 오직 노아와 그와 함께 방주에 있던 자들만 남았더라.'

노아시대나 지금이나 메시야 예수 그리스도를 기다리는 신앙을 갖고 천국을 소망하지 않는 자들은 믿는 자들이나 믿지 않는 자를 물론하고 그 시대환경에 휩쓸리고 맙니다. 창세기 5장의 므두셀라 자녀들과 노아 아버지 라멕의 자녀들은 노아 때에 살고 있었습니다. 므두셀라 자녀들이란 라멕 형제들입니다. 라멕 자녀들이란 노아의 형제들입니다. 노아 형제들의 자녀들은 노아의 조카들입니다. 이들은 당대의 믿음의 집안 자녀들입니다. 그런데 이들 중 한 명도 방주에 들어갈 생각을 하지 않았습니다. 하나님께서 방주를 짓게 하신 목적이 노아와 하나님께서 지정하신 짐승들을 위한 것인 것 같습니다.

창세기 6:13,14,, '하나님이 노아에게 이르시되 모든 혈육 있는 자의 포악함이 땅에 가득하므로 그 끝 날이 내 앞에 이르렀으니 내가 그들을 땅과 함께 멸하리라. 너는 고페르 나무로 너를 위하여 방주를 만들되 그 안에 칸들을 막고 역청을 그 안팎에 칠하라.'

창세기 7:1, '여호와께서 노아에게 이르시되 너와 네 온 집은 방주로 들어

가라 이 세대에서 네가 내 앞에 의로움을 내가 보았음이니라.'

이 말씀들을 보면 하나님 마음에 노아 가족 외에는 구원하실 마음이 없었던 것 같습니다.

아니, 하나님 보시기에 노아 식구 외에는 방주에 들어갈 마음을 가진 자들이 없는 것을 보았다는 말씀입니다. 노아 홀로 높은 곳에서 높은 곳만 바라보면서 살았습니다. 오늘날도 성도나 교회들이 하늘 천국에 대한 소망이 없습니다. 천국에 대한 말씀도 없고 천국에 대한 찬송도 하지 않고 말세에 대한 요한계시록을 가르치는 목사나 교회가 그렇게 많지 않습니다, 땅에서 어떻게 잘 살 것인가에만 골몰합니다.

골로새서 3:1-6, '1 그러므로 너희가 그리스도와 함께 다시 살리심을 받았으면 위의 것을 찾으라 거기는 그리스도께서 하나님 우편에 앉아 계시느니라. 2 위의 것을 생각하고 땅의 것을 생각하지 말라. 3 이는 너희가 죽었고 너희 생명이 그리스도와 함께 하나님 안에 감추어졌음이라. 4 우리 생명이신 그리스도께서 나타나실 그 때에 너희도 그와 함께 영광 중에 나타나리라. 5 그러므로 땅에 있는 지체를 죽이라 곧 음란과 부정과 사욕과 악한 정욕과 탐심이니 탐심은 우상 숭배니라. 6 이것들로 말미암아 하나님의 진노가 임하느니라.'

4. 홍수 결과

땅에서 물샘이 터져 물이 솟아나고 하늘의 창이 열려 40일 동안 비가 내립니다. 본래 지구는 물로 싸여 있었습니다. 둘째날 궁창 아랫 물과 궁창 윗 물로 나누어 궁창을 만들었다고 했습니다. 땅 위 바닷물과 땅 아래 큰 물샘이 있다는 말이요 하늘에도 궁창 위 물이 있어 이것들이 쏟아져 내리고, 땅이 터져 물이 쏟아 나오는데 40일 간입니다. 40일 동안 비가 쏟아져 마을이 물에 잠기니 산으로 피하여 가고 그 산도 물에 잠기니 더 높은 산으로 도망쳤습니다. 마침내 높은 산 위에 배를 짓는다고 미친 놈 이라고 놀리던 사람들이 노아의 방주에 와서 살려달라고 아우성을 지르고 방주를 두드려 보았겠지만 때는 이미 늦었습니다. 마치 휴거를 웃긴다고 야유하던 사람들이 옆에서 휴거 후에 남겨둠을 당하고서야 후회한들 늦은 것입니다.

노아 600세, 2월 17일에 비가 오기 시작해서 40일간 비가 내렸고, 세상에서 가장 높은 산 위 6미터까지 차 올랐고, 150일(다섯 달)동안 넘쳤으며, 7월 17일에 배가 아라랏산에 머물렀고, 10월 1일에야 산들의 봉우리가 보이기 시작했습니다.

노아시대 홍수일지

1. 노아 나이 600세 생일이 그 해 1월 1일입니다.
2월 10일 1주일 후에 홍수가 시작될 것을 계시(창7:4) 이 날 방주에 들어감
2. 2월 17일에 홍수 시작(창7:11)
3. 40일간 밤낮으로 땅의 물샘이 터지고 하늘의 창이 열려 비가 쏟아짐 (창7:12,17)
4. 7월 17일에 배가 아라랏 산에 머물게 됨(150일, 다섯 달만에)(창8:3, 4)
5. 10월 1일(아라랏 산에 머문지 73일 만에) 산들의 봉우리가 보이기 시작함(창8:5)
6. 그후 40일이 지나서 창을 열고 까마귀를 내놓음. 까마귀는 들락날락 했음(창8:6,7)

사람들은 까마귀를 내놓자마자 썩은 시체 뜯어 먹다가 도망쳐서 방주로 돌아오지 않았다고 말하는데 성경은 까마귀는 계속 들락날락했다고 합니다.

순수한 까마귀를 사람들이 애매하게 혐훼해선 안됩니다.

7. 동시에 비둘기를 내놓음. 그러나 비둘기는 내릴 곳을 찾지 못하고 돌아옴(창8:8,9)

8. 7일 후 또 비둘기를 내놓았을 때에 비둘기가 감람나무 잎을 물고 옴(창8:10) 인류에게 큰 희소식을 물고 왔습니다.

9. 7일 후에 비둘기를 내놓음에 다시는 돌아오지 않음(창8:12)

10. 노아 나이 601세 되는 1월 1일 방주 뚜껑을 열어 젖힘(창8:13)

'육백일 년 정월 곧 그 달 1월 1일에 지면에 물이 걷힌지라 노아가 방주 뚜껑을 제치고 본즉 지면에 물이 걷혔더니'

육백일 년이란 노아의 연세를 말합니다. 노아가 육백일 세가 되는 날이 1월 1일이라는 뜻입니다. 하나님께서 노아의 생일날에 큰 생일선물을 주셨습니다.

11. 노아 나이 601세 되는 2월 27일에 노아 가족이 방주에서 나옴(창8:14-19) 노아식구들이 방주에 들어간지 만 1년 17일째 되는 날입니다.

셈 함 야벳이 노아 500세 이후에 출생된 의미

창세기 5:32, 11:10

창세기 5:32은 노아가 500세 된 후에 셈과 함과 야벳을 낳았더라고 했습니다. 저는 이 말씀을 읽을 때마다 이상하게 생각했습니다. 노아가 500세에 셈과 함과 야벳, 세 쌍둥이를 낳았다는 말인가? 그것은 아닐 것입니다. 노아가 500세 된 후에야 셈과 함과 야벳을 낳았다는 말인데, 창세기 5장의 사람들을 보면 젊은 나이에 아들 딸들을 낳았습니다. 성경은 왜 노아만은 500세가 된 후에야 셈과 함과 야벳을 낳았다고 말씀하시는가? 이 문제를 풀기 위해 본문 성경 말씀을 묵상하면서 몇 가지 깨달은 것을 정리해 보았습니다.

첫째로 창세기 5장 아담의 의의 후손들로 나열되는 아들들이 첫 아들일 수도 있지만 그렇지 않을 수도 있더라는 말입니다. 이 족보에 올려져 있는 사람들은 하나님 보시기에 의로운 사람들만 골라 족보에 올린 것입니다. 창세기 5장 3절에 아담의 나이 130세에 셋을 낳았다고 했습니다. 창세기 4장에 보면 아담은 가인과 아벨을 먼저 낳았습니다. 가인이 아벨을 죽인 후에 가인은 하나님의 의의 후손에서 떨어져 나가 창세기 4장에 나오는 악인의 후예들의 조상이 됩니다. 아벨은 가인에게 죽었기에 창세기

5장의 족보에서 빠지고 아담이 130세 낳은 셋에서부터 시작됩니다. 창세기 5:4에 보면 아담이 셋을 낳은 후에 팔백 년을 지내며 자녀를 낳았다고 함으로, 아담은 930년 사는 동안 가인, 아벨, 셋 외에도 수 많은 자녀들을 낳았습니다.

셋의 경우도 105세에 에노스를 낳았고 에노스를 낳은 후에 807년을 지내며 자녀를 낳았으며 그가 912세를 살고 죽었다는 말에서도 셋이 105세에 낳은 에노스가 반드시 셋의 첫 아들, 맏아들일 수 없다는 말입니다. 이전에, 50세나 80세나 90세에도 아들 딸들을 낳았을 수도 있다는 말입니다. 에노스를 낳은 후에도 수 없이 아들들과 딸들을 낳았습니다..

둘째로 창세기 5장에 기록된 사람들이 낳은 사람들 중에 단 한 아들의 이름만 창세기 5장의 의의 후손들로 기재 된다는 사실입니다. 그들이 900여 년 사는 동안 낳은 아들 딸들이 수십 명 혹은 수백 명이라 할 지라도 창세기 5장에 그 이름이 기록되는 것은 한 아들만 기재되었습니다.

셋째로 창세기 5장의 의인들의 후예들이 낳은 수십만 수백만의 사람들이 노아가 방주를 완성할 그 당시까지 살고 있었지만 이들 중 한 사람도 노아의 방주에 들어가지 않았다는 사실입니다.

넷째로 창5:32절에 의하면 그 당시의 사람들이 500세 이후까지도 자녀들을 생산했다는 사실입니다. 에녹의 경우는 65세에 므두셀라를 낳았습니다. 그 당시 사람들이 65세 정도에서 500세가 넘도록 자녀를 낳았다는 사실을 깨닫습니다. 자녀들을 얼마나 많이 낳았는지 알 수 있습니다.

다섯째로 창세기 5장에 기록된 사람들이 대개 65세, 70세, 90세, 162세에 아들을 낳았다고 하는데 왜 노아만 500세 된 후에 셈과 함과 야벳을 낳았다고 하느냐 하는 의문입니다. 500세에 셈을 낳았다고하지 않고 500세된 후에 한꺼번에 셈과 함과 야벳을 낳았다고 합니다.

이렇게 기술한 하나님의 의도가 있을 것입니다. 노아가 500세 이전에도 많은 아들들과 딸들을 낳았을 수도 있다고 생각해 볼 수 있습니다. 이런 생각을 할 수 있는 성경 구절이 있습니다.

> 창세기 6:17, 18, '내가 홍수를 땅에 일으켜 무릇 생명의 기운있는 모든 육체를 천하에서 멸절하리니 땅에 있는 자가 다 죽으리라. 그러나 너와는 내가 내 언약을 세우리니 너는 **네 아들들과 네 아내와 네 며느리들과 함께 그 방주로 들어가고**'

이 구절은 노아가 하나님께로부터 홍수 계시를 받고 있을 때입니다. 노아의 연세가 480세 때 쯤입니다. 그런데 이 때는 아직도 셈과 함과 야벳이 출생하기 전입니다. 만약 노아의 자녀들이 셈과 함과 야벳만 있었다면 하나님께서 이 세 아들이 앞으로 태어날 것을 미리 아시고 이렇게 말씀하신 것일까요? 이 말씀에서 네 가지 가능성을 생각할 수 있습니다.

첫째는 셈과 함과 야벳이 아직 출생되지 않았지만 자녀를 주시는 분은 하나님이시기에 앞으로 태어날 셈 함 야벳을 생각하시고 이 말씀하셨다고 생각할 수 있습니다.

두번째는 노아가 하나님께로부터 이 홍수계시를 받기 전에도 자녀들이 있었는데 이들을 두고 하신 말씀일 수도 있다는 것입니다. 이 구절에서 셈과 함과 야벳이라는 세 아들들의 이름을 언급하지 않고 그저 노아의 아들들이라 하셨음으로 500세 이전에 있었던 자녀들을 두고 하신 말씀이라고도 생각할 수 있습니다. 그런데 이 500세 이전의 자녀들이 결과적으로 노아와 다른 노선을 걸어갔기 때문에 하나님은 노아가 방주계시를 받은 후로부터 20년 후인 500세 쯤에 셈과 함과 야벳을 주셨다고 생각할 수 있습니다.

셋째로 창세기를 기록하는 모세는 노아홍수 사건의 전후를 이미 모두 다 알고 있었습니다. 셈 함 야벳이 방주에 들어간 사실도 알고 있었습니다. 하나님께서 노아 홍수사건 계시를 하기 전인 창세기 5:32에서 노아가 500세 된 후에 셈 함 야벳을 낳았다고 기술했습니다. 노아가 하나님의 홍수 계시를 받을 때인 창세기 6:18에서도 셈 함 야벳이 출생하기 전이었지만 하나님께서 노아에게 '너의 아들들' 이라 말씀하실 때에 이 아들들을 예언적으로 셈 함 야벳으로 생각했을 것이라고 우리는 생각할 수 있습니다.

네번째는 창세기 6:18에서 노아에게 홍수계시를 주실 때에 하나님의 마음에 방주에 들어갈 숫자를 여덟 명으로 이미 결정하고 있었다는 것입니다. 노아에게 오백세 때까지도 아무 자녀를 주지 않으셨다가 노아의 방주사역이 시작된지 20년 만인 노아 오백세가 되어서야 야벳 셈 함을 주셨다는 것입니다. 노아시대는 네피림들이 세상을 지배하고 있었습니다. 네피림들이 노아의 방주사역을 방해하고 있었습니다. 아무도 방주에 접근하지 못하게 했습니다. 그래서 노아의 형제들이나 그 자녀들뿐만 아니라 그 당시에 있었던 창세기 5장 셋의 족보에 기재된 자들의 자녀들이 그 방주에 들어갈 수 없었습니다.

그렇다면 그런 환경에서 노아는 어떻게 방주사역을 할 수 있었겠습니까? 그것은 하나님의 특별한 보호막이 가로막고 있었기에 네피림들이 접근할 수 없었습니다. 그런 가운데서도 노아 혼자서 하나님의 능력으로 방주를 짓다가 셈 함 야벳이 출생하여 아버지의 사역을 돕게 됩니다. 그러면 셈 함 야벳은 어떻게 아내들을 얻을 수 있었겠습니까? 그것은 노아가 낳은 딸들이었습니다. 가인과 아벨의 아내들이 아담이 낳은 딸들이었듯이 인류의 세조인 노아 역시 노아의 아들들과 딸들에 의해서 세상이 다시 시작되었던 것입니다. 필자로서는 이 네번째 가설이 그 당시 상황에 가장 적절한 것이라 생각됩니다. 그러나 두 번째 설도 무시할 수 없겠기에 두 번째 경우를 가지고 생각해 보겠습니다.

만약 500세 전에 생산한 자녀들이 있었다면 그 자녀들은 왜 방주짓는 역사에 참여하지 않았으며, 왜 방주에 들어가지 않았는가 하는 문제입니다. 그리고 왜 셈과 함과 야벳만 방주짓는 사업에 참여할 수 있었을까요? 우리는 성경에서 셈과 함과 야벳이 방주에 들어갔다고 하니 그런가보다 예사로 생각했는데 그 당시 상황으로 볼 때에 셈과 함과 야벳과 그 아내들이 방주에 들어갔다는 사실은 예사로운 일이 아닙니다. 깊이 생각해봐야 할 문제입니다.

그런데 창세기11:10절 말씀에서 노아 500세 된 후에 셈과 함과 야벳을 낳았다는 말씀이 풀리게 됩니다.,

> "셈의 족보는 이러하니라 셈은 일백 세 곧 홍수 후 이 년에 아르박삿을 낳았고"

셈이 홍수 후 2년에 그의 연세가 100세라면 홍수가 끝난 해의 나이는 98세입니다. 그리고 홍수는 1년 동안이었습니다. 홍수가 난 해 노아의 연세는 600세였습니다. 그렇다면 600-97=503라는 숫자가 나오는데 503 숫자는 노아의 연세 503세에 셈을 생산했다는 말입니다.

노아가 하나님으로부터 방주를 지으라는 계시를 받은 때가 노아 나이 480세 였습니다. 이 숫자가 어떻게 나왔느냐 하면 600-120=480에서 나왔습니다. 600은 노아 나이 600세에 홍수가 시작되었고, 노아가 120년 동안 방주를 지었기 때문입니다. 이 120년은 실제로 노아가 방주를 짓기 위한 재료들을 확보하는데 상당한 시간이 걸렸을 것입니다. 먼저 목재를 확보해야 했으며, 그 확보한 목재들을 다듬는 시간도 상당히 많았을 것입니다. 왜 120년 동안 방주를 지었다고 말하느냐 하면 창세기 6:3에서 '그러나 그들의 날은 120년이 되리라' 하신 말씀에서 유추한 것입니다. 그 당시 사람들의 수명은 평균 900세 였는데 그들의 수명이 120년이 될 것이라는 말은 120년 후에 다 죽게 될 것이란 말씀이요, 노아가 방주계시를 받아 방주를 짓기 시작해서 완성하는 햇수로 생각합니다. 그리고 503-480=23 나오는데, 이 23란 숫자는 노아가 480세에 방주를 짓기 시작 한지 23년 즉 503년에 셈을 생산하였다는 말입 니다.

성경을 보면 노아가 480세에 방주 만들라는 계시를 받기 전에도 자녀들을 생산했을 것인데 그 자녀들은 아버지 노아의 방주 사역에 동조하지 않았다는 사실입니다. 왜냐하면 아버지 노아의 생각이나 행동이 너무나 황당하였기 때문입니다. 그 당시 세상 사람들과 마찬가지로 노아가 받은 하나님의 방주사역에 대한 계시를 믿을 수가 없었습니다. 그 당시 세상사람들과 같이 아버지가 미쳤다는 것입니다. 120년 후에 비가 올 것이라는 말도 믿을 수가 없고, 물가에서 배를 만드는 것이 아니라 산 꼭대기에서 배를 지으니 정상적으로 봐 줄 수가 없습니다.

셈과 함과 야벳은 노아가 방주를 짓기 시작한지 23년 전후에 세상에 태어나면서 아버지가 방주사역에 매어달리는 모습을 보고 자랐습니다. 방주 건설을 시작한지 23년 정도가 되면 방주의 거대한 골조구조가 완성되었을 것입니다. 방주 짓는 현장에서 태어나고 먹고 자고, 눈을 뜨면 방주를 보고, 방주 짓는 아버지, 어머니의 품에서 방주를 보면서 잠들었습니다. 어린 삼 형제가 방주 주변에서 놀고 성장하면서 자연스럽게 방주 짓는 일에 참여하게 됩니다. 이들 셈과 함과 야벳은 그들의 뇌리에 아버지의 방주 짓는 모습 밖에 없었습니다. 노아가 방주계시를 받기 전에 태어나 성장한 아들들과 딸들은 아버지 어머니를 이해할 수 없었지만, 셈과 함과 야벳은 그렇지 않았습니다. 세상 사람들이야 무엇이라고 하든지 그들에게는 상관 없었고 문제가 되지 않았습니다.

마치 출애굽한 이스라엘 백성들 중에 20세 이상의 세대들은 애굽이라는 세상 맛을 본 자들이었기에 광야 생활을 싫어했습니다. 광야 생활에 적응할 수 없었습니다. 애굽에서 수박과 부추와 파와 마늘과 오이 맛을 보았고, 고기 가마 곁에서 고기 맛을 본 1세대들은 만나 만으로는 싫다하고 불평합니다. 광야 40년 내내 불평하고 원망하고 시위하고 뱀에 물리고 병들고 죽어갔습니다.

그러나 광야에서 태어나서 광야에서 자란 세대들은 광야생활이 그들의 삶이었고 광야 생활 만이 그들의 전부였기에 2세대들은 광야생활에 대한 불평이 없었습니다. 광야 생활이 싫다고 원망하고 불평하는 1세대들을 도저히 이해할 수 없었습니다. 2세대들은 만나 밖에 모르기 때문에 만나가 그렇게 맛좋을 수 밖에 없었습니다. 만나도 그들의 체질에 맞았고, 아침에 눈을 뜨면 구름기둥이 그들을 덮어주고, 저녁이 되면 불기둥이 포근하게 감싸주므로 감미로운 잠을 잘 수 있었기에 너무 감사하고 좋았습니다. 뿐만 아니라 자신들을 24시간 따라 다니면서 물을 뿜어내는 그 반석(고전 10:3)에서 물을 마시고 물가에서 뛰어놀고 미역감는 것도 좋았습니다. 이런 것이 그들의 삶의 전부였기에 광야생활을 잘 감당할 수 있었고 결국 가나안에 들어가 가나안 정복에 성공할 수 있었던 것입니다.

어떤 목사님의 고백이 생각납니다. 40세 후반에 목사가 되었는데 목사가 된 후에 태어난 자녀들과 목사가 되기 전에 태어난 자녀들이 다르더랍니다. 목사가 되기 전에 태어난 자녀들은 목사 아빠에 대해 원망하고 불평이 많았습니다. 아빠가 사업할 때는 맛있는 것도 마음대로 먹고, 사고 싶은 것 마음대로 살 수 있었는데, 목사가 되어 가난하게 된 것을 못 견디는 것입니다. 목사가 되기 전에 태어난 자녀들은 목사 자녀들로서의 환경이나 생활방식에 잘 적응하지 못했습니다. 그러나 목사가 된 후 자녀들은 아빠 엄마를 잘 이해 했습니다. 목사가 된 후에 태어난 자녀들은 태어날 때부터 아빠가 목사요 엄마가 사모입니다. 가난해도 그것이 삶인가 보다 생각합니다.

결론적으로 노아의 방주에 들어가는 것이나 이스라엘백성들이 가나안에 들어가는 것은 세상 종말을 의미합니다. 셈과 함과 야벳이 방주에 들어가 구원을 받은 것이나, 2세대 이스라엘 백성들이 가나안을 정복하고 정착한 것은 구원받고 천국에 들어가는 것을 상징합니다 가나안 땅은 안식을 의미하는데 이 안식은 영원한 안식인 천국을 의미 합니다. 이 말씀의 의도는 천국에 들어가는 자들의 영적자세를 말해 주고 있습니다.

> 마태복은 24:37, '노아의 때와 같이 인자의 임함도 그러하리라. 홍수 전에 노아가 방주에 들어가던 날까지 사람들이 먹고 마시고 장가들고 시집 가고 있으면서 홍수가 나서 저희를 다 멸하기까지 깨닫지 못하였으니 인자의 임함도 이와 같으리라.'

노아 때의 문제는 사람들이 먹고 마시고 시집 가고 장가 갔다고 했습니다. 먹고 마시는 것 때문에 죄짓고 시집 가고 장가 간다는 말은 성적 타락, 성적 문란을 말합니다.

> 창세기 6:1, '사람이 땅 위에 번성하기 시작할 때에 그들에게서 딸들이 나니 하나님의 아들들이 사람의 딸들의 아름다움을 보고 자기들이 좋아하는 모든 여자를 아내로 삼는지라 여호와께서 이르시되 나의 영이 영원히 사람과 함께 하지 아니하리니 이는 그들이 육신이 됨이니라.'

성적 타락에 대해 말씀하시고 이것 때문에 물로 심판하시리라 했습니다.

이스라엘 백성들의 40년 광야생활에서 실패한 자들도 먹고 마시는 문제, 성적 타락의 문제였습니다. 그들은 마실 물 때문에 하나님께 원망, 불평했고 먹는 문제로는 만나만으로는 싫다고 불평했습니다. 그것 때문에 1세대들은 광야에서 다 죽고 갈렙과 여호수아와 2세대들만 가나안에 들어갈 수 있었습니다. 인자의 오실 때가 노아의 때와 같다는 말은 먹고 마시는 것과 성적 타락 문제를 말하는데, 오늘날을 돌아 볼 때에 역시 먹고 마시고 시집 가고 장가 가는 문제입니다. 오늘날 우리 세대가 예수님이 말씀하신 노아의 때와 같습니다. 먹고 마시고 성적 타락과 성문란이 충만한 세대에 살고 있습니다. 만왕의 왕이신 예수 그리스도께서 오실 때가 가까웠습니다. 왕의 대로를 수축하고 예비하는 왕의 군사가 됩시다. 가나안을 정복한 이스라엘 2세대 군대가 되어 영원한 안식을 얻기 위한 왕의 군대가 됩시다.

~

네피림(거인족들) (I)

창세기 6:1-7

[이글은 창세기 6:2,4 말씀에 하나님의 아들과 사람의 딸들이 누구인가에 대해 추적하기 위함입니다. 전통설은 하나님의 아들들이 창세기 5장의 셋의 후예들을 말하며, 비전통설은 타락한 천사라고 말합니다. 이들의 정체에 대해 성경이 분명히 말씀하지 않으므로 우리는 그들에 대한 정체를 분명히 알 수 없습니다. 그러나 창세기 6:4에서 하나님의 아들들과 사람의 딸들 사이에서 태어난 네피림들이 홍수 전에도 있었고 홍수 후에도 있었다고 합니다. 만약 하나님의 아들들이 셋의 후예라면 홍수에 다 죽었을 텐데 어떻게 하나님의 아들들과 사람의 딸들 사이에서 태어난 네피림이 홍수 후에도 존재하는가 하는 의문을 갖게 됩니다. 이런 문제들을 파악하기 위해 말씀에 따라 홍수 후 세계의 네피림의 존재들을 추적하여 그것들이 어떻게 나타나게 되었는가를 알게 하기 위함입니다.

창세기는 홍수 후의 네피림을 아낙자손(민수기13:33)이라 합니다. 홍수 후의 아낙자손들을 추적함으로써 하나님의 아들들의 정체를 파악하려 합니다. 성경은 이스라엘의 가나안 정복전쟁은 아낙자손들과의 전쟁이라 했습니다.

*신명기 9:1-3에서 '1 이스라엘아 들으라 네가 오늘 요단을 건너 너보다 강대한 나라들로 들어가서 그것을 차지하리니 그 성읍들은 크고 성벽은 하늘에 닿았으며 2 **크고 많은 백성은 네가 아는 아낙 자손이라** 그에 대한 말을 네가 들었나니 이르기를 누가 아낙 자손을 능히 당하리요 하거니와 3 오늘 너는 알라 네 하나님 여호와께서 맹렬한 불과 같이 네 앞에 나아가신즉 여호와께서 그들을 멸하사 네 앞에 엎드러지게 하시리니 여호와께서 네게 말씀하신 것 같이 너는 그들을 쫓아내며 속히 멸할 것이라.' 했습니다.*

2절에서 이스라엘백성들이 요단강을 건너 싸울 상대가 아낙자손이라는 것입니다. 이 아낙자손은 홍수 후의 네피림들입니다. 이스라엘 백성들의 가나안 정복전쟁은 홍수 후의 네피림들을 쫓아내는 작업이었습니다.]

성경은 시간과 공간을 압축한 책이라고 말씀드렸습니다. 압축된 시간과 공간 속에 엄청난 비밀이 숨겨져 있습니다. 우리는 창세기 6장이란 놀라운 문제 앞에 서 있습니다. 그 문제란 첫째로 그 당시에 수십억의 인간들이 살고 있었을텐데 그들을 멸절 시키도록 하나님을 진노케 한 원인이 무엇인가 하는 것입니다. 둘째는 왜 하나님은 그 당시 인류를 멸절하지 않으면 안되었던가 하는 문제입니다. 셋째는 창세기 5장 **셋의 후예들, 노아의 아버지인 라멕의 형제들, 노아의 삼촌들입니다. 노아의 형제들과 그들의 자녀들, 노아에게는 조카들이 많이 살고 있었는데 그들은 왜 노아방주에 들어가지 않았는가 아니면 못했는가 입니다. 못들어갔다는 것은 방해하는 요소가 있지 않았을까 하는 문제입니다.**

왜 우리가 이런 문제를 다루어야 하는가 하면 예수님께서 마태복음 24:37-39말씀에 노아의 때와 같이 인자의 임함도 그러하리라. 노아가 방주에 들어가기까지 사람들이 먹고 마시고 장가 들고 시집 가다가 홍수에 다 죽었다고 말씀하셨습니다. 노아시대의 문제가 오늘날 우리의 문제라고 말씀하셨기 때문입니다. 이 문제들이 너무나 크고 무겁기 때문에 변두리의 쉬운 문제부터 접근해서 풀면서 어려운 중심 부분들을 파악해 가고자 합니다. 그래서 네피림을 다루게 됩니다.

네피림이란 뜻은 '타락한 존재들' 이란 뜻입니다. 창세기 6;1-4에서 하나님께서 노아 시대에 홍수로 심판한 원인이 하나님의 아들들이 사람의 딸들을 취하여 네피림을 생산 했기 때문이라 합니다. 우리 본문에 의하면 이 네피림들이 홍수 전에도 있었고 홍수 후에도 있었다고 했습니다. 지금은 홍수 후 가나안 땅의 네피림들을 추적합니다.

1. 홍수 후 가나안 땅의 네피림들

창세기 6:4, '당시에 땅에는 네피림이 있었고 그 후에도(있었으니) 하나
님의 아들들이 사람의 딸들에게로 들어와 자식을 낳았으니 그들은 용사라
고대에 명성이 있는 사람들이었더라.' 'The Nephilim were on the earth
in those days -**and also afterward**- when the sons of God went to
the daughters of men and had children by them. They were the
heroes of old, men of renown.'

우리 한글성경에는 이상하게 번역되었습니다. '그 후에도 하나님의 아
들들이 사람의 딸들에게로 들어와 자식을 낳았으니'에서 '그 후에도' 로
번역할 것이 아니라 '그 후에도 있었으니' 로 번역되어야 했습니다. 영어
번역에는 잘 되었습니다. 왜 이것이 중요한가 하면 네피림이 노아홍수 전
에도 있었고 그 후 즉 홍수 후에도 있었다는 것입니다. 우리 말 성경에는
그런 중요한 뜻이 숨겨졌습니다.

지금부터 홍수 후에도 이 땅에 네피림들이 존재했던 흔적을 성경에서
찾아 보겠습니다.

창세기 14:5, '제십사년에 그돌라오멜과 그와 함께 한 왕들이 나와서 아스
드롯 가르나임에서 르바 족속을, 함에서 수스 족속을, 사웨 기랴다임에서
엠 족속을 치고 호리 족속을 그 산 세일에서 쳐서 광야 근방 엘바란까지
이르렀으며'

아브라함 시대에 있었던 이야기들입니다. 이 구절에서 '르바 족속' 은
르바임 족속을 말합니다. 르바임은 르바의 복수형인데 르바는 창세기
15:20에도 언급됩니다.

신명기 2:11, '그들을 아낙자손과 같이 르바임이라 불렀으니'

르바임 족속을 아낙자손과 같다고 합니다.

신명기 2:20-22, '이곳도 르바임의 땅이라 하였나니 전에 르바임이 거기 거주하였음이요 암몬 족속은 그들을 삼숨밈이라 일컬었으며 그 백성은 아낙 족속과 같이 강하고 많고 키가 컸으나 여호와께서 암몬 족속 앞에서 그들을 멸하셨으므로 암몬 족속이 대신하여 그 땅에 거주하였으니 마치 세일에 거주한 에서 자손 앞에 호리 사람을 멸하심과 같으니 그들이 호리 사람을 쫓아내고 대신하여 오늘까지 거기에 거주하였으며'

르바임, 호리, 엠 족속은 네피림의 후손들입니다. 창세기 14:5에서 이 당시 가나안 땅은 네피림 족속들로 가득찬 것을 봅니다.

그러면 아낙자손은 어떤 족속들입니까?

민수기 13:32-33, '우리가 두루 다니며 정탐한 땅은 그 거주민을 삼키는 땅이요 거기서 본 모든 백성은 신장이 장대한 자들이며 33 거기서 **네피림 후손인 아낙 자손의 거인들을** 보았나니 우리는 스스로 보기에도 메뚜기 같으니 그들이 보기에도 그와 같았을 것이니라.'

이 구절의 내용이 무엇인지 아시겠지요. 여기에 보면 홍수 전에 있었던 네피림이 홍수 후에도 있었는데 이들을 아낙자손이라고 언급하고 있습니다.
창세기 14:5, '...사웨 기랴다임에서 에밈 족속을 치고' 했는데 이 에밈 족속 역시 네피림 후손들입니다.

신명기 2:10,11, '이전에는 에밈 사람이 거기 거주하였는데 아낙 족속 같이 강하고 많고 키가 크므로 그들을 아낙 족속과 같이 르바임이라 불렀으나 모압 사람은 그들을 에밈이라 불렀으며'

에밈 족속 역시 네피림의 후손들임을 알 수 있습니다.

창세기 14:5, '....호리 족속을 그 산 세일에서 쳐서 광야 근방 엘바란까지 이르렀으며'

호리 족속 역시 네피림의 후손들입니다. 호리 족속은 세일산 지역에서 살고 있었는데 에돔 족속들이 호리 족속들을 세일산에서 쫓아내고 에돔 족속들이 살게 됩니다.

여호수아 11:21-23, '그 때에 여호수아가 가서 산지와 헤브론과 드빌과 아납과 유다 온 산지와 이스라엘의 온 산지에서 아낙 사람들을 멸절하고 그가 또 그들의 성읍들을 진멸하여 바쳤으므로 이스라엘 자손의 땅에는 아낙 사람들이 하나도 남지 아니하였고 가사와 가드와 아스돗에만 남았더라. 이와 같이 여호수아가 여호와께서 모세에게 말씀하신 대로 그 온 땅을 점령하여 이스라엘 지파의 구분에 따라 기업으로 주매 그땅에 전쟁이 그쳤더라.'

여호수아 12:4, '옥은 르바의 남은 족속으로서 아스다롯과 에드레이에 거주하던 바산의 왕이라.'

신명기 3:11, '(르바임 족속의 남은 자는 바산 왕 옥뿐이었으며 그의 침상은 철침상이라 아직도 암몬 족속의 랍바에 있지 아니하냐 그것을 사람의 보통 규빗으로 재면 그 길이가 아홉 규빗이요 너비가 네 규빗이니라)'

바산왕 옥은 네피림인 르바임 족속의 남은 자라 했습니다. 그의 침대는 길이가 4.2미터, 너비가 2.1미터 정도 됩니다. 신장은 적어도 4m가 될 것입니다.

여호수아 14:12에서 갈렙이 아낙사람의 큰 성 헤브론을 점령합니다.

'그 날에 여호와께서 말씀하신 이 산지를 지금 내게 주소서 당신도 그 날에 들으셨거니와 그 곳에는 아낙 사람이 있고 그 성읍들은 크고 견고할지라도 여호와께서 나와 함께 하시면 내가 여호와께서 말씀하신 대로 그들을 좇아내리이다 하니라.'

15절, '헤브론의 옛 이름은 기럇 아르바라 아르바는 아낙 사람 가운데에서 가장 큰 사람이었더라 그리고 그 땅에 전쟁이 그쳤더라.'

여호수아 15:13, 14, '… 13 여호와께서 여호수아에게 명령하신 대로 여호수아가 기럇 아르바 곧 헤브론을 유다 자손 중에서 분깃으로 여분네의 아들 갈렙에게 주었으니 아르바는 아낙의 아버지였더라. 14 갈렙이 거기서 아낙의 소생 그 세 아들 곧 세새와 아히만과 달매를 좇아내었고'

여호수아 14:12 '그날'은 민수기 13장, 14장에서 열두 정탐꾼들이 가나안 땅을 탐지하러 갔다온 그 때의 사건을 말합니다. 그 때에 이스라엘백성들은 이 아낙자손들을 보고 두려워하여 가나안땅 정복을 감행하지 않겠다고 하다가 1세대들은 광야에서 죽게 되는 사건이었습니다.

지금 세계 전역에서 네피림의 해골들과 골격을 발굴하고 있는데 이들의 키가 3m에서 20m에 이릅니다. 민수기 13,14장에서 이스라엘의 열두 정탐꾼들이 정탐한 성읍이 헤브론이었습니다. 이 헤브론을 옛날에는 기럇 아르바라고 했는데 아르바는 아낙사람 가운데 가장 큰 사람이라고 했으니 아마도 헤브론의 아낙자손들의 평균 키가 10-20m 이었을 것입니다. 그렇다면 이스라엘 정탐꾼들이 자신들은 이 아낙자손들에 비해 메뚜기 같았다고 한 말이 과장법을 사용한 것이 아니고 진짜였음을 알 수 있습니다. 그런데 갈렙은 헤브론을 점령했다는 사실입니다. 이것은 하나님께서 함께 하셨기 때문입니다.

> 여호수아 11:21, 22, '그 때에 여호수아가 가서 산지와 헤브론과 드빌과 아납과 유다 온 산지와 이스라엘의 온 산지에서 아낙 사람들을 멸절하고 그가 또 그들의 성읍들을 진멸하여 바쳤으므로 22 이스라엘 자손의 땅에는 아낙 사람들이 하나도 남지 아니하였고 가사와 가드와 아스돗에만 남았더라'

이 구절에서 생각할 것은 네피림의 후손들이 가나안 땅에 얼마나 많았는가를 깨닫습니다. 여호수아가 네피림 족속들을 진멸하는데 얼마나 열심이었나를 보여 줍니다. 하나님은 네피림 즉 아낙자손을 갓태어난 신생아까지 철저히 진멸하라고 명령하셨습니다. 이 말씀에서 이스라엘 땅 안에는 아낙 사람이 하나도 없고 가사와 가드와 아스돗에만 남았더라고 여호수아가 말했는데 가드, 가사와 아스돗은 블레셋 땅입니다. 이 아낙사람들이 사무엘상17장에서 등장합니다. 그 사람이 바로 골리앗입니다. 사무엘상 17:4에서 골리앗은 가드사람이라고 합니다.

사무엘하 21:15-22과 역대상 20:4-8에서 아낙사람들이 다윗과 그 형제 및 다윗의 심복에 의해 다 죽었다고 말합니다.

> '블레셋 사람이 다시 이스라엘을 치거늘 다윗이 그 신복들과 함께 내려가서 블레셋 사람과 싸우더니 다윗이 피곤하매 거인족의 아들 중에 삼백 세겔 되는 놋창을 들고 새 갈을 찬 **이스비브놉**이 다윗을 죽이려 하므로 스루야의 아들 아비새가 다윗을 도와 그 블레셋 사람을 쳐죽이니'

18절, '그 후에 다시 블레셋 사람과 곱에서 전쟁할 때에 후사 사람 십브개가 거인족속의 아들 중에 삼을 쳐죽였고 또 다시 블레셋 사람과 곱에서 전쟁할 때에 베들레헴 사람 야레오르김의 아들 엘하난이 가드 **골리앗의 아우 라흐미를** 죽였는데 그 자의 창 자루는 베틀 채 같았더라. 또 가드에서 전쟁할 때에 그 곳에 키 큰 자 하나는 매 손과 **매 발에 가락이 여섯씩 모두 스물 네 가락이 있는데** 저도 거인족의 소생이라 저가 이스라엘 사람을 능욕하므로 다윗의 형 삼마의 아들 요나단이 저를 죽이니라. 이 네 사람 가드의 거인족의 소생이 다윗의 손과 그 신복의 손에 다 넘어졌더라.'

이 기록 이후에는 네피림의 후손들이 성경에 나타나지 않습니다. 창세기 6장에서 나타난 네피림들이 노아 홍수 이전에도 있었고 홍수 이후에도 있었는데 창세기 14장에서 홍수 후의 네피림들이 처음으로 등장합니다. 그 때에는 네피림 족속들이 굉장히 많았습니다. 창세기 14장의 아브라함 시대에 팔레스타인 지역이 네피림 족속들로 가득찼습니다. 하나님은 네피림 족속들을 너무나 싫어하셔서 이들을 이 땅에서 진멸하시기를 원하셨습니다. 아낙 자손들이 하나님에 의해 암몬족속들에게 죽임을 당하고, 호리 족속은 '에서' 족속에게 망하고 나중에 이스라엘 백성들에 의해 가나안 땅에 남아있던 모든 아낙 자손들이 진멸됩니다.

창세기 15장에서 하나님께서 아브라함에게 그 자손들이 애굽으로 내려가서 400년 동안 종살이를 하고 돌아오게 하신 것도 아브라함의 후손들이 네피림의 영향력에서 멀리 있게 하기 위함이었던 것 같습니다.

창세기 15:16, '네 자손은 사대 만에 이 땅으로 돌아 오리니 이는 아모리 족속의 죄악이 아직 가득 차지 아니함이니라'

아모리 족속의 죄악이란 네피림 족속과 관계가 있습니다. 하나님께서 가나안 족속 즉 아모리 족속이 창세기 6장의 죄에 **빠져** 있는 것을 보셨습니다.

민수기 13:33에서 이스라엘 백성들이 아낙 족속들을 치러가기를 거절함으로 하나님께서 60만의 그 1세대들을 광야에서 다 죽게 하셨습니다. 하나님께서 이스라엘 백성들을 창세기 15:16의 아모리 사람 즉 네피림 족속들의 죄악을 진멸할 도구로 사용하시려 했는데 그들이 그것을 거절합니다. 여호수아가 2세대들을 이끌고 가나안으로 들어가 아낙 자손들을 진멸합니다. 그뿐만 아니라 갈렙은 아낙 자손들 중에서 가장 키가 크고 강한 아르바 족속들을 진멸합니다. 1세대 사람으로서 가나안 땅에 들어 갈 수 있었던 두 사람 여호수아와 갈렙은 하나님의 뜻을 받들어 아낙 자손들을 진멸했기에 가나안 땅에 들어갈 수 있었다고 말할 수 있습니다. 하나님께서 다윗을 사랑하신 것도 다윗이 아낙 자손들을 멸절했기 때문이라고도 말할 수 있습니다. 드디어 여호수아 11:21,22 에서 여호수아가 이스라엘 온 산지에서 아낙 사람을 멸절하고 이스라엘 자손의 땅 안에는 아낙 사람이 하나도 없었다' 고 합니다. 하나님의 마음이 얼마나 시원했겠습니까?

> 여호수아 11:21,22 '그 때에 여호수아가 가서 산지와 헤브론과 드빌과 아납과 유다 온 산지와 이스라엘의 온 산지에서 아낙 사람들을 멸절하고 그가 또 그들의 성읍들을 진멸하여 바쳤으므로 이스라엘 자손의 땅에는 아낙 사람들이 하나도 남지 아니하였고 가사와 가드와 아스돗에만 남았더라'

블레셋의 땅인 가사와 가드와 아스돗에만 남았다고 했습니다. 여호수아 시대 이후에 500년 세월이 지나면서 소수의 남은 네피림들이 사무엘상 17장에서 나타납니다. 이들 마저도 다윗에 의해 진멸됩니다.

제가 성경에서 홍수 후의 이 네피림에 대한 추적을 하면서 깨달은 것은 네피림에 대한 기록들은 괄호를 친 구절들이 많았습니다. 이것은 어떤 사본에는 빠져있다는 말입니다. 네피림에 관한 사실을 숨기려는 시도일 것입니다. 예를 들면 신명기 2:10-12, 2:20-23, 3:11, 13등등

2. 왜 가나안 땅에 네피림이 많았습니까?

이것을 추적하기 위해서는 창세기 9:20-27로 거슬러 올라갑니다.

'20 노아가 농사를 시작하여 포도나무를 심었더니 21 포도주를 마시고 취하여 그 장막 안에서 벌거벗은지라. 22 **가나안**의 아버지 함이 그의 아버지의 하체를 보고 밖으로 나가서 그의 두 형제에게 알리매 23 셈과 야벳이 옷을 가져다가 자기들의 어깨에 메고 뒷걸음쳐 들어가서 그들의 아버지의 하체를 덮었으며 그들이 얼굴을 돌이키고 그들의 아버지의 하체를 보지 아니하였더라. 24 노아가 술이 깨어 그의 작은 아들이 자기에게 행한 일을 알고 25 이에 이르되 **가나안**은 저주를 받아 그의 형제의 종들의 종이 되기를 원하노라 하고 26 또 이르되 셈의 하나님 여호와를 찬송하리로다 **가나안**은 셈의 종이 되고 27 하나님이 야벳을 창대하게 하사 셈의 장막에 거하게 하시고 **가나안**은 그의 종이 되게 하시기를 원하노라 하였더라.'

이 구절들에서 가나안이란 이름이 네 번 나옵니다. 가나안은 저주를 받아 형제들의 종들의 종이 될 것이라 했고, 가나안은 셈의 종, 또한 야벳의 종이 될 것이라 저주합니다. 이 구절들에서 이상한 부분이 많습니다. 왜냐하면 함이 단지 아버지가 술에 취해 벗은 것을 보고 형제들에게 이야기 했다고 해서 인류의 세조(세상을 다시 시작한다는 뜻)인 함의 아들 가나안을 이렇게 저주할 수 있느냐 하는 것입니다. 그러므로 단지 함과 가나안이 아버지의 하체를 본 정도가 아니라는 것을 깨닫습니다. 아버지의 '벌거벗은 하체를 봤다'는 이 단어에 큰 비밀이 있는 것 같습니다. 그리고 하체를 본 것은 아버지 함인데 왜 노아는 함의 아들 가나안을 그렇게 저주하느냐 하는 것입니다.

노아가 말하는 것은 자기 몸에 함이 무슨 짓을 하고 간 것을 알았던 것입니다. 이것은 노아의 몸에 성추행 또는 동성애를 말하는 것입니다.

레위기 18:6,7을 봅시다. **[너희 가운데 아무도 가까운 친족에게 다가가서 그들의 벌거벗음을 드러내지 말라. 나는 [주]나라. 너는 네 아버지의 벌거벗음이나 네 어머니의 벌거벗음을 드러내지 말라. 그녀는 네 어머니인즉 너는 네 어머니의 벌거벗음을 드러내지 말지니라.]** (킹 제임스 영어본 저자 역), (강신택박사 한글 대역도 벌거벗음으로 번역했음)

6 'No one is to approach any close relative to have sexual relations. I am the LORD.'

7 'Do not dishonor your father by having sexual relations with your mother. She is your mother; do not have relations with her.' (NIV)

'벌거 벗음' 이 말은 근친상간, 동성연애를 모두 포함하는 말입니다. 이로써 우리는 노아의 증언과 레위기 말씀을 통해 창세기 7:22에서 가나안이 노아의 벌거벗음을 보았다는 말이 무슨 뜻인지 저절로 알 수 있을 것입니다. 이 사건에서 결과적으로 볼 때에 아비 함보다 아들 가나안이 어떤 못된 짓을 한 것 같습니다. 아마도 술에 취해 깊이 잠자는 할아버지의 옷을 벗기고 할아버지의 몸을 범한 것 같습니다. 술취한 사람들이 술에 취했다고 해서 옷까지 벗습니까? 이상하지 않습니까? 그렇다면 노아의 옷을 벗긴 사람은 가나안인 것 같습니다. 그리고 할아버지의 몸에 나쁜 짓(동성애)을 하고 나간 후에 아무 것도 모르는 함이 아버지가 술에 취해 벗고 있다는 사실을 셈과 야벳에게 이야기 한 것 같습니다. 함이 잘못한 것은 아버지의 벌거벗음을 덮고 아무에게도 말하지 않았어야 했는데 덮어주지도 않고 다른 형제들에게 말한 것은 남의 허물을 덮지 않고 비난한 죄를 지었습니다.

여기서 생각할 것은 사람들은 노아가 함에게 저주한 것으로 알고 있는데 함에 대한 저주는 한 마디도 없다는 사실입니다. 만약 함에게 저주를 했다면 함의 모든 자손들이 그 저주 아래에 있게 될 것입니다. 단지 함의 아들 가나안에게만 저주했습니다. 창세기 9:21에, '포도주를 마시고 취하여 그 장막 안에서 벌거벗은지라' 라고 말한 후에 22절에서 '가나안의 아버지 함이 그 아버지의 하체를 보고' 라고 해서 성경은 아버지 함 보다 아들 가나안의 이름을 먼저 언급하고 있다는 사실을 주목하셔야 합니다. 창세기 9:18에서도 '방주에서 나온 노아의 아들들은 셈과 함과 야벳이며 함은 가나안의 아버지라.' 에서 창세기 9장에서 가나안의 이름을 계속 언급하고 있다는 사실도 인식하시기 바랍니다. 가나안이 무슨 큰 일을 저지를 것만 같습니다.

이 노아의 저주로 인해 가나안은 저주를 받아 그의 후손들이 성적 문란, 성적 타락이 심하게 되고, 사탄은 이 가나안 족속을 통해 다시 홍수 이전과 같은 세상으로 만들기 위해 하나님의 아들들로 사람의 딸들을 취하여 자식들을 낳게 한 것이 홍수 후의 네피림의 존재들입니다. 하나님은 이들을 심판하실 때를 기다리고 있었습니다(창세기 15). 그 때가 아브라함의 후손들인 이스라엘 백성들이 출애굽 하게 되는 4대째 400년 후의 이스라엘 백성들의 가나안정복인 것입니다. 창세기 10:15-19에서 가나안의 후손들을 소개 합니다.

'15 가나안은 장자 시돈과 헷을 낳고 16 또 여부스 족속과 아모리 족속과 기르가스 족속과 17 히위 족속과 알가 족속과 신 족속과 18 아르왓 족속과 스말 족속과 하맛 족속을 낳았더니 이 후로 가나안 자손의 족속이 흩어져 나아갔더라. 19 가나안의 경계는 시돈에서부터 그랄을 지나 가사까지와 소돔과 고모라와 아드마와 스보임을 지나 라사까지였더라.'

이 말씀 중에 소돔과 고모라와 아드마와 스보임이 가나안의 후손들이라고 했는데 창세기 19장에서 성적 타락, 성적 문란 특히 동성애로 인해 멸망을 당한 도성들입니다. 가나안의 동성애 죄가 그 후손들에게 미쳤습

니다. 그 후 400년이 지난 후에 이스라엘 백성들이 가나안으로 진격하게
됩니다.

> 창세기 15:16 '네 자손은 사대 만에 이 땅으로 돌아오리니 이는 아모리 족
> 속의 죄악이 아직 가득하지 아니함이니라'

이스라엘 백성들이 진멸해야 할 가나안 땅에 살고 있는 족속들에 대한
명단을 하나님께서 공개하십니다.

> 출애굽기 23:23, '나의 사자가 네 앞서 가서 너를 아모리 사람과 헷사람
> 과 브리스 사람과 가나안 사람과 히위사람과 여부스 사람에게로 인도하고
> 나는 그들을 끊으리니'

이 족속들의 명단이 창세기 10:15-19의 가나안의 후손들의 족보의 명단
과 일치합니다.

3. 왜 요즘은 네피림이 없는가?

사탄은 계속적으로 네피림을 생산하기를 원할 것입니다. 세상을 성적
문란, 성적 타락으로 이끌어 가기를 원한 것입니다. 그러나 사탄은 더 이
상 이 수법을 사용할 수 없었습니다. 이유는 기후변화 때문입니다. 홍수
이전에는 기후가 좋고 먹을 것도 많아 이런 거대한 사람들의 식량공급이
쉬웠습니다. 이 시대에 공룡이 존재했었습니다. 키가 21미터나 되는 그 동
물들이 얼마나 먹었겠습니까? 그렇게 공룡들이 많이 살 수 있었던 것은 기
후도 좋고 환경도 좋았습니다. 그 때에 네피림들이 그렇게 생육하고 번성
할 수 있을 만큼 먹거리가 풍성했습니다.

노아시대 이후 아브라함 세대까지 천 년의 기간인데도 인간 수명이 400 내지 200년 정도였으므로 기후나 환경이나 먹거리가 어느 정도 풍부했습니다. 그러므로 아브라함 세대에도 가나안 땅에 네피림족들이 엄청나게 많았습니다. 아브라함 400년 후인 이스라엘의 가나안 정복 시대만 하더라도 가나안 땅이 얼마나 비옥했느냐 하면 정탐꾼들이 그 땅의 포도송이를 꺾어 두 사람이 메고 올 정도로 먹거리가 풍부했습니다. 그랬기에 그 세대에 가나안 땅에 네피림 즉 아낙자손들이 수 없이 많았습니다.

그러나 전면적으로 홍수 후부터는 기후가 급격히 변하면서 사람들의 평균수명도 점점 줄어듭니다. 식량공급도 쉽지 않습니다. 땅에 인구가 증가하고 거인들의 먹거리를 공급하기가 쉽지 않았을 것입니다. 이들의 체구가 3-4 m로 거대해서 사람들을 위압할 수는 있었어도 실제로 전쟁에 있어서는 체구가 거대한 이유로 몸의 동작이 느림으로 싸움에는 불리합니다.

이들은 항상 적군들에게 패배했다는 사실을 주목하십시오. 호리 족속은 에서 족속에게, 엠 족속은 암몬 족속에게, 아낙 자손, 아모리 족속은 이스라엘 백성에게 정복당했습니다. 가나안 땅의 블레셋 족속 중에 있던 골리앗 형제들은 다윗과 그 심복에게 죽임을 당했습니다. 창세기 14장에서 봐도 적들에게 패하는 모습만 보여 줍니다. 아브라함 때만 하더라도 거인족들이 **버글버글** 했는데 다윗 대에 이르러는 블레셋 족들에게서 몇 몇 사람을 볼 수 있었습니다. 여호수아가 가나안을 정복한 후에는 이스라엘 땅에는 거인족들이 한 명도 남아 있지 않았다고 합니다. 사탄은 더 이상 거인족들을 생산하는 수법을 사용할 수 없게 되었습니다.

더 중요한 이유는 유다서 6, 7절과 베드로후서 2:4-7 말씀에서 노아 시대에 사람의 딸들을 취해 네피림을 낳게한 타락한 천사들을 지옥에 가두고 심판 때까지 결박했다고 합니다. 사람의 딸들을 취해 다른 육체를 좇은 타락한 천사들을 지옥에 가두셨기에 지금 세대에서는 네피림이 없어졌다고 생각해 볼 수 있습니다.

세계 전역에서 발굴되는 네피림

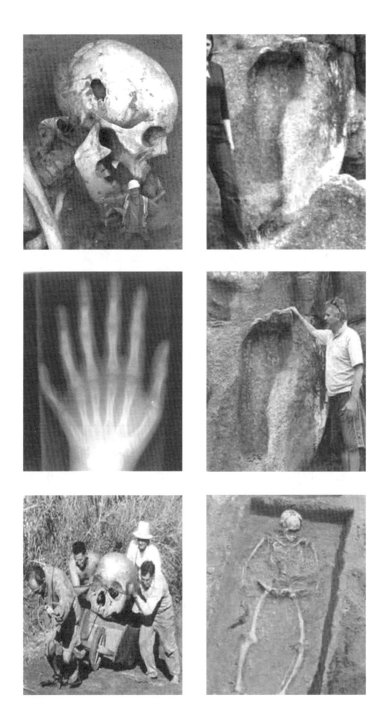

하나님의 아들들과
사람의 딸들 (II)

창세기 6:1-4

앞장에서 노아시대의 홍수의 원인이 하나님의 아들들이 사람의 딸들과 결혼을 하여 이들에 의해서 태어난 자식들인 네피림 때문이라 했는데, 네피림은 저주받은 존재란 뜻입니다. 이 네피림들로 인해 그 당시 세상이 강간, 절도, 살인, 성적 문란, 성적 타락과 강포, 무질서와 혼란으로 인해 세상이 죄와 악으로 충만했습니다.

문제는 하나님의 아들들과 세상의 딸들이 누구냐 하는 것입니다. 이들에 대한 해석이 두 가지로 대립해 왔습니다. 전통적인 해석과 비 전통적인 해석입니다. 전통적인 해석은 창세기 4~5장에 근거, 아담의 경건한 아들 셋(Seth)의 남성 후손들과 타락한 가인의 여성 후예들이 연혼했다는 것입니다. 가장 보편적으로 자리매김한 학설이며 대다수 신학교/설교자들이 그렇게 가르치고 있습니다. 또 다른 학설은 '하나님의 아들들' 은 타락한 천사들로서, 인간의 딸들과 난혼을 했다는 것입니다. 비 전통적인 해석이며 좀 "이상한" 해석으로 취급 받습니다. 객관적으로 볼 때, 둘 다 문제점이 있습니다.

1. 하나님의 아들들과 사람의 딸들에 대한 전통설

창세기 6:1-4의 전통설은 '하나님의 아들'들을 경건한 셋(Seth)으로부터 노아에 이르는 후손들로, '사람의 딸'들을 가인의 후예들로 간주, 양측 간에 무질서한 통혼이 이뤄졌다는 것인데, 이 해석은 심각한 문제점들을 동반합니다.

첫째 문제로 6장 1절에 '사람들'이 땅 위에 번성하기 시작할 때 그들에게서 '딸들'이 났다고 했습니다. 창세기의 실 저자인 성령님과 기자인 모세가 이 부분을 쓸 때, 가인의 후예들만 지칭하여 '사람들'이라고 했을 리 없을 것입니다. 당연히 가인의 후예뿐만 아니라 셋의 후예들에게서도 딸들이 났다고 봐야 합니다. 전통설에 의하면 셋의 후손들의 딸들은 아예 무시했습니다. 전통설의 해석에 따른다면 가인의 계열에는 딸들만, 셋 계열에는 남아들만 계속 출산했다는 얘기가 돼 버립니다. 악한 사람들은 딸만 낳고, 선한 사람들은 아들만 낳는다는 법칙이라도 있다는 말입니까? 또 전통설의 전제가 옳다면, 왜 유독 셋족의 남성들만 가인족의 딸들을 좋아한다고 합니까? 역으로 가인족 남성들이 셋족 여성들과 통혼하는 것을 무시해 버립니다. 가인족 남성은 셋족 여성을 흠모 할만한 남성다운 남자가 없었겠습니까? 또는 경건한 셋족 여성들 가운데는 사내들의 눈길을 끌만한 미녀들이 없었다는 얘기 밖에 더 되겠습니까?

가인 자손에만 미녀들이 태어났다는 건 더구나 말이 안됩니다. 셋족이 워낙 "못나서" 필연적으로 '추녀'들만 낳도록 찍힌 혈통이었다면 모를까. 더 나아가 셋 계열이 노아 때까지 10대에 걸쳐 수천 년을 사는 동안 미녀는커녕 여성 후손을 전혀 못봤다는 얘기로 들립니다.

둘째 질문의 문제는 더 심각합니다. 하나님의 아들들과 사람의 딸들 사이에서 일종의 특수 인간인 거인족들 즉 네피림(Nephilim)이 태어났습니다. 전통설에 따른다면, 왜 보통인간인 가인과 셋의 후예들 사이에 거인족이 태어난 것이냐는 물음입니다. 요즘도 키 큰 사람들이 있습니다. 길어봤자 2m 전후입니다. 그런데 그 때의 거인족은 키가 3m 와 4m에 이르는 거인을 말합니다. 셋 후예의 남성과 가인 후예의 여성과 결혼하는 것을 요즘으로 말할 것 같으면 예수 믿는 남자와 예수 믿지 않는 여자가 결혼해서 거인 족이 태어난다는 것입니다. 전통해석이 맞다면, 오늘날도 예수믿는 남자와 예수 안 믿는 여자가 결혼하면 거인이 태어나야 하지 않습니까? 셋 후예의 여성과 가인 후예의 남성이 결혼하면 보통인간이 나오고, 또 가인 후손들 내에서 남녀가 결혼하면 보통 인간, 그리고 셋 후손들 안에서 남녀가 결혼하면 보통인간이 태어난다는 말입니까? 그렇다면 셋의 후손들의 남성과 가인의 후손들의 딸들과 결합하면 유전 인자가 돌연변이가 된다는 말입니까?

셋째 질문은 전술한 두 번째 문제점에 직결됩니다. 창세기6:4을 보면, 당시뿐 아니라 그 뒤에도 네피림은 존재했다고 합니다. 여기서 당대와 후대는 홍수 전과 후를 말합니다. 만약 홍수 이후에도 네피림이 있었다면 전통설과 즉각 모순됩니다. 가인의 후예 즉 '사람들'의 아들 딸들은 이미 홍수로 다 사라지고 없기 때문입니다. 가인의 씨가 말라 버렸는데 어떻게 '하나님의 아들들'이 '사람의 딸들'을 다시 만나 네피림을 낳을 수 있겠습니까? 그런데 네피림의 후예는 실상 홍수 이후에도 있었던 것으로 성경은 말씀하고 있습니다. 창세기 14장에서 등장한 네피림들이 여호수아 시대뿐만 아니라 다윗 시대에 이르기까지 존재했었습니다. 분명히 홍수 때 '사람의 딸들'인 가인족은 물론 네피림족이 다 사라졌는데도 말입니다. 그렇다면 네피림의 후손인 아낙족(Anakites)은 홍수를 간신히 피해 숨어 있던(?) '사람의 딸들'이 방주에 있었던 '하나님의 아들'들의 후손들과 짝을 이뤄 만든 자식들이냐는 물음이 제기됩니다. 그렇다면 성경말씀과 위배됩니다. 성경은 노아의 8식구만 살아 남았다고 말씀하기 때문에 다른 말을 하면 성경을 범하게 됩니다.

넷째 질문은 과연 전통설대로 셋족 남성들이 가인족 여성들과 통혼하여 네피림을 낳았다면, 이 거창한 스캔들이 창세기 5장 셋의 족보에 충분히 기록될 만한 사건이 아니겠습니까? 그런데도 왜 전혀 반영되지 않았을까요? 경건한 '하나님의 아들들'의 족보에 오점으로 남을까 봐서? 그렇다면 예수님의 족보에는 왜 불경건한 여성들과 남성들이 그렇게 많이 포함되었습니까? 성경은 정직합니다. 그런 하나님은 아니십니다. 전통설이 잘못되었기 때문입니다. 이런 문제점들을 감안할 때 전통설은 논리적으로는 물론 역사적으로 성립되지 못합니다. 이 네 가지 문제점들을 전통설은 시원하게 해소해 주지 않고 있습니다.

2. 비 전통설

이제 비 전통설을 보겠습니다. '하나님의 아들들'은 구약에서는 대체로 천사들을 뜻했습니다. 구약 성경에 이 단어가 다섯 번 나오는데 욥기서에 세 번 입니다. 욥기서에는 천상의 선한 천사들을 뜻하고, 창세기 6:2, 4에서는 천사는 천사인데 타락한 천사들을 가리킵니다(욥1:6, 2:1, 38:7, 창6:2,4). 사실 '베네하엘로힘'이란 명칭에서 엘로힘은 창조주 성삼위 하나님을 뜻하기도 하지만 모종의 신적 존재, 영적 권세자들, 천상적 실재를 가리키기도 합니다. 그래서 창세기의 이 부분을 타락한 천사들과 인간 여성들 사이의 교합으로 보는 설입니다. 우선, 이 설의 문제점으로 지적되는 물음은 다음과 같습니다.

첫 번째로, 천사들은 육체를 갖지 않은 영물인데 어떻게 사람과 성 교섭이 가능한가 라는 것입니다. 이 말은 전통설을 주장하는 자들이 천사에 대해 잘 모르고 하는 말입니다. 우리는 천사들에 대해 잘 모릅니다. 앞으로 성경이 보여 주는 천사들을 다루려고 합니다. 천사는 부활하신 예수님과 같이 몸을 가지면서 시간과 공간을 초월하기도 하고 사람들과 같이 음식을 먹기도 합니다. 천사의 몸은 사람의 육체와 다르지만 천사로서의 몸을 가지고 사람들에게 나타났습니다. 성경에서 사람들에게 나타났던 천사들은 항상 남성의 모습이었습니다. 그러나 천사들이 남성으로 나타난다고 해서 남성 성기를 가지거나 사람과 성교접을 하여 자식을 낳을 수 있느냐에 대해서는 저자도 모릅니다. 이를 종합해 보면, 하나님은 과연 천사들이 마음 먹기에 따라 인간과 결혼해서 성교접도 할 수 있고 자식도 낳을 수 있는 성기능을 주셨는가 라는 의문입니다. 사람들은 마태복음22:30 말씀을 오해합니다. '부활 때는 장가도 아니가고 시집도 아니가고 하늘에 있는 천사들과 같으니라.' 라고 하신 말씀은 마태복음 22:28에 대한 해답으로 주신 것입니다. 천국도 하나님도 영도 부활도 없다고 믿는 사두개인이 부활에 대한 질문으로 예수님을 시험했습니다. 칠 형제가 있었는데 이들 모두 한 여인에게 결혼했으나 아들이 없이 죽었는데 부활 시에는 이 여인이 칠 형제 중에 누구의 아내가 되겠느냐는 질문에 대한 답으로 천국의 천사들이 결혼하지 않는 것과 마찬가지로 부활한 성도들도 결혼하지 않는다고 대답하신 것입니다.

이 말씀은 사람들이 부활하면 장가도 시집도 안 간다는 말입니다. 사람이 세상에서 살 때는 자녀 생산을 위해서 하나님께서 남녀로 결혼하게 하시고 자녀를 생산하게 하기 위한 수단으로 성교접의 방법을 주셨습니다. 그러나 천국에서는 더 이상 결혼 같은 것 없습니다. 하나님은 천사들을 창조하실 때에 처음부터 각각의 영으로 수백억, 수천억으로 창조하셨습니다. 사람의 번식은 남편과 아내가 결합해서 자녀를 생산하는 방법으로 사람을 번성하게 하셨습니다. 사람의 영은 모두 하나입니다. 그렇게 하신 것은 말라기 2:15에서 경건한 자손을 얻기 위해서라 했습니다.

마태복음 22:30에 천사들에게 남성, 여성(sex/gender)이 없다는 직접적인 언급은 없습니다. 또 주님이 언급하신 이 천사들은 하늘에 있는 거룩한 천사들을 말하지, 마귀를 따라 타락한 천사들을 가리키지 않습니다. 이런 문제점에도 불구하고 천사들에게 '성기능'이 있는 것으로 가정하고 만약 이 설을 따른다면, 네피림 문제는 풀립니다.

두 번째 문제점은, 사탄의 타락한 천사들이 인간 여성을 연모해서 자기네가 선호하는 모든 여성을 아내로 삼아 낳은 자식 즉 네피림들을 낳는 것이 홍수의 주된 원인입니다. 사람들 보다는 주로 타락한 천사들의 책임이 아닌가라는 의문입니다. 홍수의 요인이 되는 것은 반 사람, 반 천사들인 네피림들의 타락, 방탕, 범죄로 인해 온 세상이 난장판이 되었기 때문입니다.

이 문제에 관해선 그런대로 답변이 될 만한 성경구절들이 있습니다. 신약 유다서 5~7, 베드로후서 2:4~6은 그 예입니다.

> 유다서 5-7, '너희가 본래 모든 사실을 알고 있으나 내가 너희로 다시 생각나게 하고자 하노라 주께서 백성을 애굽에서 구원하여 내시고 후에 믿지 아니하는 자들을 멸하셨으며 6 또 자기 지위를 지키지 아니하고 자기 처소를 떠난 천사들을 큰 날의 심판까지 영원한 결박으로 흑암에 가두셨으며 7 소돔과 고모라와 그 이웃 도시들도 **그들과 같은 행동으로 음란하며 다른 육체를 따라 가다가** 영원한 불의 형벌을 받음으로 거울이 되었느니라'

유다서 5절 말씀에 의하면 5,6,7절의 내용들을 유다서 기자가 살고 있던 그 시대 성도들은 이미 다 알고 있는 구절이라 말씀하고 있습니다. 이 구절의 문맥상 자기 위치를 지키지 않고 처소를 "떠난"(중요한 단서이다) 천사들의 범죄 내용은 차원이 다른 천사 (타락한)가 차원이 다른 사람의 딸들을 범한 것이 **자기의 위치를 지키지 않고 다른 육체를 범한 것**입니다. 인간 여성 편에서 볼 때 이는 '다른 색', '다른 육체'를 따른 것이 되는 셈입니다. 그 후에 소돔과 고모라도 다른 색을 좇았다고 합니다. 소돔과 고모라 사람들이 **그들과 같은 행동으로 음란하여 다른 육체를 따라 가다가 영원한 불의 형벌을 받았다고** 하는데 여기서 '그들이' 란 6절의 자기 지위를 지키지 않고 자기 처소를 떠난 타락한 천사들이 사람의 딸들의 다른 육체를 범한 것과 같이 소돔 고모라 사람들도 다른 육체를 범했다는 것입니다.

> 베드로후서 2:4-8, '4 하나님이 범죄한 천사들을 용서하지 아니하시고 지옥에 던져 어두운 구덩이에 두어 심판 때까지 지키게 하셨으며 5 옛 세상을 용서하지 아니하시고 오직 의를 전파하는 노아와 그 일곱 식구를 보존하시고 경건하지 아니한 자들의 세상에 홍수를 내리셨으며 6 소돔과 고모라 성을 멸망하기로 정하여 재가 되게 하사 후세에 경건하지 아니할 자들에게 본을 삼으셨으며 7 무법한 자들의 음란한 행실로 말미암아 고통 당하는 의로운 롯을 건지셨으니 8(이는 이 의인이 그들 중에 거하여 날마다 저 불법한 행실을 보고 들음으로 그 의로운 심령이 상함이라)'

베드로후서 2:4-5절에서 '하나님이 범죄한 천사들'이라 했는데 이 범죄한 천사들이란 유다서 6,7절의 자기 지위를 떠나고, 자기 처소를 떠나 사람의 딸들인 다른 육체를 범한 천사들을 말하며, 베드로후서 2:4의 사건이 5절에 의하면 노아 홍수 사건과 연관이 있다는 사실을 말해주고 있습니다.

위 두 성구를 단지 계시록 12:4의 천상에서 사탄을 따라 행동한 타락한 천사들이란 의미로 만 봐서는 안됩니다. 왜냐하면 타락한 다른 천사들은 지금도 세상에서 활약하고 있는 데 유다서 6-7의 천사들은 왜 지옥에 던져 심판 때까지 지키게 하십니까? '자기 처소 (거처)를 떠난 천사들' 이란 창세기 6장의 다른 육체를 따른 천사들을 두고 하시는 말입니다. 소돔/고모라 때는 과연 다른 색을 좇아 변태적 성욕을 "밝히던" 때였습니다. 천사들이 소돔 시가에 있는 롯의 집을 방문했을 때, 남녀 대상을 가리지 않고 색에 미쳐있던 소돔 시민들은 근사해 뵈는 두 사람(천사)들과 성적인 교섭을 해 보겠다고 달려들다가 맹인들이 됐습니다(창19:1-11). 창19장의 분위기는 유다서 6~7, 베드로후서 2:4~6과 절묘하게 조화되는 것입니다. [이 설을 따를 경우], 자기 위치와 처소를 떠난 천사들과 '다른 색' 을 즐긴 인간 여성들이 거인 자식들을 낳은 결과로 태어난 네피림들이 반인륜적인 행동으로 말미암아 강포하고 퇴패해서 세상에 죄악이 가득차서 하나님이 노하시지 않을 리 없을 것입니다. 물론 홍수의 요인은 이뿐만은 아닐 것입니다. 네피림 현상 뿐아니라 전반적으로 인간의 죄가 가득찼던 것도 원인입니다.

결론적으로 말하면 우리는 이성적으로 과연 타락한 천사들이 남성 성기를 가지며, 사람의 딸들을 아내로 삼아 네피림을 낳을 수 있었는지에 대해 이해가 되지 않지만, 유다서 6,7과 베드로후서 2:4-7 말씀에서 성경이 그렇다고 말씀하심으로 타락한 천사들이 사람의 딸들을 취하여 네피림을 낳았다는 사실을 믿을 수 밖에 없습니다.

(Google이나 YOU TUBE에 가서 Giant human, they were real. 혹은 In Ancient Times When The Giants Walked The Earth.를 치면 이런 사실들에 대한 기록이나 동영상들을 무진장 볼 수 있습니다.)

하나님의 아들들과
사람의 딸들(Ⅲ)

창세기 6:1-4

지난 2014년 9월 1일 노동절 공휴일에 캘리포니아 과학 전시장을 방문하였습니다. AD 79년에 이태리 베스비어스 산 화산폭발로 폼페이시는 24시간 만에 화산 잿더미에 덮혀 땅속에 파묻혀 버렸습니다. 그후 사람들로부터 폼페이시는 완전히 잊혀져버린 도시였습니다. 거의 2천년이 지난 1760년대부터 폼페이시의 발굴이 시작되었습니다. 서기 79년에는 조그만 폼페이가 화산재에 덮혀 사라졌는데 창세기 6장에서는 40일 만에 지구상의 몇 십억 인구와 모든 생물들이 멸절되었습니다. 이렇게 세상의 멸망이 쉽게 이루어질 수 있다는 것을 깨달았습니다. 지금까지 지구에 살았던 인간들을 두 시대로 구분할 수 있습니다. 그 첫 시대는 아담으로부터 노아에 이르는 시대입니다. 이 시대는 노아시대의 홍수로 인해 온 인류가 멸망하고 그 중 여덟 사람만 살아 남았습니다. 그 여덟 사람 중에 여섯 사람들로 인해 인류가 다시 시작됩니다. 두 번째 시대는 홍수 이후부터 장차 올 세상 종말까지 입니다. 홍수 이전의 사람들은 물로 심판받아 멸망했는데 홍수 이후 시대의 세상 종말은 불의 심판입니다. **그런데 홍수 이전시대의 종말과 홍수 이후의 시대 종말이 같을 것이라 했습니다.**

마태복음 24:37-39에서 노아의 때와 같이 인자의 임함도 그러하리라고 하셨기 때문입니다. 노아의 때의 심판의 원인이 그 당시의 사람들이 먹고 마시고 장가 들고 시집 가더라고 했습니다. 먹고 마시고 시집 가고 장가 드는 것이 단순히 우리가 살기위해 먹고 마시고 시집 가고 장가 드는 그런 차원이 아니라는 것을 깨닫습니다. 성경은 시간과 공간을 압축한 책이라 했습니다. 먹고 마시고 시집 가고 장가 든다는 이 말속에 함축된 비밀을 풀어내야 하는 것입니다. 왜냐하면 장차 올 우리 시대의 세상 종말과 직결되기 때문입니다.

첫째로 하나님의 아들들과 사람의 딸들은 누구를 가리키는가?

둘째로 왜 하나님은 홍수 이전에 지상에서 살았던 인간들을 비롯해 모든 생물들을 다 쓸어버려야만 했던가? 무엇이 하나님으로 하여금 그렇게 분노하게 했던가?

셋째로 창세기 5장의 셋의 후손들인 에녹의 자손들, 므두셀라의 자손들, 라멕의 자손들이 홍수 전까지 살아 있었을텐데 이들은 왜 노아방주에 들어가지 못했는가? 들어가지 않았는가 아니면 누군가의 방해공작으로 인해 들어가고 싶었어도 들어가지 못했는가?

이런 질문을 가지고 창세기 6장을 생각해 보기로 하겠습니다. 먼저 이런 문제들을 풀어보기 위해 신구약성경이 보여 주는 암시구절들을 찾아가 보겠습니다.

창세기 6:1-7, 마태복음 24:37-39, 유다서 5-7, 베드로후서 2:4-8

첫째로 하나님의 아들들과 사람의 딸들은 누구를 가리키는가?

하나님의 아들들과 사람의 딸들에서 하나님의 아들들은 타락한 천사들, 사람의 딸들은 육체를 가진 여자들이란 전제하에 말씀을 드리려고 합니다. 이 문제를 이해 하기 위해 다섯 가지로 생각해 볼 것입니다.

(첫 번째 문제)

하나님의 아들들은 히브리어로 'BEN-HA-ELOHIM'인데 창조의 하나님의 아들들이란 뜻입니다. 이 칭호를 가진 단어는 구약성경에서 다섯 번 사용되었습니다. 그 중 셋은 욥기서에 있습니다.

> 먼저 욥기 38:7에서 '그 때에 새벽 별들이 함께 노래하며 하나님의 아들들이 다 기쁘게 소리하였느니라'

하나님의 아들들은 천사를 나타냅니다. 이 구절은 우주창조 시에 하나님의 아들들이 기뻐했다는 말씀으로서 그 당시에는 사람들의 존재가 없었습니다.

> 둘째로 욥기서 1:6에서도 '하루는 하나님의 아들들이 와서 여호와 앞에 섰고 사단도 그들 앞에 섰는지라'

여기서도 이 때의 배경은 하늘나라입니다. 여기서도 하나님의 아들들은 'BEN-HA-ELOHIM' 입니다.

> 셋째로 욥기서 2:1, '또 하루는 하나님의 아들들이 와서 여호와 앞에 섰고 사단도 그들 가운데 와서 여호와 앞에 서니'

여기도 하나님의 아들들이란 'BEN-HA-ELOHIM'을 말합니다. 엘로힘(ELOHIM)하나님은 창조주 하나님, 삼위일체 하나님을 말합니다. 욥기 1:6, 2:1의 하나님도 창조주 Elohim 하나님이십니다. 창세기 1:1의 하나님도 엘로힘 하나님이십니다. 창세기 1:26, 27의 하나님도 엘로힘 하나님이십니다.

사람들 중에 하나님의 아들은 아담 밖에 없습니다. 아담은 하나님께서 직접 창조하셨기 때문입니다. 그 외의 사람들은 모두 사람의 아들들입니다. 왜냐하면 부모를 통해서 출생되었기 때문입니다.

> 누가복음 3:38, '그 이상은 셋이요 그 이상은 아담이요 그 이상은 하나님이시라'
> 'The son of Seth, The Son of Adam, the son of God'

넷째로 창세기 6:2, 여기서도 하나님의 아들들 즉 BEN-HA-ELOHIM입니다. 천사들인데 타락한 천사들을 말합니다. 그 배경은 땅입니다.

> 다섯째로 창세기 6:4, '당시에 땅에는 네피림이 있었고 그 후에도 있었으니 하나님의 아들들이 사람의 딸들에게로 들어와 자식을 낳았으니 그들은 용사라 고대에 명성이 있는 사람들이었더라.'

여기의 '하나님의 아들들'은 'BEN-HA-ELOHIM' 입니다. 이 천사들은 타락한 천사들을 말합니다.

우리가 주의할 점은 예수님도 '하나님의 아들'이라 합니다. 그러나 예수님은 '하나님의 독생자' 즉 하나님으로부터 유일하게 나신 아들 'The only begotten Son of God' 입니다. '창조에 의한 하나님의 아들(BEN-HA-ELOHIM)은 예수님께는 적용해서는 안됩니다. 예수님은 created나 made가 아니고 begotten된 것입니다. 그러므로 창세기 6:1-4 당시의 '하나님의 아들들'은 타락한 천사일 수 밖에 없습니다.

(두 번째 문제)

창세기 6:4, '당시에 땅에는 네피림이 있었고 그 후에도 있었으니(AND SO AFTER THAT)' 했습니다. '하나님의 아들들이 사람의 딸들에게로 들어가 자식을 낳았으니 그들은 용사라 고대에 명성이 있는 사람이었더라' 했는데 홍수 이전에 이 땅에 있었던 네피림이 홍수 이후에도 있었음을 보여 줍니다. 홍수 이전에도 하나님의 아들들이 사람의 딸들에게 들어가 네피림을 낳았고 홍수 이후에도 역시 하나님의 아들들이 사람들의 딸들에게로 들어가 네피림을 낳았다는 말입니다. 만약 이 구절들이 셋의 후손들과 가인의 후손들의 딸이라면 홍수 때에 가인의 후손들은 홍수로 다 죽었는데 어떻게 네피림이 홍수 후에도 나타났느냐는 것입니다. 노아와 셈과 함과 야벳은 셋의 후손들입니다. 그래서 하나님의 아들들이라 치고 '사람의 딸들'은 누구를 말하느냐입니다. 성경에는 홍수에서 살아 남은 사람은 노아식구 여덟 사람 밖에 없다고 못박았습니다. '셋의 후손들의 아들들'과 '가인의 후손들의 딸들'로는 이 문제를 해결할 수 없습니다. 유일한 해결책은 '하나님의 아들들'이 타락한 천사들을 말하며 '사람의 딸들'은 육체를 가진 여자들을 말합니다.

(세 번째 문제)

'하나님의 아들들'이 '사람의 딸들' 즉 '셋의 후손들의 아들들'과 '가인의 후손들의 딸들'과 결혼했는데 왜 네피림(거인족)들이 태어나느냐 하는 문제입니다. 인간의 남녀가 결혼해서 더러는 키 큰 자녀를 낳을 수 있습니다. 아무리 키가 커도 2m 내외 정도입니 다. 그러나 이 네피림들은 골리앗의 키가 3m 30cm이고 바산왕 옥의 경우는 4m 정도입니다. 이것은 육체관계를 맺어서는 안될 다른 존재끼리 결합해서 생겨났기 때문입니다. 이런 일이 일어날 것을 경계해서 성경에는 모세를 통해서 다른 차원끼리는 교합을 하지 말라고 하셨습니다. 천사와 사람은 다른 차원의 존재들입니다. 사람과 동물도 다른 차원의 존재들입니다.

천사와 사람 사이에서 난 자는 네피림으로서 반 천사 반 사람입니다. 사람과 동물이 교합해서 난 존재는 반 사람, 반 동물입니다. 그리스신화에 반 사람, 반 동물들이 등장 하는 것을 봅니다. 실제로 그런 존재가 있었을 것임에 틀림없습니다. 하나님은 그런 존재를 창조하지 않았기에 하나님은 없애버리십니다. 홍수로 그런 존재들을 멸하셨습니 다.

> 레위기 20:15-16, '남자가 짐승과 교합하면 반드시 죽이고 너희는 그 짐승도 죽일 것이며, 여자가 짐승에게 가까이 하여 교합하거든 너는 여자와 짐승을 죽이되 그들을 반드시 죽일지니 그 피가 자기에게로 돌아가리라'

여자가 짐승과 교합해서 혹시 반 짐승 반 사람이 나지 못하도록, 남자가 짐승과 결합해서 반 짐승 반 사람이 나지 못하도록 그들을 다 죽이라고 합니다.

UFO와 외계인의 존재를 믿으십니까? 저는 믿습니다. 이것은 공공연한 비밀입니다. 유럽 나라 정부들은 이것을 인정했는데 미국 정부만 이것을 숨기고 있습니다. 힐러리 클린튼은 자신이 대통령이 되면 UFO의 실상을 공개하겠다고 했습니다. 지금 UFO의 외계인들이 인간과 교합해서 인간 세계에 접속하려고합니다. 그 뿐만 아닙니다. 현대 과학자들은 네피림의 존재를 숨기고 있습니다. 네피림의 해골과 뼈들이 지구상에서 수백 건씩 발굴되고 있지만 과학자들은 함구무언입니다. 스미스소니언 문명 전시장에 네피림의 해골과 골격들을 전에는 전시되었다가 어떤 강한 명령에 의해, 지금은 그것들을 창고에 방치하고 있습니다. 지금 현대의 생명공학자들이 인간의 유전자와 짐승의 유전자를 교합해서 어떤 존재를 창조하려는 시도를 합니다. 하나님이 창조하지 않은 존재들은 하나님이 심판하십니다. 창세기 6장의 일이 지금 우리 세대에서 강력하게 나타나고 있습니다. 이런 방면에서 가장 앞선 나라가 한국과 말레이시아라고 합니다. 유투브에서 얼마든지 볼수 있습니다. 이런 것이 예수님의 마태복음 24:37-39의 먹고 마시고 시집 가고 장가 든다는 말씀 속에 포함됩니다. 시집 가고 장가 든다는 말은 한 마디로 교합을 말합니다. 또 다른 종끼리도 교배하지 말라고 하십니다.

> 레위기 19:19, '너희는 내 규례를 지킬지어다 네 가축을 다른 종류와 교미시키지 말며 네 밭에 두 종자를 섞어 뿌리지 말며 두 재료로 직조한 옷을 입지 말지며'

근친 상간과 같은 비정상적인 결합에 의해 임신이 된 경우에 비극적인 출산이 이루어지는 원리입니다.

(네 번째 문제)

그렇다면 천사가 사람과 교합할 수 있느냐 하는 문제입니다. 유다서 5-7에 유다는 자신의 편지에서 세 가지 사실을 상기시켜주려했습니다.

> '5 너희가 본래 모든 사실을 알고 있으나 내가 너희로 다시 생각나게 하고자 하노라 주께서 백성을 애굽에서 구원하여 내시고 후에 믿지 아니하는 자들을 멸하셨으며 6 또 자기 지위를 지키지 아니하고 자기 처소를 떠난 천사들을 큰 날의 심판까지 영원한 결박으로 흑암에 가두셨으며 7 소돔과 고모라와 그 이웃 도시들도 **그들과 같은 행동으로 음란하며 다른 육체를 따라 가다가** 영원한 불의 형벌을 받음으로 거울이 되었느니라.'

유다서 5절에서 유다는 아래 6절과 7절에 언급하려고 하는 사건들을 그 때 사람들이 이미 다 알고 있는 것들이지만 다시 생각나게 하기 위해서 말씀을 되풀이 한다고 합니다. 여기 5-7절에 세가지 사건을 언급하고 있습니다.

첫째는 5절 하반절에서 애굽의 속박에서 벗어난 백성들이 광야에서 불신앙으로 인해 하나님께서 멸절한 이스라엘 백성들

둘째로 6절에서 하늘을 떠나 '다른 육체'를 따라가며 음행을 행한 타락한 천사들

셋째로 다른 육체를 따라가며 음행을 저질러 불의 심판을 받은 소돔과 고모라 거주민들을 말하고 있습니다.

첫째 사건은 민수기 14장의 사건입니다. 그리고 셋째 사건은 창세기 19장의 소돔과 고모라사건을 말합니다. 유다서 7절에서 소돔과 고모라 사람들이 **그들과 같은 행동으로 음란하며 다른 육체를 따라 가다가** 했는데 '그들이' 란 누구를 두고 하는 말입니까? 6절의 하늘을 떠나 다른 육체를 따라 음행을 저지른 타락한 천사들을 두고 하는 말입니다. 그렇다면 창세기 19장의 소돔과 고모라 사람들이 본따 행동한 그런 사건이 창세기 19장 이전에 일어난 사건인 것을 알 수 있습니다. 창세기 1장에서 18장을 살펴보면 소돔과 고모라 사람들이 본따 행동할 음행사건은 창세기 6장 밖에 없다는 사실입니다. 그렇다면 창세기 6장의 사건은 타락한 천사들이 하늘을 떠나 지구의 육체를 가진 여자들과 음행을 행했다는 결론을 내립니다. 유다서 6,7절을 다시 해석하면 6절에서 하늘을 떠나 인간인 여자들을 취하여 음행한 타락한 천사들을 본따서 소돔과 고모라 거민들도 **다른 육체**를 좇았다는 말입니다.

창세기 6장은 창세기 19장 전에 있었던 사건입니다. 유다서 7절에 그들과 같은 모양으로 간음을 행하며 다른 육체를 따라 가다가 영원한 불의 형벌을 받았다고합니다.   결론적으로 창세기 6장은 하나님의 아들들로 표기된 타락한 천사들이 다른 육체인 사람의 여인의 몸과 음행을 했습니다.

하나님은 사람을 창조하실 때에 한 남자와 한 여자가 결합하도록 규정하셨습니다. 타락한 천사가 인간 여자와 결합하는 것은 다른 육체와 음행하는 것입니다. 또한 남자와 남자, 여자와 여자가 음행하는 것도 하나님의 의도가 아닌 다른 육체와 결합하는 것입니다.

베드로후서 2:4-8도 유다서 6,7절 말씀과 거의 동일하지만 타락한 천사와 인간 여자 교합에 대해 더욱 확실하게 설명하고 있습니다.

> '4 하나님이 범죄한 천사들을 용서하지 아니하시고 지옥에 던져 어두운 구덩이에 두어 심판 때까지 지키게 하셨으며 5 옛 세상을 용서하지 아니하시고 오직 의를 전파하는 노아와 그 일곱 식구를 보존하시고 경건하지 아니한 자들의 세상에 홍수를 내리셨으며 6 소돔과 고모라 성을 멸망하기로 정하여 재가 되게 하사 후세에 경건하지 아니할 자들에게 본을 삼으셨으며 7 무법한 자들의 음란한 행실로 말미암아 고통 당하는 의로운 롯을 건지셨으니 8 (이는 이 의인이 그들 중에 거하여 날마다 저 불법한 행실을 보고 들음으로 그 의로운 심령이 상함이라).'

베드로후서 2:4의 범죄한 천사들을 지옥에 던져 가두셨다고 했는데 그 타락한 천사들의 범죄가 5절의 노아 홍수사건과 연결되었다는 것을 분명하게 보여줍니다. 하나님께서 범죄한 천사들을 지옥에 던져 어두운 구덩이에 두어 심판 때까지 지키게 하셨다 했는데 그 천사들이 노아홍수 시대에 무슨 범죄를 저질렀는가를 확실하게 설명합니다. 그것이 창세기 6장의 하나님의 아들들 즉 타락한 천사들이 인간 여자들과 결합하므로 다른 육체를 좇은 죄입니다. 베드로후서 2:6에서 타락한 천사들의 행실을 좇아 소돔과 고모라 거민들도 다른 육체를 좇다가 멸망당했다는 것입니다.

(다섯 번째 문제)

여기서 생각할 것은 요한계시록 12:4에서 사탄이 하나님께 반역할 때에 천사들 1/3과 함께 도모했습니다. 사탄의 다른 천사들은 현재도 지상에서 역사하고 있는데 유다서 6절과 베드로후서 2:4에 나오는 지옥에 갇혀 있는 천사들은 누구냐 하는 문제입니다. 이들이 왜 지옥에 갇혀 있느냐, 유다서 6절과 베드로후서 2:4에서 말씀하듯이 하늘을 떠나 인간의 다른 육체를 좇은 타락한 천사들을 잡아 지옥에 가두고 심판 때까지 지키게 하셨다는 사실을 깨닫습니다. 이 타락한 천사들이 사람의 딸들을 취하여 낳은 자식들은 반은 천사요 반은 인간들입니다. 그 결과 거인, 네피림이 된 것입니다.

천사가 육체를 가지고 인간 육체인 여자들과 결합해서 자식을 낳을 수 있느냐 하는 문제는 미스테리입니다. 우리가 이해할 수 없는 부분입니다. 우리는 그 문제를 이해할 수 없지만 성경이 그렇다고 말씀하시기에 말씀 그대로 받아들이는 것입니다.

둘째로 왜 하나님은 홍수 이전에 지상의 인간들을 비롯해 모든 생물들을 다 쓸어버려야만 했던가?
무엇 때문에 하나님은 그렇게 진노하셨는가?

사탄이 아담과 하와를 꼬드겨서 범죄하게 한 즉시 하나님은 사탄을 향해 저주하십니다. 그것이 창세기 3:15입니다. 여자의 씨가 사탄의 정수리를 찍을 것이요 사탄은 여자의 씨의 발꿈치를 물을 것이라 했습니다. 요한일서 3:8절 하나님의 아들이 나타나신 것은 마귀의 일을 멸하려 하심이라 했습니다. 그 때부터 사탄은 하나님의 목적과 계획이 무산 되도록 모든 수단과 방법을 간구해야 했습니다. 자신을 쳐부술 여자의 씨가 세상에 태어나지 못하도록 한다면 그는 죽음의 선고를 피할 수 있으리라 생각했습니다. 그 방법이 모든 인류를 타락시킬 음모를 꾸민 것입니다. 사탄은 타락한 천사들 중에 많은 천사들을 세상에 내려 보내어 사람들의 딸들을 취하여 자식들을 생산했습니다. 이들 사악한 네피림들로 인류를 파멸시킬 수 있으리라 생각했습니다.

1. 하나님은 우주를 창조하신 목적이 그 가운데 인간을 창조하기 위함이었습니다. 하나님은 남자와 여자를 창조하시고 이들을 축복하셨습니다.

> 창세기 1:28, '하나님이 그들에게 복을 주시며 하나님이 그들에게 이르시되 생육하고 번성하여 땅에 충만하라, 땅을 정복하라, 바다의 물고기와 하늘의 새와 땅에 움직이는 모든 생물을 다스리라 하시니라,'

2. 하나님이 창조하신 인간들이 땅에 충만하시기를 원했으며, 땅을 정복하고 모든 생물들을 다스리라고 했는데 사탄의 자식들이 번성하고 사람을 다스리는 결과가 되버렸습니다. 네피림은 하나님의 창조하신 목적에서 벗어난 것입니다. 이것들을 제거해야 했습니다. 네피림이란 저주받은 존재라 했습니다. 이들은 반 천사 반 인간입니다. 온 땅에 네피림들로 가득 찼습니다. 성경은 이들에 대해 말할 때마다 강하고 많고 키가 크다고 말합니다. 타락한 천사들이기에 성격이 악독하고 강포했습니다. 온갖 절도, 강도, 강간, 폭행, 무질서, 반인륜적이요 온 땅이 피에 굶주린 자들로 가득찼습니다. 사탄이 네피림을 만든 의도가 세상을 패망하기 위함이었기에 이들이 온 세상에 죄와 악으로 충만하게 합니다.

> 창세기 6:5-7, '여호와께서 사람의 죄악이 세상에 가득함과 그의 마음으로 생각하는 모든 계획이 항상 악할 뿐임을 보시고 6 땅 위에 사람 지

으셨음을 한탄하사 마음에 근심하시고 7 이르시되 내가 창조한 사람을 내가 지면에서 쓸어버리되 사람으로부터 가축과 기는 것과 공중의 새까지 그리하리니 이는 내가 그것들을 지었음을 한탄 함이니라 하시니라.'

3. 이들은 천사의 형질을 가졌기에 비상한 능력을 가졌습니다. 엄청난 지혜를 가졌습니다. 온 세상에 충만했습니다. 그 뿐만 아니라 인간세상을 지배하고 있었습니다. 온 세상이 네피림의 통제와 지배를 받고 있기에 세상이 이들의 것이 되고 말았습니다. 이 네피림들을 쓸어버리기 위해서 온 세상을 물로 심판할 수 밖에 없었습니다.

셋째로 창세기 5장의 셋의 후손들, 에녹의 자손들, 므두셀라의 자손들, 라멕의 자손들이 홍수 전까지 살아 있었다.
이들은 왜 노아방주에 들어가지 못했는가? 혹시 누군가의 방해공작으로 들어가고 싶었어도 들어가지 못했는가?

이 문제를 생각해야만 하는 것은 마태복음 24:37-39말씀에서 노아시대 문제가 우리 시대의 문제이기 때문입니다. 노아시대 사람들이 홍수심판 때에 여덟 사람만 살아 남았다는 것은 예수님이 재림하셔서 심판하실 때에 과연 몇 사람이나 구원 받을 것인가 생각해보게 합니다.
이 문제에 대한 해결을 창세기 6:4절이 암시하고 있습니다.

창세기 6:4, '당시에 땅에는 네피림이 있었고 그 후에도 있었으니 하나님의 아들들이 사람의 딸들에게로 들어와 자식을 낳았으니 **그들은 용사라 고대에 명성이 있는 사람들** 이었더라.'

이 말씀에서 네피림들이 당대에 명성이 있는 사람들이요 용사라 했습니다. 이들이 강하고 많고 키가 큰 거인들인데 세상을 장악하고 통제하고 있습니다. 인간들을 자신들의 손아귀에 넣고 꼼짝못하게 합니다. 이 지배자들을 제어할 인간들이 없습니다. 이들이 노아의 방주에 들어가지 못하게 하면 아무도 방주에 들어 갈 수 없습니다. 방주에 들어가고 싶어도 들어 갈 수 없는 사람들이 홍수에 함께 죽을 수 밖에 없었습니다.

1. 소돔성과 고모라성과 사사기 19-21장의 예

성경에 보면 이런 소수의 멸망할 악한 무리들 때문에 소돔과 고모라와 그 주변의 성들이 멸망한 사례와 사사기 19-21장 베냐민지파의 전멸사건을 통해서 생각할 수 있습니다.

창세기19:4,5에 보면 소돔성 사람들이 롯의 집에 몰려 왔습니다.

'4 그들이 눕기 전에 그 성 사람 곧 소돔 백성들이 **노소를 막론하고 원근에서** 다 모여 그 집을 에워싸고 5 롯을 부르고 그에게 이르되 오늘 밤에 네게 온 사람들이 어디 있느냐 이끌어 내라 우리가 그들을 상관하리라.'

소돔의 이 밤의 정황을 짚어보면 소돔의 노소(여기에서 남녀노소가 아니고 노소라고 함으로 젊은 남자와 늙은 남자들만 말하는 것 같습니다.)를 막론하고 원근(소돔 사람 뿐만 아니라 고모라와 아드마와 스보임성 사람들)에서 다 모였다고 합니다. 이 말은 소돔성이 동성애자들에 의해 접수되었다는 말입니다. 이들이 소돔을 장악, 통제, 지배하고 있습니다. 이들을 거스릴 자들이 없습니다. 소돔과 고모라성 사람들은 이들로 인해, 그리고 이들과 함께 망할 수 밖에 없었습니다.

사사기 19-21장에는 비극적인 이야기가 전개됩니다. 한 레위인이 자신의 첩과 함께 베냐민지파의 동네인 기브아에서 하룻밤을 지내게 되는데 그 때에 창세기 19장의 소돔사람들과 마찬가지로 베냐민지파 사람들이 기브아의 그 나그네가 머물고 있는 집에 몰려와 레위인 나그네를 내놓으라고 위협합니다. 어떻게 협상해서 레위인 남편 대신에 자신의 첩을 내보냅니다. 이 불량배들이 밤새도록 그 여인을 성추행한 후에 그 여인은 죽습니다. 남편은 그 여인의 시체를 열두 토막 내어 각 지파에게 보냅니다. 각 지파사람들은 경악합니다. 무슨 일이냐고 그 남자에게 묻습니다 자초지종을 이야기합니다.

열한 지파 장로들이 각 지파에서 군대를 소집하여 베냐민지파에게 요구합니다. 그 불량배들을 내놓으라고 합니다. 그러나 베냐민지파는 그들을 내놓지 못합니다. 왜냐하면 베냐민지파를 통제하고 있는 사람들이 그 일을 저지른 장본인들이기 때문입니다. 그래서 열한 지파와 베냐민지파 간에 전쟁이 일어납니다. 그 전쟁의 결과 베냐민 지파가 전멸하게 되는 것은 불을 보듯이 분명합니다. 그럼에도 불구하고 베냐민지파가 열한 지파와 싸우지 않을 수 없는 것은 베냐민지파를 지배하는 자들이 그 일을 저지른 장본인 동성애자, 불량배들이기 때문입니다. 이 소수의 베냐민 동성애 지도자들로 인해 남자 600명만 남기고 베냐민지파 남녀노소 어린아이들까지 전체가 멸망했습니다.

2. 전 지구를 지배하는 네피림

노아 시대의 전 인류가 멸망한 것은 전 지구를 지배하던 네피림 때문입니다. 이들로 인해 홍수심판이 오게 되었고 온 지구의 인류가 함께 망하게 되었습니다. 한 사람도 노아의 방주에 접근할 수 없었습니다. 노아가 그런 환경에서 어떻게 방주를 지을 수 있었겠습니까? 그것은 하나님께서 당신의 인류 구속사업계획을 수행하시기 위한 특별한 보호하심이 있었기 때문입니다.

3. 베드로전서 3:18-20의 비밀

저자가 이런 생각을 하게 된 것은 **베드로전서 3: 18-20말씀** 때문입니다. 이 말씀을 읽을 때마다 의문이 있었습니다. 예수님께서 십자가에 못박히시고 죽으실 때에 육체로는 죽임을 당하시고 영으로는 살리심을 받으사 그 영이 지옥에 내려 가서 지옥에 있는 영들에게 선포하셨다고 했습니다. 그런데 어떤 영들이냐 하면 노아의 홍수 때에 죽은 영들이라 했습니다. 왜 하필 노아홍수 때에 죽은 자들의 영들에게 가셨는가 하는 문제입니다. 그것은 그 당시의 사람들 즉 셋의 후예들 중에 노아의 방주에 들어가고 싶었지만 들어갈수 없는 자들이었습니다. 그런데 하나님은 지상의 마귀의 씨들인 네피림을 없애기 위해 온 세상을 물로 심판하실 때에 방주에 들어가고 싶었지만 어쩔 수 없이 방주에 들어가지 못한 자들의 영들에게 한 번 더 기회를 주신 것이 아닌가 하는 생각 때문입니다.

> '18 그리스도께서도 단번에 죄를 위하여 죽으사 의인으로서 불의한 자를 대신하셨으니 이는 우리를 하나님 앞으로 인도하려 하심이라 육체로는 죽임을 당하시고 영으로는 살리심을 받으셨으니 19 그가 또한 영으로 가서 옥에 있는 영들에게 선포하시니라 20 그들은 전에 노아의 날 방주를 준비할 동안 하나님이 오래 참고 기다리실 때에 복종 하지 아니하던 자들이라 방주에서 물로 말미암아 구원을 얻은 자가 몇 명뿐이니 겨우 여덟 명이라.'

4. 우리 세대의 현 주소

마태복음 24:37-39에서 노아의 때와 같이 인자의 임함도 그러하리라 했습니다. 현재 이 세상을 지배하고 있는 자들이 동성애자들입니다. 미국은 동성애자들이 원하는대로 자신들 마음대로 법을 바꿀 수 있는 세상이 되었습니다. 온 세상이 그렇게 될 것입니다. 그래서 이 세상은 끝날 것입니다. 세상을 지배하는 동성애자들로 인해 이 세상은 그들과 함께 망하게 될 것입니다. 노아홍수 시대에는 세상을 지배하던 엘리트 그룹이 네피림이었다면 앞으로 전 세계를 단일국가로 형성하여 지배할 자들은 적그리스도를 중심으로 한 엘리트그룹들(동성애자들)일 것이며 이들이 온 세계의 그리스도인들을 잡아 가두고 죽일 것입니다.

우리가 살고 있는 이 지구는 노아 홍수 이전과 이후로 구별됩니다. 사탄은 홍수 이전에는 저주 받은 존재들인 다른 육체를 좇은 네피림으로 이 세상을 황폐하게 해서 세상을 망하게 했지만, 홍수 이후로부터 세상 끝날에는 다른 색을 좇는 동성애자들로 이 세상을 망하게 할 것입니다. 소돔성의 동성애자들과 같이 말입니다. 옛날의 법이 이제는 불법이 되고 이전의 윤리도덕이 이제는 불륜, 비도덕이 되고, 옛날에 진리가 이제는 비진리가 되었습니다.

> 로마서 1: 27, '그와 같이 남자들도 순리대로 여자 쓰기를 버리고 서로 향하여 음욕이 불 일듯 하매 남자가 남자와 더불어 부끄러운 일을 행하여 그들의 그릇됨에 상당한 보응을 그들 자신이 받았느니라'

> 레위기 18:22과 레위기 20:13, '너는 여자와 동침함 같이 남자와 동침하지 말라 이는 가증한 일이니라.'

이런 구절들을 들먹였다가는 감옥에 갇히게 될 것입니다. 인권침해, 소수자를 학대했다는 죄목으로 말입니다.

> 다니엘 7:25, '그가 장차 지극히 높으신 이를 말로 대적하며 또 지극히 높으신 이의 성도를 괴롭게 할 것이며 그가 또 **때와 법을 고치고자** 할 것이며 성도들은 그의 손에 붙인 바 되어 한 때와 두 때와 반 때를 지내리라.'

적그리스도가 지극히 높으신 하나님을 말로 대적할 것이요 성도를 괴롭게 할 것이며, 때와 법을 고친다고 했는데 이것은 현재 오늘날 미국에서 이루어지고 있습니다. 도덕이 비도덕이 되고 진리가 비 진리가 되고 동성 연애가 합법화되도록 법을 고쳤습니다. 성도들은 적그리스도의 손에 붙인 바 되어 삼년 반 동안 환난과 박해를 당하게 될 것입니다.

한자 속에 비친 창세기

창세기 2:7-9

　　우리는 창세기 1:1부터 11장까지 창세기의 원역사 속으로 들어가서 그당시 사람들의 영광, 실수, 고민, 고통의 환경과 상황들을 살펴보았습니다. 성경은 공간과 시간을 압축한 책입니다. 특히 압축된 창세기의 원역사에서 암시하고 있는 것들을 다 캐낼수 없었습니다. 그런데 '한자 안에서 창세기 발견'을 통해서 창세기에서 깨닫지 못한 깊은 사실들을 좀더 깊게 깨닫는 기회가 되었습니다.

　　상형문자인 일부 한자들 가운데 창세기의 이야기가 고스란히 남아 있다는 사실은 우리나라 기독교인들도 자주 언급해 왔습니다. 상형문자인 한자를 분석해 보면 약 100여 자에 달하는 한자가 창세기 1장부터 10장까지의 사건들을 정확하게 묘사하고 있습니다. 누가 이와 같은 문자를 만들었을까요? 지나(支那)의 한족이었겠습니까? 아닙니다. 한국인의 선조인 욕단 족속이었습니다. 대홍수 이후 동양으로 가장 먼저 천동해서 정착한 사람들은 한국인의 선조이었습니다. 삼위일체 하나님을 섬기는 유일신교도들이었던 그들은 창세기 1장에서 10장까지의 사건들을 잊어버리지 않기 위해 그 내용을 그림으로 표현해서 보존하려고 했습니다. 바로 그것이

상형문자인 이른바 한자의 유래가 된 것입니다. 원시 한자의 창안자가 동이족이라는 것은 이미 잘 알려진 사실입니다.

한자의 기원을 갑골문자 라고 하는데 이 갑골문자가 나온 것은 은허라고 합니다. 1899 년 홍수 때 처음 발견된 갑골문은 그 지역 [현재 하남성(河南城) 안양현(安陽縣) 소둔 (小屯)]이 은(殷)나라의 도읍지였기 때문에 '은나라의 옛터' 라는 의미로 '은허(殷墟)' 라고 불리고 그 문자를 '은허문자(殷墟文字)' 라고도 합니다. 지금까지 은허에서 확인된 갑골은 15만 편에 이르는데, 1936년에 한 곳 (YH 127 갑골갱)에서만 무려 1만 7000여 편의 갑골이 쏟아졌습니다. 중국사람들이 한자는 자기들의 선조가 만든 것이라고 생각했다가 1899년에 갑골문자가 발견 되면서 입을 다물 수 밖에 없었습니다. 왜냐하면 상나라(은나라)는 동이족의 나라이기 때문입니다.

이것은 한자의 기원 문제와 주인 문제를 풀게하는 중요한 단서입니다. 갑골문자를 중국 사람들은 풀 수가 없습니다. 그러나 동이족인 우리는 상형문자의 그 문자대로 살고 있고 사용하기 때문에 우리 한국사람들은 그 갑골문자를 풀 수 있지만 중국 사람들은 그 생활이나 문화나 물건들을 모르기 때문에 갑골문자를 풀 수 없었던 것입니다. 동이 문화를 대표하는 것이 갑골(甲骨)문자인데, 갑골은 거북의 배 껍질이나 소의 어깨뼈에 글자를 새긴 것으로 기원전 2500년 무렵 발해 연안 북쪽에서 시작된 중원지방의 은나라에서 꽃을 피우게 되었습니다. 한자는 중국사람들이 발명한 것이 아니고 그들이 많이 사용하고 있다는 것뿐입니다. 영어가 세계적 공용어가 되었다고 해서 영국사람들의 문자라고 할 수 없는 것은 원시 알파벳의 창안자는 페니키아인들이었습니다. 마찬가지로 한자를 한자(漢字)로 부르는 것 자체가 역사 왜곡인 것입니다. 이 한자를 한자라고 할 것이 아니라 동이 문자 혹은 아시아 사인(Asia Sign)이라고 해야 할 것입니다.

현존하는 한자 5만 3천 5백 25자의 발음 부호인 반절음(反切音)이 모두 우리말 기준으로 옥편에 기록되어 있습니다. 그런데 중국인은 1918년에 주음자모(注音字母)라는 표음문자 40자(현재 37자)를 제정하여 옥편 상의 전통 깊은 반절음과 전혀 다르게 한자 발음을 표기하고 있습니다. 이것은 한자가 본래 그들로부터 나온 것이 아니기 때문입니다. 인류 최대의 표의 문자로서의 한자가 모두 우리말 이두문(吏讀文)으로 발음기호 (반절음) 표기되어 온 이유입니다. 오늘날 중국학자들은 은나라에 대해 중국인의 조상인 화하족으로 이루어진 나라가 아니라 한국인의 조상 동이족의 나라라고 말하고 있습니 다. 현재 대만 대학의 임해상 교수는 은나라가 우리 배달 동이 겨레임을 다음과 같이 밝히고 있습니다.' 옛 책들에서 말하기를 순임금이 동이 사람이요, 제나라 환공을 도와 이적을 물리친 관중이 또한 동이겨레의 한 갈래인 내이 사람이요 또 근래에는 여러 학자들이 은나라가 동이겨레 임을 고증하고 있다' 했습니다.

갑골문자의 그림이 글인 것입니다. 최근 한국인으로서 최초로 대만 중국문화대학 중문 연구소에서 갑골문자의 갑골학을 연구하고 갑골학으로 박사학위를 받은 상명대학교의 중어중문학과 교수인 김경일 박사 역시 한자는 동이족의 글이라고 말하고 있습니다. 우리가 '글'을 한사로는 문자(文字) 라고 합니다. 그런데 문(文)은 그림을 말하고 자(字) 는 글자를 말합니다. 문자란 말의 의미, 즉 글의 유래가 그림에서 나왔다는 뜻입니다. 그런데 한자에서는 문과 자로 붙여 쓰지만 우리말의 '글'은 '그림'에서 '글'

이 나왔음을 이미 함축하고 있습니다.

우리 한 민족의 조상인 욕단 족속은 홍수 후 하나님을 대적한 자, 니므롯의 위협으로부터 셈계의 유일신 신앙을 지키기 위해, 니므롯과 함께 서부 바벨론으로 가는 홍수 생존 자들로부터 갈라섰습니다. 그들은 동양의 산악지대(파미르고원-천산산맥-알타이산맥) 를 넘어 마침내 스발 (시베리아-만주)에 이르렀습니다. 동방의 새 땅에 이동해 와서 삶의 터전을 잡은 유일신 신교도들이었던 그들은 창세기 1-10장까지의 사건들을 잊지 않기 위해 그 내용을 '그림' 으로 표현해서 보존하고자 했습니다. 바로 이것이 '글'의 유래인 것입니다. [진태하 교수의 문자학 강의]에 의하면, 契(맺을 계)는 '설' 로도 읽는데 이것을 간편하게 한 것이 禼(설, 사람 이름 설) 입니다. 이 글자가 글(契, 맺을 글) 로도 읽으며, 이 글은 갑골문자를 새기고 그린 글, 즉 현재 우리가 사용하는 글이라고 합니다. 현재는 우리가 글을 쓴다고 하는데 얼마 전까지만 해도 글을 긋는다, 그린다고 했답니다. 그리고 글을 새기는 도구를 현재 우리는 '끌' 이라고 합니다. 그러므로 한자는 동이문자이며 한민족만이 이해 할 수 있는 문자입니다.

[창세기의 발견] 저자 인 C H kang과 E R Nelson은 한자가 간직한 창세기 1-10장까지의 내용들을 잘 설명했는데 그는 한자가 중국인들이 만든 것이라고 잘못 이해하고 있었습니다. 그는 설명하기를,

'첫째, 그림문자나 표의문자를 고안해 내려는 최초의 노력이 전설에 의하면 약 BC 2,500년 경에 시작되었다고 하므로 고대 지나인들은 그들의 시대로부터 약 700년에서 1,000년 후에 모세가 기록한 성경 가운데 나타난 홍수 이전의 사실에 대해 잘 알고 있었다.

둘째, 공자가 편찬한 역사책인 서경(書經)에 BC 2,230년 순(舜)황제의 사적 가운데, '그가 하나님 (上帝)께 제사를 드렸다.' 는 기록이 있으며 그 후에 지나인들이 봉선제를 행하였음을 보아 창세기 1장부터 10장까지의 사건들을 그림으로 표현해서 보존할 수 있었던 고대 지나인들은 '하늘의

최고 통치자' 를 상제(上帝), 천(天), 혹은 신(神)이라 부르며 숭배했던 하나의 신을 절대자로 믿는 일신교도들이었다.

셋째, 이 모든 것은 지나 사람의 조상은 그들이 '상제(上帝)라고 부르는 이 땅을 창조하신 하나님에 관한 지식과 신앙을 가지고 바벨탑 사건 분산 시 서쪽에서 동쪽으로 이동해 왔음을 보여 준다.' 했습니다.

이 주장은 무지에서 온 죄악을 범하고 있는 것입니다. C H Kang 자신의 말대로 하면 지나인들은 바벨탑 사건에 가담한 함 자손들인 것입니다. 이들은 하나님을 불신하고 하나님을 배반한 무리들인 것입니다. 이들이 하나님 일신신앙을 가질 리가 없으며 따라서 창세기 1-10장의 사실을 기록하기 위해 한자에 기록할 이유도 없는 것입니다. 그리고 C H Kang은 동이족을 지나족인 화하족으로 착각하고 있습니다. 순 임금은 지나의 화하족이 아니라 동이족의 사람이었습니다. 맹자가 말하기를 순 임금은 동이족이었다고 했습니다. 그리고 순 임금의 순(舜)은 무궁화 순입니다. 이것은 순 임금이 화하족의 지나인이 아니라 동이족이었다는 것을 말합니다.

그리고 봉선제를 드리는 것은 동이족들이 하나님께 제천의식을 드리는 것인데, 최남선은 '봉선제' 는 지나인 고유의 것이 아니라 태산을 중심하여 예로부터 그 주위에 분포되어 있던 동이족의 유풍을 계승 삽입한 것에 불과하다고 했습니다. 지나인들이 동이족의 제천의식을 배워 봉선제를 드렸는데 봉제는 하나님께, 선제는 땅 신들에게 드리는 제사인데 이것은 상당히 변질된 것으로서 하나님만을 섬기는 것이 아니었습니다.

그리고 지나인들이 한자를 만든 것이 아니라는 제일 중요한 사실은 지나인들은 용을 섬기는 민족이기 때문입니다. 물론 우리 민족의 유물이나 유적에 용의 조각이나 문양이 있지만 그것은 오랜 세월 동안 지나의 문화의 영향을 받은 결과에 불과합니다. 지나인들은 아득한 옛날부터 용을 숭배한 민족입니다. 지나인들의 한결 같고 현저한 문화적 특성은 뱀의 형상을 한 용을 지극히 숭상한다는 것입니다. 고대에 지나에서 용은 황제를 상징했습니다. 고대로부터 현재까지 지구 상에서 용에 대한 애정과 숭배심이 가장 강한 민족이 지나인들입니다. 그들은 스스로 용의 후손들이라고 합니다. 이러한 사실이 1990년 북경 아시안 게임 개막식 때에 큰 풍선으로 만든 용 네 마리를 하늘로 띄워 올려 네 마리의 용이 하늘로 승천하는 광경을 연출시켰던 사례를 기억할 것입니다.

뿐만 아니라 중국인들은 크고 작은 축제나 명절 때마다 용을 내세우고 용을 자랑합니다. 기독교인들이라면 성경에 용의 존재가 어떤 것인가를 다 알 것입니다. 그런 민족이 창세기 1-10장의 내용을 한자에 기록했다는 것은 새빨간 거짓말입니다. 그러므로 한자는 중국인들이 만든 것이 아니라 한국인의 조상인 동이족이 만든 것입니다. 현재 중국인들은 갑골문자 한 글자를 해명하는 사람들에게 10만 위안을 준다고 현상금을 걸었습니다. 지나인들은 갑골문자를 이해 할 수 없을 것입니다. '家'이 글자는 '집 가'입니다. 왜 집에 돼지가 있습니까? '宀'(집 면, 갓머리 면) 집에 왠 돼지 '시' (豕)가 있습니까? 갑골문자에 집 모양의 그림 안에 돼지가 있는 그림의 글자가 현재의 집 '家'자가 된 것입니다.

왜 집에 돼지가 있느냐 하면 옛날에는 뱀이 많았습니다. 우리가 자랄 때만 해도 뱀이 엄청나게 많았습니다. 그런데 돼지는 뱀의 천적이라 합니다. 돼지를 보면 뱀이 움직이지 못할 정도라고 합니다. 그리고 뱀이 침범하는 곳에 사방에 돼지똥을 놓아 두면 뱀이 얼씬도 못하며, 뱀에 물렸을 때에 돼지 똥을 바르면 낫는다고 합니다. 그러므로 옛날 사람들이 집 아래에 돼지를 기르면 뱀이 접근하지 않았으므로 편하게 지낼 수 있었다고 합니다. 오늘날도 제주도, 경상도, 강원도의 시골에는 아직도 집 밑에 돼지를 기르는 곳도 있습니다. 이 풍습은 우리 민족 3400년 이상 내려 오는 풍습인 것입니다. 이 집 '家'의 형성을 동이족이 아닌 지나 사람들이 집 '家'에 왠 돼지가 있는지, 왜 집 '가'가 그렇게 만 들어 졌는지 죽었다 깨어나도 알

수 없는 일인 것입니다. 그렇기에 갑골문자 한 자 깨닫게 해주면 10만 위안을 준다고 할 수 밖에 없겠지요.

그 외 진태하교수의 강의에 의하면, 연(然, 그러할 연)은 본래 의미는 불(火)에 태운 개 (犬)고기(肉) 연(然)이었다고 합니다. 본래 개고기는 불에 그을어 먹어야 제일 맛이 있다고 합니다. 우리 선조들은 여름날 더울 때에 힘을 돋구기 위해 복날에 개고기를 먹고 힘을 얻게 되니 역시 그렇구나 하고서 그럴 연이 되었다고 합니다. 그리고 불탈 연이 다른 뜻으로 되었으니 본래 불탈 연 앞에 불 '화' 자를 더 보태서 불탈 연(燃)을 만든 것입니다. 옛날부터 개고기를 불에 구워 먹는 민족은 우리 밖에 없습니다. 그러니 우리 민족 만이 풀 수 밖에 없는 수 많은 갑골문자입니다. 가을 추(秋)에 대해서도 가을을 의미하는 말에 왜 벼(禾)와 불(火)자가 있느냐는 것입니다. 옛날 사람들은 가을이 오면 메뚜기를 생각했던 것 같습니다. 그 메뚜기를 잡아 불에 볶아 먹었던 것입니다. 본래 갑골문자의 가을 추는 메뚜기 형상을 본뜬 그리기에 너무 복잡한 글자였습니다. 그래서 메뚜기하면 가을이 생각나고 메뚜기는 가을 논에 벼에 많이 생깁니다.

그 많은 벼 메뚜기를 잡아 불에 구워먹는 것을 연상해서 벼(禾)에 불(火)자를 붙여 간단하게 가을 추를 만들었다고 합니다. 어릴 때에 가을이 되면 논에 가서 메뚜기를 잡아오면 어머니가 볶아서 도시락 반찬도 해주고 식구들이 맛있게 먹었습니다. 메뚜기를 잡아 볶아 먹는 민족은 고래로부터 지금까지 한국민족 밖에 없습니다. 그러나 지나 사람들은 메뚜기를 먹지 않습니다. 갑골 문자는 우리 동이족이 만든 것이요 한자는 우리 민족의 선조가 만든 것이지 지나 사람 이 만든 것이 절대로 아닙니다.

1. 하나님

중국어 성경에서 '하나님(God)'으로 사용된 단어들은 상제(上帝), 신

(神), 성령(聖靈)이 었습니다.

① 上帝 상제는 하늘의 임금, 한자어 발음으로 온 우주의 임금, 천국의 임금은 하나님이십니다.

② 하나님을 나타내는 글자 중 하나인 神 하나님은 보일 시(示), 申(펼) 신으로서 두 글자를 함께 넣어 해석하면 하나님은 자신을 나타내 보이신 다는 뜻입니다. 하나님은 보이지 않는 하나님이신데, 또 보여주기를 원하시는 하나님이시기도 하다는 뜻입니다. 우리에게 하나님을 보여주시고 싶어서 예수님을 보내셨습니다. 우리가 예수님을 통해서 하나님을 볼 수 있게 되었습니다.

③ 하나님은 한 분이시지마는 삼위이신 성부, 성자, 성령님은 완전히 분리하여 활동하십니다. 신령 靈(영)은 비 우(雨), 一은 수평으로 그은 선, 하늘을 뜻하고 하나님의 영이 어디로부터 유래되었는가를 보여 주는데, 하나님의 영은 수면 위에 운행하신다 했습니다(창1:2). 입 구(口) 한 사람을 뜻하고, 口 가 셋이니 삼위일체를 나타냅니다. 흥미롭게도 입 구의 또 다른 형태인 品(품)은 행위나 행동을 의미합니다. 세 입의 말하여진 말씀들을 그들의 행위의 지침으로 받아들인 것입니다.

巫은 人+ㅜ+ㅣ+ㅜ+人 인데 人 工 人 은 사람과 일과 사람으로 구성되었습니다. 工은 ㅡ은 하늘, ＿은 땅 위에서 서서 일하는 한 사람을 뜻합니다. 그래서 巫에는 세 인격께서 지구의 환경을 창조하시는 모습을 보여줍니다. 삼위일체 하나님이 하늘과 땅 위에서 일하고 있는 것을 뜻합니다. 巫 (무당 무)은 현재 중국 사람들은 무당, 귀신과 관계해서 사용하는데 본래는 하나님을 뜻하였습니다. 사탄이 교묘하게 속인 술수입니다.

2. 사람 창조

① 사람을 나타내는 부수는 매우 많은데 丨, 이것이 발전된 것이 儿, 사람이 두 다리로 서있는 모습입니다. 人 두 사람이 서로 의지한다. '아담의 생애와 그 사명'(P.107) 이란 말씀에서 본래 사람 속에는 남자와 여자가 신비한 연합을 이루고 있었다는 말씀을 드렸는데 이 글자 속에서 그 뜻을 발견합니다. 삼위일체, 하나님의 형상을 닮은 사람은 2위 일체라고나 할까요.

② 土 (흙)토는 한 사람이 ⁻하늘과 ＿땅위에 열 十 발가락으로 서 있는 곳이 土입니다.

③ 生 하늘과 땅과 바다의 주인이 되도록 생기를(丿 + 主) 부여함으로써 생명을 갖게 됩니다.

④ 造 : 지을 조 : 만들다, 조성하다. 창조하다의 뜻을 가진 造(조)는 땅의 진흙으로 지음을 받은 첫 번째 아담에 대한 사역으로써 영원히 기억될 만한 글자입니다. 하나님께서는 흙(土)으로부터 인간의 몸을 만드셨고, 그의 입(口)으로 생기를(丿) 불어넣으심으로써 아담이 생령이 되게 하셨습니다. 그는 처음부터 성인(어른)으로 만들어져 말 할수 있고(告-알릴, 물을 고), 또한 辶 걸을 수 있게 되었습니다.
　土 + 口 +(丿) 생기를 부여함으로써 = 告 + 辶 = 造 (말도 하고 걸어다님)
　흙 +입 +생기 = 말하고 걷다가 지을 (조) 가 되었습니다. 히브리어에서 아담이란 흙을 말하는데 한자와 뜻이 통합니다.

⑤ 火, 불 화는 ᆢ + 人 첫 번째 사람인 아담은 하나님의 형상을 닮은 영광의 빛이나는 사람이었습니다. 마태복음 17장에 예수님이 야고보, 요한, 베드로와 함께 변화산에 올라 가셨을 때에 그 모습이 변하여 얼굴이 해 같이 눈부시게 빛나며 그 옷이 빛과 같이 희어졌다고 했습니다. 이것은 천상에서의 주님의 모습을 보여주신 것입니다. 우리도 부활하면 부활하신 주님의 몸과 같이 영광의 몸이 될 것이라고 빌립보서 3:21 에 말씀 하고 있습니다. 범죄하기 전의 아담과 하와의 모습이 빛나는 영광의 몸을 가진 모습이었음을 보여줍니다. 모세는 시내산에 올라 40일 동안 하나님과 대면하고 내려왔을 때에 그 얼굴에 광채가 나타남으로 사람들이 무서워하므로 수건으로 그 얼굴을 가리웠다고 했습니다 (출 34:29).

⑥ 榮 꽃 영 – 火 + 火 + 冖 + 木
영광의 빛을 가진 두 사람에게서 나오는 빛이 생명나무를 덮고 있습니다. 한 사람 아담에게 하나님의 형상을 닮아 불꽃 모양의 빛이 났었습니다.

⑦ 赤 벗을 적 – 흙 토, 불 화, 土 + 灬
흙으로 만들어진 두 사람에게서 빛이나고 있어 벌거벗어도 부끄럽지 않았습니다.

⑧ 元 : 으뜸 원 二 + 儿 : 기원을 나타내는 한자가 몇 가지 있는데 첫째 글자는 인류의 기원을 기억시켜주는 元이라는 글자입니다. 이것은 두 가지 변으로 구성되어 있는데, 둘을 나타내는 二와 성인(어른)을 나타내는 人 입니다. 인류 가정의 기원은 성인 남녀 단 둘에 의해서 시작 되었습니다. 元이라는 글자가 갖는 뜻은 창세기에 기록된 히브리인의 기록과 일치합니다.

⑨ 祖 조상 조, 示 + 且 버금 차, 또 차, 하나님과 버금가는 사람, 아담. 하나님의 형상을 닮은 자 입니다.

⑩ 完 : 완전할 완 元 + 宀 : 하나님께서 창조사역을 마치셨습니다. "천지와 만물이 다 이루니라"(창 2:1) 끝내다, 완성하다의 글자는 完입니다. 지붕을 나타내는 宀와 기원, 시작을 나타내는 元은 두 성인(어른) 남녀를 뜻합니다. 이 첫 번째 가정이 이루어 짐에 따라서 인간 가족이 시작되었고 **창조의 목적이 완성되었으며 첫 번째 결혼에 의하여 기억되었습니다. 完이라는 글자는 성경의 뒷받침이 없이는 끝내다, 마치다의 뜻을 가질 수 없습니다. 왜냐하면 지붕을 나타내는 宀과 元이 어떻게 해서 시작의 끝 마침이라는 개념을 나타낼 수가 있겠습니까?**

3. 에덴동산

① 田 밭 전은 口 동산에 강이 사방 (十)으로 흐른다는 뜻인 에덴동산입니다(창2:10).

② 西 : 서녘 서 一 + 儿 + 口 = 西
창세기는 인간의 첫 번째 집에 관한여 이렇게 이야기하고 있습니다.

"여호와 하나님이 동방의 에덴에 동산을 창설하시고 그 지으신 사람을 거기 두시니라" (창 2:8)

西는 다음과 같은 의미를 갖고 있습니다. 첫 번째(一) 사람(人)을 하나님께서 정원에(口) 두셨습니다. 따라서 西는 에덴동산을 가리키는 것이 되었는데 이스라엘에서는 동방이지만 아시아의 동이족의 서쪽입니다.

③ 福 : 복내릴 복 示 + 一 + 口 + 田 = 福 보일 시(하나님)+ 한 +사람 +
정원 = 복

행복과 축복에 관한 상형문자를 고안하였습니다. 福이라는 글자입니
다. 示는 하나님 이고 一은 첫 번째, 하나라는 뜻. 口은 입, 사람을 뜻합니
다. 그리고 田은 정원의 뜻 입니다. 행복은 아담을 위한 것입니다. 즉 최초
의 사람, 아담에게 하나님께서 아름다운 정원인 에덴동산을 주신 것입니
다. 이것이 福의 개념입니다. 행복은 사람이 하나님과 함께 에덴동산에 있
는 것입니다. 이것을 잃어버렸지만 조금 후에는 다시 그 복락원을 회복하
여 하나님과 우리가 그곳에서 영원히 행복을 누리며 살게 될 것입니다.

④ 要 구할요 西 + 女 : 에덴동산에 있는 아담이 독처하는 것이 좋지 않
아 여자를 달라고 구합니다.(창세기2: 18)

⑤ 園 동산 원 口 + 土 +口 + 人 하나님께서 동산에서 말씀으로 흙으로
두 사람을 만드셨습니다.

⑥ 談 말씀 담, 言 + 火 + 火 빛나는 두 사람이 서로 말을 주고 받습니다.

⑦ 金 쇠 금, 人 + 王 + 丷 불빛이 번쩍임. 하늘과 땅과 바다를 다스리
는 왕인 사람에게 자연환경을 주신 빛이 번쩍번쩍 나는 금, 에덴동산에 있
는 금입니다(창2:11)

4. 선악과의 한자 흔적

① 林 수풀 림 두개의 나무인데 에덴동산의 생명과일 나무와 선악과 나무가 제일 중요합니다. 이 두 나무가 수풀의 모든 나무들을 대표합니다. 木은 나무가 서 있는 모습을 그린 것입니다. 뿌리가 아래로 향해 있습니다. 이 뿌리를 자르면 十인데 십자가를 상징합니다 십자가는 또한 나무를 상징합니다.

② 婪 : 탐할 람 林 + 女 = 婪 나무 여자
고대의 모든 글씨 고안자들이 유혹하다, 원하다의 단어를 어떻게 나타내었을까? 이 뜻을 가진 (람) 이라는 글자에 나무 林 수풀(림)과 여자 女 (여)가 쓰인 것이 우연일까? 성경은 이렇게 이야기하고 있습니다.

> "여자가 그 나무를 본즉, 먹음직도 하고 보암직도 하고 지혜롭게 할 만큼
> 탐스럽기도 한 나무인지라 여자가 그 열매를 따먹고 자기와 함께 있는 남
> 편에게도 주매 그도 먹은지라"(창3:6)

그러나, 왜 나무가 하나가 아니고 두 나무입니까? 창세기의 내용을 돌이켜보면, 정원에는 두 개의 중요한 **생명나무와 선악을 알게 하는 나무도** 있었습니다.

> "여호와 하나님이 그 땅에서 보기에 아름답고 먹기에 좋은 나무가 나게
> 하시니 동산 가운데에는 생명나무와 선악을 알게 하는 나무도 있더라"
> (창 2:9)

이것은 인간이 그들의 자유의지로 창조주 하나님께 순종하는가에 대한

시험이 되었습니다. 불순종으로 인하여 그들은 생명의 근원으로부터 분리되고 말았습니다.

두 나무를 사용하는 것은 매우 의미가 있으며 생명과 순종의 상징인 열매를 먹든가 그렇지 않으면 불순종과 죽음의 열매를 먹든가에 대한 선택으로 사용되었습니다.

③ 禁은 금하다의 뜻을 갖는데 하나님을 표시하는 부수는 示입니다. 이것은 나무에 대한 하나님의 금지명령을 그림으로 그리듯이 우리에게 보여주고 있습니다. 아담과 하와는 하나님으로부터 경고와 지시를 받았습니다. **어떻게 동이족들이 금하다와 유혹하다의 단어를 만들면서 나무에 관한 것을 사용할 수 있었는지는 참으로 놀라운 일입니다.**

④ 鬼 : 귀신 귀　　　′ + 田 + 人 + 厶 = 鬼
　　　　　　　　움직임　에덴동산　사람　몰래　귀신 귀

하와가 에덴동산을 거닐 때 선악과를 따먹도록 유혹한 사탄이 있었습니다. **동이족들이 마귀에 의해서 뱀에게 하와가 유혹을 당한 이야기를 매우 정확하게 알고 있었다고 하는 사실은 전혀 의심의 여지가 없습니다.** 마귀를 뜻하는 鬼는 하와가 마귀와 상대가 되었음을 보여주는 글자입니다. 무엇보다도 먼저 문자의 맨위에 찍힌 ' '을 볼 때에 움직이고 살아있는 것을 나타내는 것을 보여줍니다. 田은 정원을 뜻하고, 人은 인간을 뜻합니다. 厶은 비밀스럽게라는 뜻을 갖고 있습니다. 모든 변이 뜻하는 이야기를 종합하면, 마귀는 하와에게 접근하여 비밀스럽게 이야기하기 위해 뱀으로 가장하여 정원으로 가는 것을 보여주고 있습니다.

⑤ 鬼, 이 글자는 종종 魔와 같이 사용되는데 그 뜻은 유혹자 또는 귀신이라는 뜻입니다. 이 마귀는 에덴동산 중앙에 있는 두 나무에 숨어 있음을

주목하여야 합니다. 나무 위에는 广이 있는데 그 뜻은 은폐하다의 뜻이고, 마귀가 하와를 유혹할 때, 뱀으로 자신을 가장하고 나무 아래 숨어 있음을 나타내고 있습니다.

ˊ ＋ 田 ＋ 人 ＋ 厶 ＝ 鬼 ＋ 林 ＋ 广 ＝ 魔

움직임 에덴동산 사람 몰래 귀신 귀 나무 은폐 마귀 마

⑥ 魂 넋 혼 ＝ 云 이를 운, ＋ 鬼 귀신 귀. 사탄이 하와에게 네가 선악과를 먹어도 결코 죽지 아니하리라. 그러나 선악과를 먹은 결과는 영혼이 죽게 된 것을 말합니다.

5. 반역 자손들

① 始 비로소 시 女 ＋ 厶 ＋ 口, 여자가 몰래 선악과를 바라봄으로 죄가 시작되었습니다.

② 苦 괴로울 고, ⧻ ＋ 十 ＋ 口 사람이 열 손가락으로 잡초를 뽑는 것이 고통입니다. (창3:17, 18)

③ 刑 형벌 형 干 ＋ 干 ＋ 刀(刂) ＋ 범하다(干) 가 두 개입니다. 죄를 범한 두 사람에게 형벌을 내립니다. 干 방패 간(죄인)을 뜻함

④ 荊 가시 형 刑 ＋ ⧻ 형벌로 엉겅퀴와 가시가 납니다.(창3:18)

⑤ 塋 무덤 영 火 ＋ 火 ＋ 冖 ＋ 土 두 사람이 흙에 덮힙니다.(창3:19)

⑥ 男 사내 남 田 ＋ 力 힘 력(창3:17, 19) 밭에서 일하는 남자

⑦ 孕 잉태 잉 乃....이다(乃)와 아들 (子). 하와가 아들을 잉태하다(창4:1) 배가 불러있다.

⑧ 義 의로울 의 我 나 아 , 羊 양 양. 나는 어린 양에 의해 의로워집니다.(창3:21)

⑨ 祈禱 : 기도

기(祈) 보일 시(示) + 도끼 근(斤)

도(禱) 보일 시(示) + 목숨 수(壽)

하나님의 거룩하심에 부딪치면 죽게 되어 있습니다. 언제 도끼가 날라올 상황에서 목숨 걸고 하는 것이 기도입니다.

⑩ 祝 축 : 示 + 兄 사람이 하나님께 말을 하면 그게 축복.

축복 복(福) 하나님이라는 뜻의 보일 시(示) + 한 일(一) + 입 구(口) + 밭 전(田) 축복 祝福

⑪ 富 부자 부. 한 사람이 밭에서 일하여 집에 갖다 쌓아 놓으면 부자가 됩니다. 一, 口 라는 것은 한 사람을 뜻합니다.

⑫ 兄 형 입 구(口) + 사람 인(人) 한자에서는 장자권자를 형이라고 씁니다. 맏형이 사람을 대표해서 하나님께 기도합니다. 맏형, 말하는 사람, 즉 대변인은 아우들의 소원을 하나님께 아뢰고 하나님의 말씀을 아우들에게 전하는 일을 해야 합니다.

⑬ 兇 범인 흉 (창4:15) 흉할 흉(凶) 口에서 터진(凵) 입 입니다. 터진 입은 더 이상 대변자가 될 수 없다는 말입니다. 그 이마에 표를 주셨는데 살인(凶)한 가인은 살인을 한 맏형입니다 가인이라는 최초의 장자권자가 하라는 일은 안하고 아우를 때려 죽였습니다. 하나님께 "사람들이 나를 보고 죽이면 어떻게 합니까?"하였더니 하나님께서 가인의 이마에다가 표를 해 주셨습니다. 형의 이마에 표를 해주니까 범인이라는 '흉' 자가 되어 버렸습니다. 보기에도 흉합니다.

6. 노아 홍수

① 船 : 배 선 : 배 주(舟) + 여덟 팔(八) + 입 구(口) 노아의 홍수 때에 8명

이 방주에 탔음을 의미합니다. 배를 나타내는데 있어 관계가 전혀 없어보이는 여덟 팔(八)과 입 (口)구를 사용하였습니다.

"노아가 아들들과 아내와 자부들과 함께 홍수를 피하여 방주에 들어갔고"(창 7:6)−(창세기를 보면 노아와 아들들, 아내, 자부는 합쳐 여덟임)

이 여덟 명의 가족은 한자에 있어서 매우 중요합니다.

물을 나타내는 변은 水와 氵이 있습니다.

② 洪 氵 + 廾 + 一 + 八 여덟 사람이 물 (氵) 흐르는 땅(一) 위에서 서로 손을 잡고 (廾)있습니다.

③ 沿 물따라 내려 갈 연, 방주가 물을 따라 움직입니다.

④ 渰 구름 피어 오를 엄 氵 + 合(합할 합 연합하다) + 廾(서로 손을 잡다) 홍수에서 살아 남기 위해 서로 손을 잡고 있는 모습입니다.

⑤ 洶 물살 세찰 흉, 氵 + 凶 + 勹 악한 자들이 물에 떠내려 갑니다.

汨 汐 汪 況 泆 泮 汕 이 글자들은 밤낮으로 40일 동안 비가 내려 왕도 물에 떠내려 가고, 형, 개, 돌, 양, 산도 물에 떠내려 갔다고 말합니다.

7. 홍수 후의 삶

① 穴 : 구멍 혈 : 宀 + 八 = 穴 지붕+ 여덟= 구멍 혈

홍수가 끝나고 물이 감한 뒤에 노아의 가족이 방주를 떠나 첫 번째 거처로 정한 곳은 물이 물러나간 동굴이었습니다. 왜냐하면 집을 지을 나무가 없었기 때문입니다. 따라서 동이족들은 굴을 나타내는 글자를 穴로 나타내었는데 그 뜻은 뚜껑을 나타내는 宀와 여덟을 나타내는 八로 되어 있습니다.

② 호 宀 + 八 = 穴 + 工 = 空 지붕 + 여덟 +구멍 혈 +일하다 =빈 공

지구상의 모든 채소가 씻겨내려 갔기 때문에 그들은 그들의 생존을 위하여 씨를 뿌리고 정원을 가꾸기 시작하였습니다. 여덟사람이 일하기 위해서 들에 나갈 경우 동굴이 비게 되었습니다. 이리하여 일하다의 工이 굴을 나타내는 穴에 첨가되어 비어 있는 뜻의 空을 만들어냈습니다.

③ 八 + 厶 = 公 공변될 공, 주인 공, 여러 공

公은 또한 할아버지의 뜻을 갖고 있습니다. 이것은 노아 자신에게도 그대로 적용될 수 있습니다. 공인을 나타내는 公은 입, 사람을 뜻하는 厶는 口의 약식 표현입니다. 여덟 +사람 = 여러 공

④ 分 나누다의 뜻을 갖고 있는 分을 분석해 봅시다. 우리는 쉽게 여덟의 뜻을 갖는 八과 칼의 뜻을 갖는 刀를 볼 수 있습니다. 방주에서 나와서 일 년간 산 후에 그들의 소유를 여덟으로 나누어야 하는 모습을 그린 것 같습니다.

8. 바벨탑 사건

① 塔 : 탑 탑

그들은 본래 한가지 언어를 가졌습니다. 合이 이를 증명하는데 人은 사람, 一은 하나, 그리고 口는 언어를 뜻하는데 여기에 풀을 뜻하는 ++ 이 얹혀집니다. 동이족들은 불교가 전래되기까지는 탑을 만들지 아니했습니다. 탑을 나타내는 塔 글자는 바벨탑을 의미하는 것이 분명합니다. 탑을 나타내는 글자 塔은 바벨탑의 이야기를 잘 표현하고 있습니다. 이 글자의 왼쪽에 있는 土는 벽돌이 만들어진 재료인 진흙을 뜻하고 있습 다.

"여호와께서 가라사대 이 무리가 한 족속이요 언어도 하나이므로 이같이 시작하였으니 이후로는 그 경영하는 일을 금지할 수 없으리로다." (창 11:6)

이들은 하나님을 대항하는데에 연합하게 되었습니다. 슴이 바로 이 모습을 나타내주고 있습니다. 동이족들은 이러한 모험이 어리석음을 알고, 塔 글자의 꼭대기에 아담의 저주의 표시인 ↔ 를 올려놓았습니다. 아담이 에덴동산을 쫓겨나오면서 저주로서 가시덤불과 엉경퀴를 받게 됩니다. 그것으로 평생 노동을 해야하는 괴로움을 얻게됩니다.

"땅이 네게 가시덤불과 엉겅퀴를 낼 것이라 네가 먹을 것은 밭의 채소인 즉 네가 흙으로 돌아갈 때까지 얼굴에 땀을 흘려야 먹을 것을 먹으리니 네가 그것에서 취함을 입었음이라 너는 흙이니 흙으로 돌아갈 것이니라 하시니라"(창 3:18, 19)

또한 탑을 건축하다가 언어가 혼잡해서 더 이상 탑건축을 할 수 없어 뿔뿔이 흩어졌는데 건축하던 탑 위에 잡초가 무성해졌음을 나타냅니다.

무지개 언약의 신비

창세기 9:8-17

저자는 캐나다로 이민 간 지 1년 6개월, 결혼 한 지 6개월 만에 공장에서 일하다가 오른손이 기계에 압착되어 3년간 수술을 6번 받고 손이 많이 복원되었습니다. 손이 기계에 들어가는 그 순간을 기억합니다. 10년 동안 손이 부분적으로 아팠고, 지금도 그 후유증이 조금 남아 있습니다. 가끔씩 자동차 운전을 할 때에 사고가 나지 않을까 하는 생각이 스쳐갑니다. 항상 운전하기 전에 기도합니다. 40년 전 일입니다. 트라우마란 단어를 혹시 모르시는 분들을 위해 이해를 돕겠습니다. 트라우마란 사람이 큰 사고를 만나 크게 놀라거나 상처를 받으면 외상 후 스트레스 장애를 갖는 것을 말합니다.

1. 인류의 트라우마

사고를 당하면, 그 사고가 사람 심리에 큰 영향을 미치는 것은 사실입니다. 교통사고 같은 경우, 비단 신체적인 외상이 없더라도 정신적인 충격을 받게 되는데 이는 보이지 않는 마음의 상처가 되어 두고두고 일상생활을 방해하는 정서적인 문제를 일으키게 됩니다. 요즈음에는 '우울증', '트라우마' 같은 용어가 그리 낯설지만은 않습니다. 특히, 사고를 겪은 사람들이 가장 많이 호소하는 문제는 그 상황이 자꾸 떠올려지거나, 당시 연관되었던 물건이나 사람들만 보아도 괴로운 기억이 반복된다는 것입니다. 우리가 살아가면서 어떤 큰 충격을 받으면 그것은 분명히 기억 속에 남아 있다가 때로는 꿈으로, 때로는 그 비슷한 일만 보아도 튀어나와 우리를 괴롭히는 것입니다. 우리가 당한 사고들이 무의식으로 숨어들어가 있다가 꿈으로 나타나기도 하고 어떤 때에는 무의식적으로 우리의 행동을 지배하기도 합니다.

이제 홍수 후 남은 노아의 여덟식구들의 트라우마에 대해 알아 보겠습니다. 노아시대의 홍수 전에는 지구 상에 수십억의 사람들이 살았었는데 그중에 8사람만 살아 남았다고 생각할 때에 두려운 생각을 갖지 않았다면 그들은 인간이 아닙니다. 셈과 함과 야벳이 그 자손들에게 홍수 이야기를 얼마나 많이 했겠습니까? **이것은 전 인류의 트라우마였습니다.** 지구 상의 모든 종족들에게는 홍수에 대한 전설이 있습니다. 제가 가지고 있는 어떤 그림에 아메리카 인디언들이 노아 홍수를 네 장면의 그림으로 묘사했었습니다. 창세기 11장의 바벨탑 건축도 아마 이런 인류의 트라우마 때문이 아니었나 생각합니다.

> 창세기 11:4, '또 말하되 자, 성읍과 탑을 건설하여 그 탑 꼭대기를 하늘
> 에 닿게하여 우리 이름을 내고 온 지면에 흩어짐을 면하자 하였더니'

탑을 건설하여 그 꼭대기를 하늘에 닿게 해서 노아시대 홍수같은 것이 오더라도 죽지 말자. 탑을 높이 쌓자, 그래서 홍수를 보내어 인간들을 죽게 하는 하나님을 몰아내고 우리끼리 똘똘 뭉쳐 흩어짐을 면하자 하고

탑을 건축했을 것입니다. **이렇게 인류는 홍수에 대한 트라우마가 있었습니다.**

2. 노아도 인간

과연 노아라는 인물이 이 땅에 실재한 인물이었다면 실제 행동에서 사람의 모습이 보여야 합니다. 우리는 성경 속에서 믿음의 인물을 만나면 일단 최고의 성품을 가진 사람으로 생각해서 그런 사람은 흠과 티가 없는 완전한 사람으로 간주합니다. 노아의 경우도 마찬가지입니다. 성경의 기록에 의하면 노아는 "의인이며 당대에 완전한 자이며 하나님과 동행한 사람"(창6:9)이었습니다. 또한 노아는 하나님의 말씀을 준행 하였다(창 6:22, 7:5)고 합니다. 무엇보다도 그 당시 수십억 인구 중에서 살아 남은 여덟 사람 중에 한 사람이니 얼마나 대단한 사람입니까? 그런 믿음의 사람이었으니 홍수가 끝난 뒤 노아가 방주에서 나와 하나님께 번제를 드린 후에 다시 믿음의 굳건한 모습으로 살아갔으리라는 추측도 가능합니다. 그렇다면 그런 상황에서 하나님은 구태여 "내가 너희와 언약을 세우리니 다시는 모든 생물을 홍수로 멸하지 아니할 것이라 땅을 멸할 홍수가 다시 있지 아니하리라"(창9:11)고 별도로 노아에게 말씀하실 필요가 없었을 것입니다.

성경은 시간과 공간을 압축한 책이라 했습니다. 창세기 **8장과 9장에 상세히 기록 되지는 않았지만 홍수 후에 노아에게 어떤 심각한 문제가 있었던 것 같습니다. 그에게 발생한 어떤 문제가 하나님으로 하여금 우리 본문의 말씀을 하시게 만든 것입니다. 하나님이 노아를 보시고 '내가 가서 확실히 해주어야겠다' 고 판단하신 것이 분명합니다.** 노아의 번제를 받으신 하나님은 다시는 세상을 물로 멸망시키지 않겠다고 하나님 스스로 다짐하셨건만, 그것을 모르는 노아는 두려움에 빠지게 된 것이 분명합니다. 혹시 하나님이 다시 세상을 물로 멸망시키지는 않을지, 또한 가끔씩 홍수 생각이 떠올라 그때의 처참한 광경들, 끔찍한 장면들이 노아를 괴롭혔을 것입니다. 하나님께서 노아에게 방주를 지을 설계도를 주실 때에 창문을 하늘로 향하도록 했습니다. 방주 밖에서 일어나는 처참한 광경을 보지 않게 하신 것입니다. 그러나 방주에서 나왔을 때에 시야에 들어온 사람들과 짐승들의 해골들의 그 참담한 광경을 보면서 너무나 두려웠을 것입니다. 지난번 일어난 일본의 쓰나미 재해 현장을 사진 또는 영상을 통하여 보았다면, 이해가 빠를 것입니다. 홍수 후에 노아 가족이 방주에서 빠져나와 바라본 곳의 형편이 일본의 쓰나미 재해와 방불했을 것입니다.

노아가 이런 트라우마에 괴롭힘을 당하고 있었다는 추측을 가능케 한 것이 9장 20-21절입니다. 노아가 술에 취한 사건에서 추측할 수 있습니다.

'노아가 농사를 시작하여 포도나무를 심었더니 포도주를 마시고 취하여
그 장막 안에서 벌거벗은지라'

이 말씀을 감안한다면 그리 틀린 추측은 아니리라고 봅니다. 그런 고민이 없었다면, 노아는 실재한 인물이 아닐 것입니다. 또한 그런 상처를 감안하지 않고 이 본문을 읽는다면, 우리는 노아를 상상 속의 인물로 생각하든지 아니면 창세기의 노아 홍수 사건을 소설로 생각하는 것입니다.

그런 현장이 노아가 실제적으로 겪었던 홍수의 현장입니다. 그런 상황에서 노아는 자기와 자기 가족만 살아남았다고 좋아할 리가 없습니다. 자기는 살아남았지만 자기의 이웃사람들은 모두 다 홍수에 휩쓸려 내려가 버리고 그들의 집과 땅과 마을이 다 사라진 마당에 노아의 마음이 결코 편할 리 없습니다. 어떤 커다란 사건을 겪고 난 다음에 사람들은 두려움이 생깁니다. 인간에게는 기억이라는 장치가 있기 때문에 과거의 무서웠던 사건을 경험하고 나면 두려워서 생활을 제대로 하지 못합니다. 엄청난 홍

수 심판의 진노를 겪고 난 노아와 가족들에게는 '트라우마'가 생긴 것입니다. 노아의 심리를 살펴본다면 이 세상이 언제 다시 물로 심판받지 않을까 하는 염려와 걱정이 있었을 것이고 또한 허물어진 땅을 바라볼 때마다 그의 마음 속에 숨어있던 트라우마가 드러났을 것입니다. 이런 노아의 심리를 잘 아시는 하나님께서 지금 노아와 대화를 나누고 계신다는 것을 염두에 두고 이 본문을 읽는다면 이 본문 속에 숨어있는 하나님의 마음을 읽을 수 있습니다. 다시는 이런 홍수가 없을 것이라는 언약에서 노아의 심리를 면밀히 읽고 계시는 하나님의 배려가 돋보이게 되는 것입니다.

성경에서 반복은 강조를 나타냅니다. 그만큼 중요하다는 뜻입니다. 우리 본문 창세기 9: 8-17사이에 많은 반복이 사용되었습니다. 첫째 하나님은 '내가'를 무려 8번이나 반복하십니다. 둘째 '무지개'를 3번 반복하십니다. 셋째 '언약의 증거'도 3번 반복하십니다. 이중에서 가장 강조한 것은 '내가'입니다. **내가, 내가 하시는 하나님의 말씀 속에서 마치 겁에 질린 아이를 달래기에 급급한 엄마를 생각합니다.** 이런 하나님이 우리 하나님이십니다.

3. 무지개 언약, 하나님이 기억하신다

트라우마가 노아의 마음 한 켠에 들어있습니다. 그런 상황에서 지금 하나님은 노아를 만나고 있는 것입니다. 하나님은 본문의 무지개 언약을 통하여 두 가지 작업을 하고 계십니다. 첫째는 하나님께서 무지개를 보여주시면서 다시는 물로 심판 하지 않겠다고 말씀하시고 있습니다.

'내가 너희와 언약을 세우리니 다시는 모든 생물을 홍수로 멸하지 아니할 것이라 땅을 멸할 홍수가 다시 있지 아니하리라.' (창 9:11)

그것을 위하여 하나님은 무지개를 증표삼아 그 언약을 확실하게 각인시켜 주십니다.

둘째는 하나님은 노아에게 말씀하시면서 일부러 노아에게 기억하라는 말을 하지 않으시고 하나님이 기억하시겠다는 것입니다. 바로 노아의 트라우마를 염려한 까닭입니다. 노아의 심리를 치료하시는 것입니다

1. 그것을 없애주시는 방법으로 하나님은 다시는 그런 일이 일어나지 않을 것이라고 약속하시면서 '내 무지개' 즉 '하나님의 무지개'를 보여주십니다.

무지개는 히브리어로 카슈티인데 나의 언약, 나의 맹세란 뜻입니다. 내가 내 무지개를 구름 속에 두었다로 되어 과거형입니다. 이것은 창조 때에 만들어 두셨다가 홍수 후에 사람들에게 보여 주신 것입니다. 이 말은 하나님께서 천지를 창조하실 때에 이미 홍수가 있을 것을 알고 계셨다는 것을 말해 줍니다. **하나님은 노아에게 심지어 무지개를** 기억하라는 말씀을 하지 않으십니다. 기억하라고 노아에게 명시적으로 이야기를 하면, 그 기억에 홍수로 인한 비참한 모습들이 따라 붙을 것이기 때문에 기억하라는 말을 애초에 하지 않으시는 것입니다. 대신 무지개를 보여주시되, 그것을 하나님이 기억하시겠다고 다짐하고 계십니다. 하나님은 '그런 기억은 내가 맡으마, 나만 기억하마' 하시는 것입니다. 이런 하나님이 바로 우리의 하나님이십니다. 노아의 마음 깊은 곳에 숨어있는 트라우마까지 살피셔서, 몸소 찾아오셔서 그것을 치유해 주시는 하나님, 또한 그의 근심 걱정을 아시고 무지개를 보여주시며 다시는 물로 세상을 멸망시키지 않을 것이니 그러한 근심 역시 하지 말라 하시는 하나님이 바로 우리의 하나님이십니다. 그러한 하나님은 노아에게는 기억하라는 말은 전혀 꺼내지 않습니다. 기억하라는 말은 하지 않고 그저 무지개만 보여주시면서 하나님 당신 자신이 기억하시겠다고 하시는 것입니다.

2. 하나님의 언약은 일방적, 쌍방적, 두 가지 특성을 가지고 있습니다. 일방적 특성이란 하나님의 일방적인 은혜로 언약이 세워지는 것입니다. 주체가 하나님이십니다. 그래서 '내가'가 강조됩니다. 너희가 받을 만해서 받는 것이 아니라 내가 은혜를 베푸는 것이고, 너희가 물의 심판을 더 이상 받지 않아도 될 만큼 의로워서가 아니라 내가 너희로 물의 심판을 면하게 해주겠다는 약속입니다.

3. 홍수 이전에는 물이 풍족했습니다.

> 창세기 2:5, 6, '여호와 하나님이 땅에 비를 내리지 아니하셨고 안개만 땅에서 올라와 온 지면을 적셨다'

홍수 이전에는 비가 없이도 식물들이 잘 자랐습니다. 홍수 후에는 비가 내려 생물들이 먹고 살게 되었습니다. 하나님께서 인생들에게 농사를 짓도록 비를 내려 주셔야 하는 데 비를 내리기 위해 구름을 만드시면 구름을 본 인생들이 겁을 먹고 두려워하는 것입니다. 그런데 비가 온 후에 무지개가 뜨는 것입니다. '내가 너희들과 맺은 언약을 기억한다. 다시는 홍수로 심판하지 않으리라' 이 무지개는 무지개 언약을 하나님이 기억하고 계신다는 언약의 징표인 것입니다. 두려울 때 구름을 보지 말고 구름 속에 둔 무지개를 보라는 것입니다. 구름 속에 무지개를 두셨다는 것은 우리 삶 속에 구름처럼 보기만 해도 부들부들 떨게 하는 트라우마의 대상이 있음을 하나님이 잘 알고 계신다는 뜻입니다. 창조주 하나님이 그 만큼 피조물을 잘 알고 계신다는 것입니다.

신앙은 두 가지 중의 하나를 선택하는 것입니다. 트라우마에 빠지게 하는 구름을 볼 것 인지, 아니면 구름 속에 두신 무지개 언약을 볼 것인지 선택하는 것입니다. 분명한 것은 무지개 언약을 바라보면 더 이상 구름이 두

럽지 않다는 것입니다.

　마치 풍랑 이는 바다 위를 걸어오시는 주님을 보고 베드로가 주님께 간청합니다. '주님, 당신이시거든 나로 하여금 물 위로 걷게 하소서' 했습니다. 이 장면을 생각하면서 베드로는 대단한 사람이라고 생각합니다. 풍랑으로 죽음의 두려움에 떨던 그 사람입니다. 또한 물 위로 걸어 오는 주님을 보고 모두 유령이라고 두려워했습니다. 그렇게 혼이 나갈만한 두려운 상황에서 주님을 향해 물 위로 걷게 해달라고 간구하는 마음의 여유가 대단하다고 생각합니다. 나 같으면 그 상황에서 베드로처럼 주님께 물 위로 걷게 해달라고 요청할 생각을 가질 수 있을까 하고 생각해 봅니다.

　베드로는 물 위로 걸어 갔습니다. 풍랑 위에 서 계시는 주님을 바라 볼 때까지 말입니다. 그러나 몰려 오는 파도를 봤을 때에 두려움이 생겼고 그는 물에 빠져 내려 갔습니다. 우리가 비록 사망의 음침한 골짜기를 다닐지라도 해 받음을 두려워하지 않을 것은 주께서 같이 하심입니다. 사망의 음침한 골짜기, 우리에게 수 없이 몰려 오는 인생 풍랑, 인생 트라우마 속에 나타나는 주님의 무지개, 즉 우리 주 예수 그리스도를 바라보십시오.

셈의 하나님 여호와를 찬송하라

창세기 9:20-29

'20노아가 농사를 시작하여 포도나무를 심었더니 21포도주를 마시고 취하여 그 장막 안에서 벌거벗은지라. 22가나안의 아버지 함이 그의 아버지의 하체를 보고 밖으로 나가서 그의 두 형제에게 알리매 23셈과 야벳이 옷을 가져다가 자기들의 어깨에 메고 뒷걸음쳐 들어가서 그들의 아버지의 하체를 덮었으며 그들이 얼굴을 돌이키고 그들의 아버지의 하체를 보지 아니하였더라. 24노아가 술이 깨어 그의 작은 아들이 자기에게 행한 일을 알고 25이에 이르되 가나안은 저주를 받아 그의 형제의 종들의 종이 되기를 원하노라 하고 26또 이르되 셈의 하나님 여호와를 찬송하리로다 가나안은 셈의 종이 되고 27하나님이 야벳을 창대하게 하사 셈의 장막에 거하게 하시고 가나안은 그의 종이 되게 하시기를 원하노라 하였더라. 28 홍수 후에 노아가 삼백오십 년을 살았고 29그의 나이가 구백오십 세가 되어 죽었더라.'

지구의 역사를 둘로 구분하면 노아 홍수 이전 세상과 노아 홍수 이후 세상으로 나눕니다. 노아 홍수 이전의 시조를 아담과 하와라고 한다면 노아 홍수 이후의 시조는 셈과 함과 야벳입니다. 그리고 세 형제 중에서 제일 중요한 인물이 셈입니다. 왜냐하면 하나님께서 제일 중요하게 여기셨기 때문입니다. 하나님께서 셈을 형제 중에 왜 제일 중요하게 여겼을까요? 이것을 이해하는 것이 우리의 관심사가 되어야 하겠습니다. 그것이 하나님의 마음이기 때문입니다. 창세기 10:21-31의 셈의 후예들의 족보를 보면 셈의 아들들이 많습니다. 열거된 순서대로 보면 셈의 아들들은 엘람과 앗수르와 아르박삿과 룻과 아람인데 창세기 11장에 의의 후손들의 족보에 셈의 셋째 아들인 아르박삿이 등재되었습니다.

이삭의 아들 에서와 야곱 중에 하나님은 둘째 아들 야곱을 의인의 족보에 포함시켰습니다. 다윗은 8형제 중 막내이지만 하나님께서 그에게 기름을 붓게 하셨습니다. 한 가정의 가장이나, 나라의 왕권의 계승자나, 회사를 물려 받는 경우, 그 장자가 어떤 큰 결점이 없는 한 인간세계에서는 장자를 그런 자리에 앉히기를 원합니다. 그러나 하나님의 경우는 그렇지 않습니다. 하나님은 당신의 마음에 합한 사람을 택하십니다. 하나님은 홍수 이전에 이 땅에 살았던 수십억의 사람들 중에 왜 노아를 택하셨을까요? 하나님은 바벨탑 사건 이후에 왜 온 인류를 버리고 한 사람 아브라함을 택하셨을까요? 이런 문제를 마음에 품고 우리는 셈을 만나보기로 하겠습니다.

첫째로 셈의 하나님 여호와

아담의 11세 손 셈은 아담이 에덴에서 나온 이후 인간역사 1558년에 출생하였습니다. 셈은 홍수 이전 노아 나이 503세에 태어났습니다. 야벳과 함과 셈은 연년생으로 500, 501(2), 503년에 각각 출생했습니다. 야벳이 셋 중에 맏형이고 그 다음이 함 그리고 셈이 막내인데 성경은 항상 셈 함 야벳으로 표기합니다. 그것은 셈이 영적 장자이기 때문입니다. 데라의 아들들도 하란, 나홀 아브라함인데 성경은 아브라함 나홀 하란으로 표기됩니다. 셈은 홍수 후 2년째인 그의 나이 100세에 아르박삿을 낳고 500 년을 지내며 자녀를 낳았으며, 600세에 죽었습니다. 이 해는 아담 이후 인간 역사

2158년의 해였습니다 (창 11:10?11). 셈은 아버지 노아와는 448 년을 동시대에 살았습니다.

셈은 아브라함과 150년 동안 동시대에 살았으며, 셈은 이삭과 50년 동시대에 살았습니다. 셈은 97 세에 홍수를 겪었고 홍수로 인해 방주 안에서 1년 동안 지냈고, 홍수 후 502(600-98)년을 살았습니다. 97세까지 홍수 이전에 살면서 증조 할아버지 므두셀라와 97년, 할아버지 라멕과 93년 같이 살았습니다. 그는 홍수 전과 홍수 후 시대를 정확히 보았고, 8대 므두셀라부터 22대 야곱까지 자기를 포함해 15대 족장들과 동시대에 살았습니다.

셈의 이름은 명성 혹은 명예입니다. 노아는 셈을 축복 할 때에 '셈의 하나님을 찬송하리로다.' 라고 했는데 이 말은 셈의 후손을 통해서 하나님께서 영광 받으시고 그들이 명성을 떨치게 되기를 소망하며 찬송한 것입니다. 이 믿음의 고백대로 셈의 후손들에 의해 하나님의 이름은 지속적으로 불리어졌습니다. 그의 10대 자손이었던 아브라함을 통해 아브라함의 하나님이 이어졌고 계속해서 아브라함은 또한 그 자손에게 신앙의 전수를 철두철미하게 함으로써 이삭의 하나님, 야곱의 하나님으로 이어졌습니다. 아브라함이 신앙의 전수를 철저히 한 것은 하나님께서 아담을 통해 노아에게, 노아는 셈을 통해, 셈은 에벨을 통해, 에벨은 아브라함에게 구속사의 복음을 전수하게 하신 것을 알았기 때문입니다. 하나님께서 창세기 5장, 10장, 11장을 통해서 족장들을 장수하게 한 것은 그 자손들에게 직접 복음을 전하게 하기 위한 것입니다.

'셈의 하나님을 찬송하리로다' 의 예언이 마침내 야곱의 열두 아들 중에 유다에게 이어졌습니다. 유다의 이름이 '내가 이제는 여호와를 찬송하리로다' 라는 뜻을 가지게 되었고 유다지파를 통해 찬송 받으실 그리스도 예수께서 이 땅에 오신 것입니다. 아담으로부터 전해 오는 이 복음을 아브라함에게와 이삭에게 직접 전달했습니다. 셈은 아브라함 보다 175년 더 살았고, 이삭 때에도 생존하였습니다. 셈은 홍수 전 인물인 므두셀라, 라멕, 노아와 같이 살았고, 홍수 후 아르박삿, 셀라, 에벨, 벨렉, 르우, 스룩, 나홀, 데라, 아브라함, 이삭과 동시대에 살았습니다. 우리는 노아 보다도 셈에게 더 관심을 가져야 하겠습니다. 하나님께서 홍수 후의 구속사를 이어갈 자로서 '셈의 하나님을 찬송할지어다' 란 말씀에서 셈을 지목하셨기 때문입니다.

둘째는 노아의 장자권을 이어 받은 셈

셈은 노아의 세 아들들 셈 함 야벳 중에 예수 그리스도의 족보에 등재된 사람입니다. 누가복음 3: 36 에 그 이상은 셈이요 그 이상은 노아요 그 이상은 라멕이요………그 이상은 아담이요 그 이상은 하나님' 이라 했습니다. 그리고 창세기에서 세 형제의 이름이 불려질 때마다 항상 셈 함 야벳으로 기록됩니다(창5:32, 6:10, 창9:18, 10:1). 셈을 향한 노아의 축복은 엄청납니다. '셈의 하나님 여호와를 찬송하리로다' 라 하여 셈이 하나님의 족보의 영적 장자권을 획득하게 된 것입 니다.

히브리서 12:22에, '그러나 너희가 이른 곳은 시온산과 살아계신 하나님의 도성인 하늘의 예루살렘과 천만 천사와 하늘에 기록한 장자들의 총회와 교회와 만민의 심판장이신 하나님과 및 온전케 된 의인의 영들과 새 언약의 중보이신 예수와 및 아벨의 피보다 더 낫게 말하는 뿌린 피니라'

하늘의 장자들의 총회에 셈이 속하게 되었다는 것입니다. 창세기 11장의 족보에 등재되 고 셈에서 아브라함으로 연결되면서 마태복음 1장과 누가복음 3장의 예수 그리스도의 족보로 연 결됩니다.

셋째로 셈은 노아 홍수 이전과 이후를 연결하는 고리

셈은 홍수 전 세상에서도 살았고 홍수 후에도 살았던 인물입니다. 창세기 10장은 노아의 세 아들 셈 함 야벳에게서 출생 되는 자녀들만 언급하고 있습니다. 이상하게도 셈과 함과 야벳은 홍수 전 의 연세가 90여 세였는데도 자녀들을 생산하지 않았다는 사실입니다. 아마도 하나님께서 이들 아내들의 태를 닫으셨던 것 같습니다. 왜냐하면 이들과 그의 자녀들은 홍수 후라는 새로운 세계로 들어갈 사람들이며 새로운 세계를 펼쳐나갈 사람들이기 때문입니다. 하나님은 방주에 들어갈 사람을 8사람으로 한정하셨기 때문입니다(창6:18). 그리고 노아는 홍수 후에도 350년간 살기는 했지만 홍수 후에는 자녀를 생산하지 못했습니다. 마찬가지로 하나님께서 노아의 아내의 태를 잠그셨기 때문입니다(창9:19, 10:32). 노아는 홍수 후에도 350년 길게 살기는 했지만 그는 홍수 전 인물로 여겨졌는가 봅니다. 하나님은 셈 함 야벳 외에 노아를 통해서 홍수 후의 자손이 생산 되는 것을 막으셨습니다. 성경은 노아를 홍수 전 인물로 간주합니다. 홍수 후의 세계는 셈과 함과 야벳, 이 세 사람으로 시작되어야 하기 때문입니다.

노아와 그 아들들은 홍수 후에 태어난 사람들에게 홍수 전 세상을 알려주는 인물들이 됩니다. 노 아의 아버지 라멕은 아담과 56년을 동시대에 살았습니다. 그리고 아담은 에녹과는 308년을 동시대에 살았습니다. 그리고 므두셀라와는 243년을 동시대에 살았습니다. 그리고 므두셀라와 라멕은 아담으로부터 에덴동산의 삶을 직접 전수 받았습니다. 노아는 아버지 라멕으로부터 받은 아담의 에덴동산과 천지창조와 창세기 3:15의 복음언약에 대한 사실을 그 아들 셈에게 전수했습니다. 셈은 홍수가 있기 전 해에 97세였습니다. 그러므로 셈은 홍수가 있기 전 약 100년 동안 살면서 증조할아버지 므두셀라, 할아버지 라멕과 아버지 노아로부터 하나님 신앙을 전수받았습니다. 그러므로 홍수 전 세상을 충분히 이해한 사람입니다. 왜 하나님께서 세상에 홍수를 내리셨는지를 후대 사람들에게 전달한 사람입니다. 그리고 바벨탑 사건도 체험한 사람입니다.

셈은 600세를 향수했는데 아버지 노아와 448년을 같이 살았습니다. 홍수 후에는 500년을 살았습니다. 셈은 아브라함보다 35년 더 살았으며, 셈은 이삭의 110세까지 동시대에 살았으며, 야곱의 50세까지 동시대에 살았습니다. 셈은 홍수 전 인물인 므두셀라와는 97년간 동시대에 살았습니다. 셈이 출생했을 때의 므두셀라의 연세는 872세였습니다. 그리고 8대 므두셀라부터 22대 야곱까지 자기를 포함해 15대 족장들과 동시대에 살았습니다.

유대인 전승에 의하면 에서는 40세(창26:34)에 결혼을 했는데 야곱은 77세가 되도록 결혼을 하지 않았습니다. 왜냐하면 아버지 이삭이 야곱을 셈 할아버지에게 가서 교육을 받도록 보냈기 때문이라 합니다. 그리고 셈 할아버지가 세상을 떠난 후 그의 나이 50세에 다시 집으로 돌아왔 다고 합니다.

또한 창세기 14장에 보면 북방왕 그돌라오멜과 연합한 왕들과 5개의 남방왕들과의 전쟁이 있었는데 그 때에 남방왕들이 대패했습니다. 그 결과로 소돔성에 살던 아브라함의 조카 롯의 가족이 포로로 잡혀갔을 때에 아브라함이 자신의 가신 318명을 데리고 가서 조카 롯 가족을 다시 빼앗 아왔을 때에 살렘왕 멜기세덱이 아브라함에게 떡과 포도주를 가지고 나왔는데 성경은 그를 '지극히 높으신 하나님의 제사장이었더라' 고 합니다. 이 제사장 멜기세덱이 아브라함을 축복하기를,

'천지의 주재시요 지극히 높으신 하나님이여 아브람에게 복을 주옵소서 너희 대적을 네 손에 붙이신 지극히 높으신 하나님을 찬송할지로다 하매 아브람이 그 얻은 것에서 십분의 일을 멜기세덱에게 주었더라.' 했습니다.

'너희 대적을 네 손에 붙이신 지극히 높으신 하나님을 찬송하리로다' 라는 이 구절은 어디서 본 것 같습니다. 이 구절은 아버지 노아가 셈을 축복했던 구절입니다. 유대인 전승에 의하면 이 멜기세덱이 누구냐하면 바로 그 때까지 살고 있었던 셈이었다는 것입니다. 아브라함 당시에 가나안 땅에 지극히 높으신 하나님의 제사장이라 일컬음 받을 사람이 셈 말고 누가 있겠습니까? 셈은 아브라함보다 35년 더 살았습니다.

이렇게 셈은 아브라함과 이삭과 야곱에게 이르는 하나님의 인류구속사의 장자의 총회를 잇는 예수 그리스도의 족보에, 그리고 인류구속사의 한 분수령을 이룹니다. 셈은 아브라함과 이삭과 야곱과 그리고 그 후손들에게 하나님의 계획을 전달하는 핵심 역할을 감당한 인물입니다.

넷째로 셈과 이삭, 야곱, 요셉과의 관계

이삭이 야곱과 에서를 낳은 나이는 60 세(창25:26)입니다. 그의 나이 180세(창35:28)에 세상을 떠납니다. 이제 요셉과 야곱의 관계를 통해서 야곱에게 있었던 사건들의 연대를 알아 보기로 하겠습니다. 그것은 셈과 연결되기 때문입니다.

1. 요셉은 17세에 노예가 되어 애굽으로 팔려 갑니다(창 37:2)

2. 요셉은 나이 30세에 애굽의 총리가 됩니다(창41:46)

3. 요셉이 39세 때에 아버지 야곱과 재 상봉을 합니다. 창세기45:6에서 요셉이 형들에게 말하기를 '이 땅에 2년 동안 흉년이 들었으나 아직 5년은 기경도 못하고 추수도 못한다' 했습니다. 이 말은 요셉이 총리가 된 지 9년째란 말입니다. 7년의 풍년 기간이 지나고 2년째 흉년 기간이라 했습니다. 이것은 요셉의 나이가 39세란 말입니다. 그리고 야곱이 아들 요셉의 초청으로 애굽에 왔습니다. 야곱이 바로를 만나는 장면에서 바로가 야곱

의 나이를 물었을 때에 자신의 나이가 130이라고 합니다(창47: 9)

4. 야곱의 나이 130－39=91은 야곱이 요셉을 낳던 해의 나이입니다. 야곱이 14년 일한 후의 나이(창30:25, 31:38,)

5. 91－14=77세는 야곱이 밧단아람에 와서 레아와 라헬과 결혼하던 때의 나이

6. 180－77=103세는 이삭이 야곱을 밧단아람으로 보내던 때의 나이

7. 요셉은 애굽으로 팔려 가기 전까지 할아버지 이삭과 17년 같이 살았습니다(창37:2)

8. 요셉은 애굽으로 내려 가기 전 17세까지 아버지와 함께 있었고, 애굽에서 17년 같이 살았습니다(창47:28)

이 말은 요셉과 그의 형제들이 셈 선조로부터 받은 하나님신앙을 증조할아버지 아브라함과 할아버지 이삭과 아버지 야곱으로부터 전수 받았고 그 형제들과 후손들은 이 진리를 모세 5경을 기록한 모세에 이르기까지 이스라엘 후손들에게 전수 했다는 말입니다.

이름	영적장자	영적장자 낳은 연세	영적 장자 낳은 후의 삶	향수	셈과의 관계
노아	셈	500	350	950	
셈	아르박삿	100	500	600	노아는 셈과 450년 삶
아르박삿	셀라	35	403	438	
셀라	에벨	30	403	433	
에벨	벨렉	34	430	464	
벨렉	르우	30	209	239	바벨탑사건, 언어와 지구가 갈라짐
르우	스룩	32	207	239	
스룩	나홀	30	200	230	
나홀	데라	29	119	148	
데라	아브람	70	135	205	
아브라함	이삭	100	75	175	
이삭	야곱	60	120	180	
야곱	요셉	91	56	147	

대수	이름	아담과의 관계	셈과의 동시대 관계
1	아담		
8	므두셀라	243년 동시대	
9	라멕	56년 동시대	
10	노아		셈은 노아와 448년 동시대
11	셈		셈은 므두셀라와 97년 동시대
20	아브라함		셈은 아브라함보다 35년 더 살음
21	이삭		이삭의 나이 110세까지 동시대
22	야곱		야곱의 나이 50세까지 동시대
23	요셉		요셉은 17세까지 이삭과 야곱과 동시대

하나님의 거처인 셈의 장막

창세기 9:20-29

'20노아가 농사를 시작하여 포도나무를 심었더니 21포도주를 마시고 취하여 그 장막 안에서 벌거벗은지라. 22가나안의 아버지 함이 그의 아버지의 하체를 보고 밖으로 나가서 그의 두 형제에게 알리매 23셈과 야벳이 옷을 가져다가 자기들의 어깨에 메고 뒷걸음쳐 들어가서 그들의 아버지의 하체를 덮었으며 그들이 얼굴을 돌이키고 그들의 아버지의 하체를 보지 아니하였더라. 24노아가 술이 깨어 그의 작은 아들이 자기에게 행한 일을 알고 25이에 이르되 가나안은 저주를 받아 그의 형제의 종들의 종이 되기를 원하노라 하고 26또 이르되 셈의 하나님 여호와를 찬송하리로다 가나안은 셈의 종이 되고 27하나님이 야벳을 창대하게 하사 셈의 장막에 거하게 하시고 가나안은 그의 종이 되게 하시기를 원하노라 하였더라. 28홍수 후에 노아가 삼백오십 년을 살았고 29그의 나이가 구백오십 세가 되어 죽었더라.'

첫째로 노아의 예언

노아가 포도주를 마시고 취하여 벌거벗은 채로 자고 있을 때에 큰 아들 야벳과 작은 아들 셈이 아버지의 벌거벗은 몸을 가리기 위해 뒷걸음쳐 아버지의 부끄러운 몸을 가리고 얼굴을 돌이켜 아비의 하체를 보지 않았습니다. 이때에 셈이 본이 되어 형 야벳을 이끌었던 것입니다. 아버지가 술에서 깬 후 노아는 세 아들에 대하여 축복과 저주를 할 때에 셈에게 가장 큰 경의를 표하였습니다. 노아 홍수 시대에 하나님은 노아를 선지자와 재판장으로 만드셨습니다. 노아는 함의 아들 가나안에게 저주를, 야벳과 셈에게는 축복을 했습니다. 이 축복과 저주가 후손들에게 그대로 실행되는 예언적 계시인 것이었습니다. 이제 창세기 9:24-27말씀을 보겠습니다.

'24노아가 술이 깨어 그의 작은 아들이 자기에게 행한 일을 알고 25이에 이르되 가나안은 저주를 받아 그의 형제의 종들의 종이 되기를 원하노라 하고 26 또 이르되 셈의 하나님 여호와를 찬송하리로다 가나안은 셈의 종이 되고 27 하나님이 야벳을 창대하게 하사 셈의 장막에 거하게 하시고 가나안은 그의 종이 되게 하시기를 원하노라 하였더라.'

24절에서 '그의 작은 아들'을 사람들은 함으로 간주하는데 노아의 자녀들에 대한 축복과 저주 구절들인 24-27절에서 함이란 이름은 한 번도 나오지 않습니다. 그러므로 여기의 작은 아들은 셈을 말하며 노아가 잠에서 깨어나 자신의 부끄러움이 덮여 있는 것을 보고 누가 한 일인가를 알 게 되었습니다. 그것에 대한 표현이 '그의 작은 아들이 자기에게 행한 일을 알고' 했던 것입니다. 그러나 그의 작은 아들을 함으로 오해하게 된 것은 22절에서 함이 아버지 노아의 벌거벗은 것을 다른 형제들에게 알렸기 때문에 25절에서 바로 그의 맏아들 가나안에게 저주한 것으로 보았습니다. 그러나 주의할 것은 25절의 저주의 대상이 만약 함이었다면 24절의 작은 아들을 함이라 해도 의문의 여지가 없었을 것입니다. 그러나 24-27절에서 함의 이름은 한 번도 나오지 않습니다. 저주를 받은 것은 함이 아니라 함의 첫 아들 가나안이었다는 사실입니다. 함은 저주도 받지 않고 축복도 받지 못했습니다.

여기 24-27절 구절에서 가나안은 세 번 저주를 받습니다. 이 구절에서 가나안이 할아버지 노아가 술에 취해 벌거벗고 자고 있을 때에 무엇인가 나쁜 짓을 했었다는 것을 암시합니다. 25절이 가나안에 대한 저주요, 26절은 셈에게 축복, 가나안에게 저주, 27절은 셈과 야벳과 가나안에게 모두 말씀하고 있습니다. 26절에서 **하나님은 셈의 하나님이 되시리라**고 했습니다. 셈이 하나님의 직계 종주손이 되리라는 것입니다. 이 일로 인해 셈 족속은 하나님의 특별하신 계시를 소유한 자로서 구원 계시의 수취자요 전달자가 되었습니다. 27절에서 야벳과 셈 두 사람을 상대한 축복입니다. 야벳의 축복은 지상의 번영이었습니다. 셈에 대해서는 **하나님이 셈의 장막에 거하실 것이라** 했습니다.

둘째로 하나님의 거처인 셈의 장막

27절의 '셈의 장막에 거주할 것이다' 에서 한글번역은 야벳이 셈의 장막에 거할 것으로 번역되었습니다. 그러나 셈의 장막에 거하시는 것은 야벳이 아니라 하나님이어야 합니다. '야벳을 셈의 장막에 거하게 하시고' 가 아니고 '하나님이 셈의 장막에 거하시며' 라고 번역되어야 했습니다. 서양사에서 그리스와 로마가 이스라엘을 비롯하여 아시아의 셈족을 침략하여 영토를 확장시킨 것과 그 후 영국을 비롯하여 서방 열강들이 아시아와 아프리카와 아메리카를 정복하여 식민지화를 연결 지으면서 27절의 둘째 문장의 주어를 야벳으로 보려고 했습니다. 그리하여 그들은 둘째 문장을 '야벳을 셈의 장막에 거하게 하시고' 라고 번역하면서, '거한다' 는 것이 셈의 영토에 대한 야벳의 정복을 의미한다고 해석했습니다. '하나님이 야벳을 창대케하사 야벳이 셈의 영토를 점령케 하소서' 라는 뜻이 된다는 것입니다. 아주 정치적인 해석입니다.

이런 해석을 주장하는 대표적인 학자는 게할더스 보스(Vos)입니다. 그는 '야벳을 셈의 장막에 거하게 하시고'에서 '거한다'는 것이 영적인 동거를 의미하지 않고 실제적인 정복을 의도하는 것으로 봤습니다. 그리고 야벳이 셈의 장막을 정복한 후 거기에서 구속과 계시의 하나님을 발견하게 된다고 했습니다. 그러나 그것은 문법적으로나 문맥상으로나 전혀 인정될 수 없는 해석입니다. 이 잘못된 해석을 따르게 되면 우리는 본문이 실제로 의도하는 바를 완전히 놓칠 수 밖에 없습니다. 27절의 둘째 문장의 주어는 첫째 문장의 목적어인 야벳이 아니라 첫째 문장의 주어인 하나님이어야 합니다. 따라서 '하나님이 셈의 장막에 거하시며'로 번역되어야 합니다. 문법적으로 문맥상으로 그것이 타당합니다.

이런 견해는 옹켈로스 탈굼(Targum of Onkelos), 필로(Philo), 마이모니데스(Maimonides), 라쉬(Rashi), 아벤 에즈라(Aben Ezra), 데오도르트(Teodoret), 바움가르텐(Baumgarten), 그리고 델리취(Delizsch)등이 지지했습니다. 최근에는 현대 구약 신학을 대표하는 학자인 월터 카이저(Walter C. Kaiser, JR)가 강하게 지지합니다. 그는 27절 둘째 행의 주어가 야벳이 아니라 하나님으로 간주되어야 할 이유를 다음 네 가지로 설명하고 있습니다.

첫째로 두 개의 절로 구성된 문장 안에서 후 구절의 주어가 표현되지 않았을 때는 전 구절의 주어가 그 후 구절의 주어로 간주되는 통례입니다. 그러므로 전 구절의 주어인 하나님의 이름 '엘로힘'이 둘째 구절인 '셈의 장막에 거하소서'의 주어로 인정되어야 합니다.

둘째로 전 구절에서 목적어로 사용된 야벳이 후 구절에서의 주어로 간주될 경우 그렇게 생각해야 할 뚜렷한 문맥상의 이유가 있어야 합니다. 그러나 27절에서는 그와 같은 문맥상의 이유가 없습니다.

셋째로 27절이 속해 있는 9장 이후 계속되는 몇 장의 문맥에서 셈이 제일 큰 복을 받은 사람으로 나타납니다. 그러나 만약 야벳이 셈의 장막에 거한다고 하여 셈의 영토를 점령하는 것으로 해석하면 9장 이후에 펼쳐지는 셈과 그 후손에게 약속된 복과는 문맥상 조화가 되지 않습니다.

넷째로 27절 둘째 문장인 '그리고 그가 셈의 장막들 안에 거하게 하소서' 에서 '그' 를 야벳으로 이해하는 것은 27절의 문맥상 별로 의미가 없습니다. 왜냐하면 이미 야벳은 창대케 되는 복을 받았기 때문입니다. 오히려 노아의 축복과 저주의 말씀에서 25절은 가나안에게 말씀하신 것이고 26절은 셈과 가나안에게, 그리고 27절은 야벳과 셈과 가나안 세 사람 모두에게 말씀하신 것으로 볼 때에 27절 둘째 구절의 주어를 '하나님' 으로 번역하여 하나님이 셈에게 특별한 복을 약속하신 것으로 간주되어야 합니다.(월터 카이저, [구약성경신학] 생명의 말씀사, 1989, pp113-114).

또 베이커 성경주석 [창세기]에서 발췌한 27절 둘째 절에 대한 해석입니다. 27절 둘째 절을 셈에게 약속된 복으로 바르게 설명하고 있습니다.

'셈의 장막에 거하게 하시고: 중요한 유대인의 문헌들은 다른 문헌들과 더불어 엘로힘을 동사의 주어로 삼고 있는데, 그렇게 한 것에는 충분한 이유가 있는 것으로 새로 문법적 주어를 만들 필요가 없기 때문입니다. 따라서 이 구절은 하나님의 '두 가지' 행위를 묘사하고 있는 것으로 해석 함이 보다 자연스럽습니다. 즉 그(하나님)는 야벳을 '창대케 하실' 것이지만 셈의 장막에 '거하실' 것이라는 말씀입니다. 이러한 견해를 가지고 볼 때에 예언은 보다 영적인 의미를 가지게 됩니다. 셈은 '하나님의 거처' 였습니다. 단순히 정치적으로만 해석하면 이 구절이 지니는 그와 같은 숭고한 개념을 충족시켜 주지 못하게 되고 맙니다.(조셉 S. 엑셀, 이기문 역, [베이커 성경 주석 창세기], 서울:기독교문사, 1982, p353)

그렇습니다. 하나님은 셈의 하나님이시며, 따라서 하나님은 '셈의 장막' 을 당신의 거처로 삼기로 결정하신 것입니다. 셈의 장막은 하나님의 거처가 되었습니다. 노아 언약의 중심은 '셈의 장막' 과 '그 장막에 거하시게 될 하나님' 입니다. 실제로 창세기 12장에서 하나님은 아브라함을 택하시고, 이스라엘 백성들이 출애굽 한 지 3개월 쯤에 하나님께서 시내산에 임하셔서 이스라엘 백성들에게 처음으로 나타내십니다. 그때의 광경을 출애굽기 19:16-20에서 보여 줍니다.

'16셋째 날 아침에 우레와 번개와 빽빽한 구름이 산 위에 있고 나팔 소리가 매우 크게 들리니 진중에 있는 모든 백성이 다 떨더라 17모세가 하나님을 맞으려고 백성을 거느리고 진에서 나오매 그들이 산 기슭에 서 있는데 18시내 산에 연기가 자욱 하니 여호와께서 불 가운데서 거기 강림하심이라 그 연기가 옹기 가마 연기 같이 떠 오르고 온 산이 크게 진동하며 19나팔 소리가 점점 커질 때에 모세가 말한즉 하나님이 음성으로 대답하시더라 20 여호와께서 시내 산 곧 그 산 꼭대기에 강림하시고 모세를 그리로 부르시니 모세가 올라가매'

하나님께서 이스라엘 백성들에게 하나님의 임재를 실감나게 보여주셨습니다. 그리고 출애굽기 20장에서 하나님의 법인 십계명을 하달하셨습니다. 출애굽기 24:9-11에서는 모세, 아론, 나답과 아비후와 이스라엘 장로 70인에게 하나님의 실체 (성육신 전 예수 그리스도)를 눈으로 보도록 보여주시기까지 하셨습니다.

'9모세와 아론과 나답과 아비후와 이스라엘 장로 칠십 인이 올라가서 10이스라엘의 **하나님을 보니** 그의 발 아래에는 청옥을 편 듯하고 하늘 같이 청명하더라 11하나님이 이스라엘 자손들의 존귀한 자들에게 **손을 대지 아니하셨고** 그들은 하나님을 **뵙고 먹고 마셨더라.**'

그 후 출애굽기 27장에서 시내산에서 모세에게 성막 짓는 법을 알려 주셨습니다. 산에서 내려온 모세는 36장에서 브살렐과 오홀리압과 여러 사람들에게 성막을 짓게 하십니다. 출애굽기 마지막 장인 40장에서 여호와께서 모세에게 일러 정월 초하루(1월 1일) 에 성막 곧 회막을 세우게 하셨고 출애굽한 지 2년, 2월 1일에 성막이 세워집니다.

> '구름이 회막에 덮이고 여호와의 영광이 성막에 충만하매 모세가 회막에 들어갈 수 없었으니 이는 구름이 회막 위에 덮이고 여호와의 영광이 성막에 충만함이었다(출40: 34 -35).

이렇게 하나님께서 셈의 장막에 실제로 거하신 표적을 보여 주신 것입니다. 신약의 복음서는 하나님이 인간의 장막에 오심을 성육신 사건으로 보여주고 있습니다.

성자 하나님께서 나사렛 처녀 마리아에게 나타나셔서 성령으로 메시야를 임신케 하시고 베들레헴에서 출생하셨습니다. 구약학자 트럼프 롱맨 3세의 요한복음 1:14 주석에서 '말씀이 육신이 되어 우리 가운데 거하시매' 의 거하시매(tabenacled, 에 스캐노센)가 명사 '성막(스캐내)에서 비롯되었다고 했습니다. 그러므로 이 구절을 '말씀이 육신이 되어 우리 가운데 성막을 치시매' 로 번역하면 우리는 이 구절을 더 힘있게 느끼게 될 것이라 했습니다. 예수님은 우리의 성막이십니다.

예수님은 유대 땅에서 하나님을 알려 주시고 천국에 대해 알려주시고 천국 가는 길을 알려 주셨습니다. 십자가에 못박혀 죽으시고 사흘 만에 부활 하심으로 인간이 하나님께로 돌아오는 길을 열어주셨습니다. 마지막으로 우리에게 다시 오실 것을 약속하신 후에 하늘나라로 다시 돌아 가셨습니다. 하나님은 셈의 장막에 거하리라는 노아의 예언이 바로 성취되었으며 셈의 후예들로 인해 하나님의 인류 구속 사역이 전파되고 진행 되었습니다.

바울 사도와 예수님의 제자들이 로마에 복음을 전함으로 인해 셈의 하나님이 야벳의 장막에도 전달되고 있습니다. 셈의 장막인 아시아보다(사도행전 16:6-10) 야벳이 먼저 복음을 받고 복음의 꽃을 피움으로 인해 종교 개혁, 산업 혁명이 일어났습니다. 과학과 경제학과 항해술의 발달로 먼 바다로 항해 하게 되면서 돈을 벌기 위한 수단으로 각 지역에 식민정책을 수행하였습니다. 야벳 족속들이 창대 하게 됨으로 복음도 식민지에 함께 전달 되어 기독교 역사상 가장 빠르게 멀리, 널리 복음이 전파되는 계기가 되었습니다. 창세기 9:27 노아의 예언인 '하나님이 야벳을 창대하게 하시고 하나님이 셈의 장막에 거하시고'의 예언이 성취되었던 것입니다.

셋째로 가장 큰 복을 받은 셈

노아의 예언에서 셈은 가장 큰 복을 받았습니다. 26절과 27절에서 야벳에게는 복이 한 번 있었고 셈은 복을 두 번 받습니다. 노아는 셈에게 가장 큰 경의를 표시하였습니다. 셈의 하나님 여호와를 예배하라(26절), 하나님은 셈의 장막에 거하소서(27절). 셈의 이름의 뜻은 명성, 영광입니다. 셈은 하나님의 명성이요 하나님의 영광입니다. 여호와는 셈의 하나님이시요, 셈은 자신의 장막에 거하시는 구원과 복의 근원이신 하나님을 모든 열방 백성들에게 선포해야 할 책임을 부여 받은 것입니다. 아담에게서 전수 받은 복음을 모든 백성들에게 전해야 할 임무가 주어졌습니다.

대부분의 그리스도인들은 셈을 노아의 장자라고 생각합니다. 우리가 이렇게 오해하는 이유는 성경에서 일반적으로 노아의 세 아들이 셈, 함, 야벳으로 일컬어지기 때문입니다. 창세기 5:32, 6:10, 7:13, 9:18, 10:1, 역대상 1:4에 있습니다. 이런 배열로 인해 이들의 나이가 이와 같은 순서라고 생각하게 되었습니다. 노아의 아들들의 출생 순서는 야벳, 함, 셈입니다. 셈이 막내입니다. 창세기 5:32에서 노아가 5백 세가 된 후에 셈과 함과 야벳을 낳았더라 했습니다. 여기 '된 후에'는 원문에는 없는 말을 한글 개역

성경에서 문맥을 고려하여 번역문에 삽입한 것입니다. 히브리어 원문을 직역하면 '노아가 500세가 되었다. 그리고 그는 셈과 함과 야벳을 낳 았다' 입니다.

이 구절이 의도하는 바는 500세가 되던 해에 첫 아들이 태어나고 그 다음에 차례대로 다른 두 아들이 태어났다는 뜻입니다. 위의 말씀에서 셈은 홍수 후 제 2년에 100 세였다는 사실을 알 수 있습니다. 그러므로 노아가 600세 되는 해에 홍수가 발생(창7:11)하였다는 것은 셈의 나이 97세에 해당되는 해였으므로 셈은 노아가 503세 되는 해에 태어난 것입 니다(600-97=503). 노아 600세에 홍수가 있었습니다. 노아의 생일은 1월 1일 입니다. 창세기 8:13에서 노아가 601세 되는 첫째 달 곧 그 달 초하루라고 했는데 이 말은 601세 되는 1월 1 일을 말합니다,

'육백일 년 첫째 달 곧 그 달 초하룻날에 땅 위에서 물이 걷힌지라 노아 가 방주 뚜껑을 제치고 본즉 지면에서 물이 걷혔더니' (창8:13)

그런데 노아가 600세 된 그 해 2월 10일에 방주에 들어갔습니다, 그리고 7일 후(2월 17일) 에 홍수가 시작되었습니다. 그리고 601세 2월 27에 방주에서 나왔습니다. 노아는 방주에서 377일을 살았습니다(360+17).

창세기 7: 11, '노아가 육백세 되던 해 둘째 달 곧 그 달 열 이렛날이라 그 날에 큰 깊음의 샘들이 터지며 하늘의 창문들이 열려' 했습니다. 1년 후 방주에서 나온 날이 2월 27일 입니다.

창세기 8:14, '둘째 달 스무이렛 날에 땅이 말랐더라. 15하나님이 노아에 게 말씀하여 이르시되 16너는 네 아내와 네 아들들과 네 며느리들과 함께 방주에서 나오고.'

그러므로 '셈이 아르박샷을 홍수 2년 100세(창11:10)' 에란 말에서 홍수는 셈의 나이 97세에 시작했고 1년 후 98세에 방주에서 나왔고 2년 후인 100세에 아르박샷을 낳은 것입니다. 노아 연세 600세 때에, 셈의 연세 97세 때에 홍수가 시작되었다면, 셈의 출생 때 노아 연세는 503세 입니다,

그러므로 노아 나이 500세 때에 태어난 장자는 다름 아닌 야벳입니다. 셈과 야벳의 서열이 이렇게 분명한 이상 우리나라 거의 모든 성경에서 보이는 창10:21, '21셈은 에벨 온 자손의 조상이요 야벳의 형이라 그에게도 자녀가 출생하였으니 '에서 셈이 **야벳의 형**이라고 번역한 것은 잘못 되었습니다. 그런데 영어성경 NIV, KJV과 AB에서는 '야벳이 그의 형이라' 했습니다,

NIV ' 21 Sons were also born to Shem, whose older brother was Japheth; Shem was the ancestor of all the sons of Eber.

King James Version, 'Unto Shem also, the father all the children of Eber, the brother of Japheth the elder, even to him were children born.'

히브리어 원어 성경과 70인 역본도 야벳이 셈의 형으로 되어 있습니다. 이제 야벳과 셈의 서열이 정해졌습니다. 그러면 함의 서열은 어떻겠습니까? 창세기 10장에서는 노아의 후손들을 소개할 때에 야벳, 함, 셈의 자손 순으로 표기 되었습니다. 그러므로 함은 셋 중에 중간임을 알 수 있습니다. 이제까지 논의 한 것을 종합해서 생각해 보면 노아 500세에 야벳이 출생했고 셈은 노아의 503세에 출생했으며, 함은 그 중간이었습니다.

그렇다면 5장 32절의 정확한 진술은 '노아가 오백세 된 후에 야벳과 함과 셈을 낳았더라."라고 이해 해야 할 것입니다. 그러나 성경에서 항상 셈이 세 아들 중 첫째로 언급된 것은 아담으로부터 시작된 인류구속을 위한 하나님의 언약의 복음을 전수할 자로 하나님께서 셈을 선택하셨기 때문입

니다. 창세기 5장, 11장에서 셋 계열의 20대 족보가 셈에게 집중되고 있음을 볼 수 있습니다.

창세기 20대 역대 족장 족보

역대	인물	아담이후 출생년도	첫 아들을 낳은 나이	자녀 생산 년수	향수 년수, 죽은 나이	아담 죽음 이후 년대	아담과 동시대 생존한 기간
1대	아담	0	130	800	930	930	9대손 라멕과 56년
2대	셋	130	105	807	912	1042	800
3대	에노스	235	90	815	905	1140	695
4대	게난	325	70	840	910	1235	605
5대	마할랄렐	395	65	830	895	1290	535
6대	야렛	460	162	800	962	1422	470
7대	에녹	622	65	300	365승천	987	308
8대	므두셀라	687	187	782	969	1656	243
9대	라멕	874	182	595	777	1651	56
10대	노아	1056	503 ①	3	950	2006	
11대	셈	1558	100	500	600	2159	노아와 448, 아브라함150, 이삭과 50동시대
12대	아르박삭	1658	35	403	438	2097	노아와 348, 아브라함 88
13대	셀라	1693	30	403	433	2127	노아와 313,
14대	에벨	1723	34	430	464	2188	노아와 283,
15대	벨렉	1757	30	209	239	1997	노아와 239년 동시대
16대	르우	1787	32	207	239	2027	노아와 219
17대	스룩	1819	30	200	230	2050	노아와 187
18대	나홀	1849	29	119	148	1998	노아와 148
19대	데라	1878	130②	135	205	2084	노아와 128
20대	아브라함	2008	100		175	2184	

역대	인물	노아 이후 출생 년도	첫 아들 낳은 나이	자녀 생산 년수	향수 연수, 죽은 나이	아담 죽음 이후 년대	노아, 셈, 아브라함 이삭, 야곱 동시대 삶의 년대	셈과 동시대에 생존한 기간
10대	노아	1056	500	3	950	2006		
11대	셈	1558	100	500	600	2158	노아와 448,	므두셀라 98년, 라멕과 93년, 아브라함 150년, 이삭과50
12대	아르박삭	1658	35	403	438	2096	노아와 348,	셈과 502년
13대	셀라	1693	30	403	433	2126	노아와 313,	셈과 433
14대	에벨	1723	34	430	464	2187	노아와 283,	셈과435
15대	벨렉	1757	30	209	239	1996	노아와 239	셈과 239
16대	르우	1787	32	207	239	2026	노아와 219	셈239
17대	스룩	1819	30	200	230	2049	노아와 187	셈과 230
18대	나홀	1849	29	119	148	1997	노아와 157	셈과148
19대	데라	1878	130②	135	205	2083	노아와 128	셈과 205
20대	아브라함	2008	100		175	2183	노아와 -2	셈과 150
21대	이삭	2108	60	120	180	2288		셈과 50
22대	야곱	2168			147	2315		셈과 -10

계산법:

1. **아담 이후 출생 년수:** 아담 이후 출생년도 + 첫 아들 낳은 나이

   셈의 경우: 1558 + 100=1658아르박삿의 아담 이후 출생년도,

   셀라의 경우: 1693 + 30= 1723에벨의 아담 이후 출생년도

2. **아담 죽음 이후 년대:** 아담 이후 출생년도 + 향수 년수

   에벨의 경우: 1723 + 464=2187, 셀라의 경우 : 1693 + 433=2126, 르우

   의 경우: 1787 + 239=2026

3. 아담 이후 아담 혹은 노아와 동시대 살은 년수

아담이 죽은 년수—그 후손의 출생 년도= 아담 혹은 노아, 셈과 동시
대에 살은 년수

야렛의 경우 : 930-460=470 마할랄렐의 경우 : 930-395=535

노아와의 비교: 아르박삿의 경우: 2006-1658=348, 에벨의 경우
2006-1723=283

① 노아가 셈을 낳은 연세: 창세기 11:10에 셈이 100세 곧 홍수 후 2년
에 아르박삿을 낳았다고 했습니다. 이 때의 노아의 연세가 603세 입니다.
노아 600세에 홍수가 시작되어 방주에 들어갔고, 홍수가 끝나 방주에서
나올 때의 연세가 601세 입니다. 셈이 아브라박삿을 낳은 때가 셈의 연세
100세 즉 홍수 후 2년이라 했으므로 503세(603-100=503)가 노아가 셈을
낳은 연세입니다.

② 데라가 아브라함을 낳은 연세: 데라의 장자는 하란이며 둘째가 나홀,
막내가 아브라함입니다. 아브라함의 조카 롯은 하란의 아들입니다(창
11:31) . 나홀의 아내인 밀가도 하란의 딸입니다(창11:29). 나홀은 조카인
밀가와 결혼했습니다. 그러므로 하란이 데라의 세 아들 중에 제일 나이가
많습니다. 데라가 연세 205세에 하란에서 죽습니다. 아버지 데라가 죽자
아브라함이 하란을 떠나 가나안으로 떠날 때의 연세가 75세입니다. 그러
므로 데라가 아브라함을 낳은 연세는130세(205-75=130)였습니다.

셈: 에벨 모든 자손의 조상

창세기 10:21-32

'21셈은 에벨 온 자손의 조상이요 야벳의 형이라 그에게도 자녀가 출생하였으니 22 셈의 아들은 엘람과 앗수르와 아르박삿과 룻과 아람이요 23아람의 아들은 우스와 훌과 게델과 마스며 24아르박삿은 셀라를 낳고 셀라는 에벨을 낳았으며 25에벨은 두 아들을 낳고 하나의 이름을 벨렉이라 하였으니 그 때에 세상이 나뉘었음이요 벨렉의 아우의 이름은 욕단이며 26욕단은 알모닷과 셀렙과 하살마웨스과 예라와 27 하도람과 우살과 디글라와 28오발과 아비마엘과 스바와 29오빌과 하윌라와 요밥을 낳았으니 이들은 다 욕단의 아들이며 30그들이 거주하는 곳은 메사에서부터 스발로 가는 길의 동쪽 산이었더라. 31이들은 셈의 자손이니 그 족속과 언어와 지방과 나라대로 었더라. 32이들은 그 백성들의 족보에 따르면 노아 자손의 족속들이요 홍수 후에 이들에게서 그 땅의 백성들이 나뉘었더라.'

첫째로 셈은 에벨 모든 자손의 조상이라는 말의 의미

창세기 10장은 민족장이라 합니다. 노아의 후손들에 의해 형성된 세계 모든 민족의 기원에 대한 기록입니다. 노아의 세 아들들의 계보가 자세히 명시되어 있습니다. 제일 먼저 큰 아들 야벳의 계보가 기록 되었고(2-5절), 그 다음에 가운데 아들 함의 계보(6-20절)가 기록되었고, 끝으로 작은 아들 셈의 계보가 기록되었습니다(21-31절). 그런데 이 계보를 보면 창세기

저자는 야벳과 함의 자손들을 소개할 때와 셈의 자손들을 소개할 때의 태도가 다른 것을 볼 수 있습니다. 야벳의 경우와 함의 경우는 '야벳의 아들은' '함의 아들은' 하고 곧 바로 아들 손자를 소개하였는데, 셈의 경우는 '셈은 에벨 온 자손의 조상이요 형 야벳의 동생이라 그에게도 자녀가 출생하였으니라'는 특별한 서론을 기록하고 있습니다.

이 서론에서 아들과 손자를 건너 뛰어 4대째인 에벨의 이름을 먼저 언급하고 있다는 사실입니다. 이 에벨은 셈의 맏아들도 아니고 맏아들의 직계손도 아니며, 셋째 아들 아르박삿의 손자였습니다. 셈은 아르박삿 외에도 네 아들이 있었고 따라서 셈은 이 모든 자손들의 조상임에도 불구하고 셋째 아들 아르박삿의 손자인 에벨을 먼저 언급하면서 '셈은 에벨 온 자손들의 조상'으로 구별했습니다. '셈은 에벨 온 자손의 조상'이라는 21절의 말씀은 하나님께서 택정하신 거룩한 선민의 가계를 이해하는데 있어서 필수적으로 중요한 계시입니다. 하나님은 특별한 목적을 가지고 21절의 이 말씀을 성경에 기록한 것입니다. 여기서 셈의 후손을 도표로 보겠습니다.

셈의 후손들(창10:21-31)

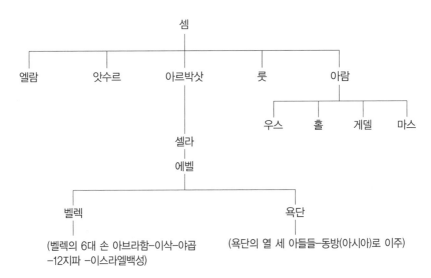

그렇다면 '셈은 온 에벨 자손의 조상'이라는 말의 의미가 무엇이겠습니까?

그것은 셈의 후손들 가운데 특별히 셈의 셋째 아들 아르박삿의 손자 '에벨의 혈통'이 하나님께로부터 선택된 종족이라는 것입니다. 셈에게 주신 약속은 '에벨의 자손'에서 이루어지도록 그 선택의 범위가 제한된 것입니다. 하나님은 많은 민족들 가운데서 특별한 표로서 이 종족을 격리시키기를 원하고 계셨던 것입니다. 셈의 복이 무차별하게 그의 모든 자손들에게 내려 오는 것이 아니라 다만 한 가족에게만 그것이 상속되어 남게 되는 것입니다. 하나님이 천손민족의 범주를 한 가족 '에벨의 후손'으로 제한하였습니다.

24절에서 에벨이 나오기 전에 벌써 셈의 후손이 여럿이 나오는데 다른 사람들은 그냥 이름만 대고 넘어가면서 에벨 만은 셈의 후손의 꼭대기에다 올려 놓은 것은 선민이 에벨을 통해서 나오기 때문입니다. **에벨은 셈의 4대 손이지만 선민의 조상이기 때문에 21절에서 특별히 언급하고 있는 것입니다. 에벨의 혈통이 셈의 종통으로서 선택 받은 종족으로 구별되었음을 계시하는 것입니다.** 그러므로 셈의 하나님은 이제 에벨의 하나님이십니다. 그렇다면 에벨의 자손은 누구입니까? 그들은 벨렉과 욕단입니다.

> 창세기 10:25, '에벨은 두 아들을 낳고 하나의 이름을 벨렉이라 하였으니 그 때에 세상이 나뉘었음이요 벨렉의 아우의 이름은 욕단이며'

신적 선택을 받은 종족인 '에벨의 온 자손'이란 곧 '벨렉 자손'과 '욕단 자손'입니다. **'셈은 에벨 온 자손의 조상'이라 했으니 셈은 곧 그 두 형제의 자손들의 조상이 된다는 말이요 하나님은 '셈의 하나님'이라 했으니 곧 '벨렉 자손의 하나님'이시요, '욕단 자손의 하나님'이신 것입니다. 여기에서 하나님의 선택 받은 백성이 하나가 아니라 둘이라는 근거를 분명히 예**

비하셨습니다. 이것은 아주 중요한 계시입니다. 하나님은 분명히 두 종족을 선택하신 것입니다. 왜냐하면 하나님은 '셈이 에벨 온 자손의 조상'이라고 했기 때문입니다. '온 자손의 조상' 이라 해서 '온' 즉 모두를 강조하고 있습니다. 그러므로 벨렉 자손과 욕단 자손 모두를 포함시킨 것입니다. 선민은 벨렉계 선민과 욕단계 선민인 두 계열의 백성이 존재하는 것입니다. 이것은 셈족의 현저한 두 계열 (Branch)입니다.

　하나님께서 셈에게 주신 복은 두 가지입니다. 첫째 복은 하나님이 셈의 하나님이시라는 것이요 둘째는 하나님은 셈의 장막에 거하신다는 것입니다. 따라서 하나님은 벨렉 자손의 하나님이시며, 또한 욕단 자손의 하나님으로서 벨렉 자손의 장막에도 거하시고 또한 욕단 자손의 장막에도 거하신다는 말씀입니다. 하나님의 특별한 임재가 약속된 선택 받은 두 백성 벨렉 자손과 욕단의 자손은 누구인가 하는 것입니다,

둘째로 벨렉계 선민은 누구인가

　벨렉은 바벨탑 건설 당시 시날 평원에 있었습니다. 이런 사실은 그가 하나님을 대적하는 바벨탑 운동에 가담했음을 뜻합니다. 그 때에 바벨탑 운동을 선동했던 인물은 함의 손자 니므롯이었습니다. 셈족의 종가인 벨렉도 다른 홍수 생존자들처럼 하나님을 대적하는 최초의 폭군인 그 악한 자의 추종자가 되었던 것입니다. 벨렉은 그 당시 많은 사람들과 같이 바벨탑 건설에 가담했습니다. 벨렉의 이름의 뜻은 쪼개다, 나누다 입니다. 나눔, 분리, 분열이라는 뜻 입니다. 그 이름의 뜻대로 그 시기에 세상이 나뉘었습니다. 벨렉은 형제 욕단과도 나누어졌습니다. 벨렉이 바벨탑 건설에 참여했다는 증거가 벨렉 이후 르우, 스룩, 나홀, 데라 등 벨렉계의 셈의 후손들이 바벨론 지역에 살고 있었으며 아브라함의 아비 데라는 갈데아 우르

에서 우상을 만들어 파는 삶을 살고 있었습니다.

하나님의 심판으로 인간들 간에 언어가 혼잡해 지면서 언어가 통하는 사람들끼리 모여 흩어져 나갔을 뿐만 아니라 지구가 그 때에 각 대륙으로 쪼개져 나갔습니다. 언어뿐만 아니라 지역까지도 각각 떨어져 나갔습니다. 벨렉의 아버지 에벨은 464 년을 살았는데 그 아들 벨렉 때에는 239년 살았습니다. 이것은 에벨 시대의 평균 연령이 464년 정도 되었을 것이요, 그 아들 벨렉 시대에는 그 당시 인간수명이 239세로 그의 아들 르우는 239, 그 손자 스룩도 239세로 단축되었습니다. 벨렉 뿐만 아니라 그 당시 사람들의 수명이 그렇게 줄었던 것은 바벨탑 사건에 대한 하나님의 진노의 결과인 것입니다. 에벨 때에 비해 수명이 갑자기 반으로 줄었습니다. 벨렉은 홍수 이후 10대 가운데 가장 먼저 죽었습니다.

벨렉 이후 르우, 스룩, 나홀, 데라 등 셈족인 에벨의 자손들이 우상을 섬기고 타락의 삶에 빠져 살아 가고 있었습니다. 그러나 하나님은 신실하십니다. 하나님이 셈에게 주신 복은 소멸하지 않습니다. 셈의 10대 손이요, 벨렉의 6대 손인 아브라함에게 하나님께서 찾아 오신 것입니다. 벨렉 족속은 바벨탑 사건 때에 하나님의 심판으로 인류가 사방으로 흩어질 때에 바벨론에서 비교적 가까운 지역으로 이주하였습니다. 6대 손 아브라함이 유프라데스 강 동쪽 이라크 남단인 우르에 살고 있을 때에 하나님께서 그를 불러 내서서 하나님이 지시하시는 땅으로 가라고 계시하셨습니다. 아버지 데라와 함께 우르를 떠나 하란에 왔다가 아버지 데라가 죽자 하나님께서 다시 나타나서서 가나안으로 가라는 명령에 순종하였을 때에 나이가 75세였습니 다.

그리하여 아브라함은 일찍이 벨렉의 후손에게 계승되어 기다리고 있던 셈에게 내린 복을 상속 받았습니다. 아브라함은 이삭을 낳고, 이삭은 야곱을 낳고 야곱은 열두 아들을 낳았으며 이들로부터 언약 백성인 이스라엘이 탄생되었습니다. 이렇게 이스 라엘이 선민이 된 것이요 하나님은 이스라엘 백성 가운데 특별히 임재하셨습니다. 하나님이 아브라함을 택하신 것은 세계 만민의 구원을 위한 것이었습니다. 아브라함 시대 이후 이스라엘 땅과 이스라엘 백성은 모두 하나님 구원의 계획의 중심이 되어 왔습니다.

하나님의 선택 받은 백성으로서 이스라엘은 아브라함과 그의 자손들보다 이전 세대인 벨렉으로까지 소급되는 것입니다. 그 뿐만 아니라 아담에게서 노아에 이르는 하나님의 인류구원을 위한 복음이 아브라함과 그 자손에게 전달된 것입니다. 이스라엘을 향한 하나님의 목적은 이 민족을 통해서 이 세상에 구세주를 보내실 계획이었으며, 이스라엘을 거룩한 계시의 위탁처로 삼으려는 것이었습니다. 또한 그 구원 계시의 전달자로서 모든 민족에게 복음을 전달하여 세계 복음화를 예비하게 하시는 것이었습니다. 할렐루야 아멘

~

에벨의 온 후손, 벨렉과 욕단

창세기 10:21-31

'21셈은 에벨 온 자손의 조상이요 야벳의 형이라 그에게도 자녀가 출생하였으니 22 셈의 아들은 엘람과 앗수르와 아르박삿과 룻과 아람이요23 아람의 아들은 우스와 훌과 게델과 마스며 24아르박삿은 셀라를 낳고 셀라는 에벨을 낳았으며 25 에벨은 두 아들을 낳고 하나의 이름을 벨렉이라 하였으니 그 때에 세상이 나뉘었음이요 벨렉의 아우의 이름은 욕단이며 26욕단은 알모닷과 셀렙과 하살마웨스과 예라와 27하도람과 우살과 디글라와 28오발과 아비마엘과 스바와 29오빌과 하윌라와 요밥을 낳았으니 이들은 다 욕단의 아들이며 30 그들이 거주하는 곳은 메사에서부터 스발로 가는 길의 동쪽 산이었더라 31 이들은 셈의 자손이니 그 족속과 언어와 지방과 나라대로였더라.'

창세기 11:16-29, '16에벨은 삼십사 세에 벨렉을 낳았고 17벨렉을 낳은 후에 사백 삼십 년을 지내며 자녀를 낳았으며 18벨렉은 삼십 세에 르우를 낳았고 19 르우를 낳은 후에 이백 구 년을 지내며 자녀를 낳았으며 20르우는 삼십이 세에 스룩을 낳았고 21스룩을 낳은 후에 이백칠 년을 지내며 자녀를 낳았으며 22스룩은 삼십 세에 나홀을 낳았고 23나홀을 낳은 후에 이백 년을 지내며 자녀를 낳았으며 24나홀은 이십구 세에 데라를 낳았고 25데라를 낳은 후에 백십구 년을 지내며 자녀를 낳았으며 26데라는 칠 십 세에 아브람과 나홀과 하란을 낳았더라 27데라의 족보는 이러하니라 데라는 아브람과 나홀과 하란을 낳고 하란은 롯을 낳았으며 28하란은 그 아비 데라보다 먼저 고향 갈대아인의 우르에서 죽었더라 29아브람과 나홀이 장가 들었으니 아브람의 아내의 이름은 사래며 나홀의 아내의 이름은 밀가니 하란의 딸이요 하란은 밀가의 아버지이며 또 이스가의 아버지더라.'

창세기 10:21절에 셈은 에벨 온 자손의 조상이라고 했습니다. 그리고 25절에 의하면 에벨의 자손은 벨렉과 욕단입니다. 그런데 이 두 절들을 비교해 볼 때에 창세기 10:21-31은 욕단의 후손들 족보이며, 창세기 11:16-29은 벨렉의 후손들 족보입니다. 우리는 지금까지 창세기 10:21-31의 욕단에 대해서는 기억도 없었는데 성경은 욕단에 대해 분명히 말씀하고 있으며 그 아들들 13명을 일일이 언급하고 있습니다. 그런데 여기에서 끝난 것이 아니고 역대상 1:19-23 에서도 언급하고 있습니다. 그러므로 하나님께 선택 받은 백성은 하나가 아니라 둘이었습니다. 하나님은 분명히 에벨의 '온' (모든) 자손이라 하셨습니다. 하나님의 선택된 백성은 벨렉계와 욕단계 두 계열의 백성이 존재합니다.

통상적으로 그리스도인들은 선택된 백성을 이스라엘, 즉 벨렉의 후손과만 연관시켜 왔습니다. 그 이유는 성경에서 아브라함 시대 이후 줄곧 이스라엘 땅과 백성이 구원사에서 중심이 되어 왔기 때문일 것입니다. 이것이 그리스도인들로 하여금 욕단계 선민에 대한 주의와 관심을 놓치게 했던 것입니다. 에벨의 둘째 아들 욕단의 가계는 다른 셈의 후손들과는 달리 열셋 아들들의 이름을 다 열거하였으며 그 이름들이 두 번이나 명백히 기록되어 있습니다. 이것은 우리들로 하여금 이 족속들에 대해 유심하라는 암시인 것입니다. 하나님의 주권적 목적을 위해 택함 받은 또 하나의 선민으로서 주님의 특별한 계획 아래 있는 백성이기 때문에 후대 사람들이 잊지 않고 추적해 주기를 바라셨던 것입니다.

첫째로 감추어 둔 선민

벨렉의 후손으로부터 이스라엘이라는 특별한 나라가 출현 했기 때문에 하나님은 욕단의 후손을 잊으셨습니까? 그렇다면 왜 하나님은 애초에 천손민족의 범주를 에벨의 온 자손으로 제한하였겠습니까? 하나님은 분명히 에벨 온 자손 즉 에벨의 모든 자손(all the children of Eber)인 벨렉과 욕단을 선택하신 것입니다. 그러므로 욕단의 후손도 때가 차면 반드시 열방가운데 드러나서 선민의 지위에 합당한 역할을 확실히 수행할 것입니다. 예수님은 하나님의 말씀은 일점 일획도 빠짐없이 다 이루신다고 하셨습니다. 하나님은 욕단계 선민을 감추어 두신 것이지 절대로 잊으신 것이 아닙니다. 하나님은 벨렉의 후손인 이스라엘을 2000년 동안이나 방치하셨다가 말씀에 따라 그들을 고토로 모으시고 있다는 사실을 우리는 목격하고 있습니다.

하나님은 벨렉의 후손 이스라엘을 선택하신 것은 하나님의 구원사에 세 가지 목적을 성취하시기 위해 먼저 사용하신 것입니다. 그러므로 그들은 겉으로 드러난 선민이 되었고, 욕단의 후손은 속으로 감춘 선민이 되었을 뿐입니다. 하나님은 이스라엘 백성들을 선택하셔서 언약하시기를 내가 너희의 하나님이 되어 주겠다고 하셨습니다. 그런데 우리가 놓쳐서는 안 될 것은 언약 백성 이스라엘은 어디까지나 창세기 10:21의 셈은 **"에벨 온 후손의 조상"**이라는 말씀을 근거로 출현 했다는 사실입니다. 언약 형식이 나타나기 전에 이미 에벨의 장자 벨렉의 후손 이스라엘은 하나님의 백성으로 **'지목받았다'**는 사실입니다. 그러므로 벨렉의 후손 이스라엘은 '명시적 언약 백성'이라면 에벨의 작은 아들 욕단의 후손은 '묵시적 언약 백성'인 것입니다.

하나님의 선민도 눈으로 보기에 밖으로 드러난 선민이 있고 안으로 감추인 선민이 있다는 것입니다. 그러나 겉 사람 보다 속 사람이 더 중요 하듯이 겉으로 드러난 선민보다 속으로 감추인 선민이 더 소중합니다. 감춘다는 것은 중요하다는 뜻입니다. 땅 속에 감추인 보화 이야기를 생각하실 것입니다. 욕단의 후손들이 바로 이런 존재들인 것입니다. '욕단의 후손'도 하나님의 특별하신 뜻이 있어 하나님은 그들도 세상 어딘가에 한 나라를 이루게 하시고 은밀히 감추어 놓으신 것입니다.

둘째로 욕단의 후손을 찾아서

그렇다면 욕단의 후손을 어떻게 찾아 볼 수 있습니까? 성경에서 욕단의 후손은 처음 세대 이후에는 전혀 언급이 없습니다. 욕단의 열세 아들의 가계는 두 번이나 기록되어 있습니다. 욕단의 가계는 고대 성경 시대에 기록된 가장 큰 가계입니다. 욕단의 후손은 처음 세대 이후 더 이상 언급이 없지만 하나님께서는 욕단계 선민을 찾을 수 있도록 결정적인 단서를 남겨두셨습니다. 그것이 바로 창세기 10:30절 말씀입니다.

'그들이 거주하는 곳은 메사에서부터 스발로 가는 길의 동쪽 산이었더라.'

이 구절이 욕단의 후손이 누구인가를 찾는데 결정적인 열쇠를 제공하고 있습니다. 성경은 욕단의 거주지가 '메사에서부터 스발로 가는 길의 동쪽 산'이라고 말씀하고 있습니다. 그러므로 '메사'와 '스발'의 위치가 어디이며 '동쪽 산'이란 어느 지역의 산을 지칭하는 것인지를 확인하면 욕단계 선민이 어디에 있는 누구인가를 알 수 있을 것입니다.

어떤 성경 연구가들은 욕단의 아들들의 이름들이 역사적으로 아랍부족의 이름과 같은 스바, 오빌, 하월라이며 더욱이 아라비아 남단에는 스바, 오빌, 하월라라는 지명도 나타나기 때문에 욕단이 아라비아로 갔다고 생각합니다. 그래서 욕단족속은 아라비아 남단에 정착하여 현재 아랍민족의 조상이 되었다고 말합니다. 이 아랍 부족의 이름은 함의 가계인 구스 민족의 후손에 속한 것입니다. 함의 자손 구스의 맏아들이 스바였으며, 손자 중에도 스바가 있습니다(창10:6). 또 하윌라도 구스 의 둘째 아들입니다. 그들이 그 땅에서 살고 있었으니 그들의 이름을 따라서 지명을 삼은 것입니다. 오빌도 스바와 하윌라 부근의 홍해 안에 있는 금 산지로 알려진 곳으로서 솔로몬 왕을 방문했 던 스바 여왕의 통치 지역이었습니다. 따라서 그곳도 역시 함 계통의 구스 민족이 살고 있었음이 분명합니다.

현재 아랍민족은 이스마엘의 후손이 **퍼졌고**, 롯의 후손 모압과 암몬족속, 그 밖에 셈의 아들인 엘람족, 아수르족, 룻족, 아람족 등이 섞여 있습니다. 그러므로 욕단이 아라비아로 가서 아랍부족의 선조가 되었다고 하는 사람들은 '메사' 와 '스발' 의 위치를 결코 찾을 수 없을 것입니다. 이들 자신들도 메사와 스발의 위치를 찾을 수 없다고 말합니다. 아라비아 주변에는 그런 곳이 과거에도 없었고 지금도 없습니다. 그리고 아라비아 지역에는 창세기 10:30에서 말하는 동쪽의 높은 산맥도 없습니다. 욕단의 후손이 어디의 누군지를 찾는 데 결정적인 단서를 제공하는 것은 욕단계 선 민이 동양에 거주하고 있다고 말합니다. 아라비아는 본문이 말하는 동방이 아닙니다. 아라비아는 남방이기 때문입니다. 세계지도를 보면 아라비아 반도는 아프리카의 우측에 위치했습니다. 그렇다면 동방 산은 어디 이겠습니까? 창세기 10:30의 산이라는 말은 히브리어로 하르(הר)입니다. 그 뜻은 단지 하나의 산이 아닌 산맥, 산지를 의미합니다. 특히 본문처럼 단수로 사용되었을 경우에는 산맥 혹은 일정한 지역의 산들을 가리킵니다. 한글 개역성경에서 '동편 산' 이라고 번역했기 때문에 원문의 뜻을 충분히 전하여 주지 못하고 있습니다. 동편 산 대신에 동편 산지 혹은 동편 산맥 또는 동방 산악지대로 번역해야 옳을 것입니다. 그런데 공동번역 성경은 '동쪽 산악지대' 라고 번역하여 원문의 뜻을 정확히 전하여 주고 있습니다. 현대인의 성경은 더욱 정확하게 묘사하고 있습니다. '이들이 사는 땅은 메사에서부터 동쪽 산간 지역 스발까지였다.' 쉬운성경은 '이들은 메사와 동쪽 땅의 산악 지방에 있는 스발 사이에서 살았습니다.'

창세기가 말하는 욕단족속이 거주했다는 '동쪽 산악지대'라는 곳은 산맥과 산악지대가 많은 동양의 산들을 표시한 것입니다. 동편 산은 하르 하 케뎀(הר הקדם)인데 케뎀은 동양 혹은 태평양과 맞닿는 아시아 동쪽 가장자리를 뜻합니다. 케뎀의 어원은 가장자리이며, 지리학적으로는 태양이 떠오르는 쪽에 있는 아시아 해변 지역들을 언급합니다. 케뎀은 또한 고대의 시작(시대의 가장자리, the Front of time)이라는 어원도 가지고 있으므로 고대 동양으로 번역해야 할 때도 있습니다. 그러므로 동쪽 산악지대란 고대 동양의 산을 의미합니다. 이 산은 고대 전승의 동양에 있던 어떤 특별한 산을 언급할 수도 있고, 전체 동양을 의미할 수도 있습니다.

이제 메사의 위치를 확인해 볼 차례입니다

대부분 그리스도인들은 홍수 이후 노아의 후손들이 곧 바로 시날 평원으로 옮겨가 하나님을 대적하는 바벨탑을 쌓았다고 생각합니다. 그것은 성경을 생각 없이 잘못 읽었기 때문입니다. 창세기 11:2에서 홍수 이후 사람들이 바벨론 평지에 이르기 전에 먼저 동쪽으로 이동하여 가던 중 동쪽으로부터 방향을 전환하여 서쪽으로 가다가 바벨 평지를 만난 것으로 되어 있습니다. 아마도 홍수 후 사람들이 동쪽으로 가다가 방향을 전환하여 서쪽 바벨론 평지에서 서로 **갈라진 곳이 메사인 것 같습니다. 공동번역** 창세기 11:2에서, '사람들은 동쪽에서 옮아 오다가 시날 지방 한 들판에 이르러 거기 자리를 잡고' 했습니다. **개역성경**에는 동방으로 옮겨 간 것으로 되어 있는데 히브리어 성경은 동방으로부터 라고 되어 있습니다. 킹제임스 성경에도 from the east로 되어 있습니다.

그러므로 그들은 동쪽에서부터 서쪽으로 방향을 전환하여 이동하다가 시날 평지를 만났다는 것입니다. 이것은 홍수 생존자들이 방주가 정박했던 아라랏 산지를 떠나 처음 이동했던 지역이 바벨론 평지가 아니었다는 것을 말합니다. 이들이 처음에 동쪽으로 점점 이동하던 중에 사람들이 이곳 저곳 살기 좋은 곳을 찾아 다녔을 것입니다. 그러다가 사람들이 서쪽 지역 티그리스 강을 만나게 되었을 것이요 또 서쪽의 유프라테스 강을 만났을 것이요 그 두 강 사이의 비옥한 땅인 시날 땅, 메소포타미아 평원을 발견하고 그 쪽으로 가서 살자고 결의했을 것입니다. 물도 풍부하고 땅도 비옥해서 사람들이 살기에 가장 적합한 곳인 것을 발견했습니다. 모두 방향을 바꾸어 서쪽으로 이동하면서 **바벨론 평지에 이르러** 그곳에 살면서 바벨탑을 짓기 시작한 것입니다.

대 홍수 후 욕단이 유일신 신앙을 갖고서 동양으로 이동을 시작할 때에 하나님을 불신하는 마음을 품고서 반대 방향인 서쪽, 즉 시날 평원으로 이동하도록 선동한 자가 니므롯입니다. 이 때에 벨렉도 형제인 욕단을 버리고 니므롯의 무리와 하나가 되어 서부로 갔던 것입니다. 니므롯은 역사상 하나님을 대적하는 최초의 폭군이었습니다. 그는 시날 평원에서 하나님을 반역하는 세계적인 대 제국을 건설하려 했습니다.

지금까지 살펴 보았듯이 홍수 후 세대들이 처음에 동쪽으로 이동했다가 **메사에서** 서쪽으로 이동 하게 되었고 시날 평지를 만나 그곳을 정착지로 삼습니다. 이것이 홍수 후 생존자들의 바벨론 이전 시대의 이동 경로였습니다. 이 사실을 아는 것이 매우 중요합니다. 왜냐하면 이것은 욕단이 나중에 **어느** 경로로 이동하였는가를 추적할 수 있기 때문입니다. 또한 메사의 위치를 찾는데도 도움이 되기 때문입니다. 홍수 이후 생존자들의 바벨론 이전 시대의 이동 경로는 아라랏 산에서 내려와 살면서 서서히 동방으로 이동하다가 북부 이란 고원을 지나 바벨론 동부에 이르는 경로로 100년 이상 계속되었습니다.

그런데 이 '대적자' 를 따라서 셈으로부터 욕단과 함께 선민의 거룩한 가계를 계승한 에벨의 혈통 벨렉이 형제 욕단을 버리고 서부 바벨론으로 갔던 것입니다. 욕단의 가계는 무엇보다도 큰 아픔을 겪어야 했습니다. 이 때는 아직 노아를 비롯해 아르박삿, 셀라, 벨렉과 욕단의 아버지 에벨이 살아 있을 때였습니다. 벨렉의 가계는 아버지 에벨과 형제 욕단의 가계와 이별하고 서쪽으로 향하여 가고 욕단의 가계는 동양으로 향하여 갔던 것 입니다. 벨렉이 바벨론으로 갔다는 증거가 그의 이름에서 나타납니다. 벨 렉의 이름의 뜻이 창세기 10:25, '에벨은 두 아들을 낳고 하나의 이름을 벨 렉이라 하였으니 그 때에 세상이 나뉘었음이요 벨렉의 아우의 이름은 욕 단이며'에서 벨렉이 바벨탑 운동에 가담한 것을 알 수 있습니다.벨렉은 바벨탑운동 때에 언어가 혼잡되어 그 당시 그 현장의 사람들과 나누고 헤 어졌지만 그 앞서 먼저 욕단 형제와의 갈라짐과 헤어짐이 먼저였습니다.

넷째로 서쪽으로 갈 것인가 동쪽으로 갈 것인가

서쪽으로 가는 길은 많은 사람들이 택하는 길이요 넓은 길이요 가기에 가깝고 편한 길이요 그곳은 물도 풍부하고 기름진 땅, 메소포타미아 평원 입니다. 그곳은 삶이 보장된 땅입니다, 그러나 동쪽으로 가는 길은 많은 산맥을 넘어야 합니다, 산을 넘고 물을 건너, 협곡을 헤매고, 멀고, 춥고, 덥고, 배고프며, 사나운 짐승들이 득실거리는 좁고 험난한 길입니다. 그러 나 욕단의 가계는 멀고 험난한 동쪽 길을 택했습니다. 이들은 이런 악조건 이지만 한 가지 분명한 것은 하나님과 함께 가는 길이었습니다.

하나님과 함께 가는 길이라면 어떤 위험도 감수하겠으며,어떤 고생도 각오할 것이며 배고픔도 고달픔도 고통과 위험과 죽음도 받아들일 것입 니다. 누구든지 살고자 하는 자는 죽을 것이요, 누구든지 하나님과 복음 을 위해 죽고자 하는 자는 살 것이라 했습니다. 물론 이들도 비록 파미르 고원, 천산산맥, 알타이산맥을 넘어가야 하지만 가장 안전한 길, 가장 짧은 길을 찾았을 것입니다. 무엇보다 하나님께서 함께 하심으로 하나님의 인도하심과 하나님의 능력이 이들을 지키시고 보호하시고 힘주셨을 것입니다.

이제 욕단 족속은 바벨론 소요에 전혀 영향을 받지 않고 동쪽 스발을 향해 가고 있었습니다. 벨렉과 욕단의 헤어짐으로 두 종류의 히브리 가계가 형성되었습니다. 즉 서부 아시아에 거주하는 서부 히브리 민족과 동양에 거주하는 동부 히브리 민족입니다. 창세기 10:21은 셈이 '에벨 온 자손의 조상' 즉 히브리 민족의 조상이라고 말씀하고 있습니다. 히브리어 '에베르(עֵבֶר)'에서 '히브리'가 유래되었습니다. 에벨의 뜻은 건너다라는 뜻입니다. 이것은 에벨이 바벨탑 사건에 가담하지 않고 유브라테스 강을 건너갔다는 말입니다. 히브리는 강 건너 편에서 온 사람이란 뜻입니다. 아브라함이 강을 건너 하란을 경유해서 가나안으로 갔습니다. 히브리는 에베르의 종족을 나타내는 말입니다. '에벨 또는 에벨의 계통을 잇는'이란 뜻입니다. 에벨은 두 아들 벨렉과 욕단을 낳았습니다.

따라서 히브리 민족은 에벨로부터 나온 두 가계, 벨렉과 욕단 계통을 잇는 자손입니다. 아시아 서쪽으로 간 벨렉계는 서부 히브리(עֵבֶר)인이요 동양으로 간 욕단계 선민은 동부 히브리(עֵבֶר)민족입니다. 욕단도 히브리 민족에 속합니다.

이제부터 스발의 위치를 알아 보겠습니다. 욕단은 스발을 향해 동쪽으로 옮겨갔습니다. 스발은 그의 목적지였습니다. 창세기 10:30을 히브리어 원문에서 직역하면 다음과 같습니 다. '그리고 그들의 거주지는 당신이 메사로부터 새팔(새파르)로 가면서 동쪽에 있는 산이었다.' (And their dwelling was from Mesha, as thou goes unto Sephar mount of the east, KJV).

스발을 히브리어에서 음역하면 새팔(הַסְפָר)입니다. 여기 '새팔로 가면서'라는 말은 욕단 족속이 동양의 어떤 특정한 산지에 정착한 것이 아니라 '새팔'을 향해 계속 동쪽으로 옮겨갔음을 의미하는 것입니다. 그렇다면 '새팔'의 위치는 어디이겠습니까? 이 '새팔'은 당시에 존재하거나 알려진 도시와 장소의 이름이 될 수 없습니다. 모든 것이 홍수로 인해 지워졌기 때문입니다. 욕단이 천동하기까지 동양에는 아직 누구도 살고 있지 않습니다. 새팔은 일단 아시아 동쪽의 어느 곳에선가에서 추적되어야 합니다. 왜냐하면 욕단은 동방의 산악지대인 파미르고원, 천산산맥과 알타이산맥을 넘어 동쪽으로 이동하고 있었기 때문입니다.

알타이산맥을 넘어 동쪽으로 좀더 이동하면 '시베리아' 벌판이 전개됩니다. 시베리아는 고조선의 창건 무대인 만주 대륙이 연장된 땅으로 우리 한민족의 고향입니다. 높은 산들을 넘어 유라시아 대륙 동쪽으로 멀리 이동한 욕단 족속은 남북만주 및 시베아를 아우르는 동방의 새 땅을 새팔 즉 새발이라고 하였습니다. 새발은 새벌의 고어로서 새 땅, 새 들판이라는 뜻입니다. 욕단의 목적지 새팔은 바로 우리 한민족의 발상지 새발(시베리라-만주)을 예시한 것입니다. 새팔과 새발은 발음이 아주 유사합니다. 'ㅍ'을 약하게 소리내면 'ㅂ'이 됩니다. 'ㅍ'과 'ㅂ'은 모두 파열음으로서 한 계통의 소리입니다. 따라서 자주 혼용되기도 합니다. 예를 들면 안밖을 안팎이요 동이족의 후예인 아파치 인디언은 '아버지'를 '아파치'라고 부릅니다. 따라서 새팔은 새벌로 간주 할 수 있습니다.

그리고 새발의 어원은 새밝인데 '새 밝은 곳'이라는 말입니다. 이는 유라시아 대륙의 동쪽 끝인 그 땅이 빛이 시작되는 새 땅이요, 새밝 나라이기 때문입니다. 새발의 '발'은 '밝'에서 가지쳐 나온 말로서 원래는 광명의 뜻이었는데 '벌', '들', '나라' 등의 뜻으로 바뀌었습니다. 새발의 '발'은 곧 '벌'인 것입니다. 벌은 벌판, 들판을 말합니다. 서라벌, 서벌, 서나벌, 서야벌 등등

시베리아는 만주벌판이 연장된 땅으로서 만주와 같은 땅이라고 해도 틀림이 없는 곳 입니다. 그곳은 우리 배달겨레의 역사의 고향입니다. 따라

서 그곳을 부르던 우리의 땅이름이 아득한 옛날부터 있었는데 그것이 토박이 말로 '시비리' 입니다. 이 시비리는 새벌의 변음입니다. 우리 한글 홀소리가 아에이오우로 굴러감에 따라 이 '새' 가 사서소수스시로 굴러감이 보통입니다. 우리말 '새' 가 그 같이 여러 가지 소리로 나타납니다. '시비리'의 '시'는 '새'를 뜻하는 말입니다. 그리고 시비리의 '비리'는 벌의 의미를 갖는 순수한 우리말입니다. '비리'와 비슷한 말에 '누리' 가 있는데 '비리'는 '벌' 만 뜻하지만 누리(온 누리)는 땅 덩어리, 곧 산과 계곡, 강과 바다, 벌과 들 등 땅 위의 모든 것을 말합니다.

'시비리'는 새 벌을 말합니다. 시베리아의 가장 옛 이름이 한국어 시비리입니다. 이 토박이 말을 우리는 잊고 있으나 북한의 조선말 사전(사회과학출판사, 1919년)은 '시베리아'를 '씨비리' 라는 명사로 분명히 풀이해 놓았습니다. 이 '시비리'가 시베리아로 불려지게 된 것은 고구려가 망한 후 방치되던 '시비리'를 16세기 러시아가 불법 강점 하면서부터 입니다. 러시아족이 동침한 이후 '시비리'는 그 신비한 모습을 세계사에 드러내게 되었는데 시비리를 강점한 러시아인도 옛말 그대로 시비리 그대로 사용하였습니다. 그것을 영국인들이 듣고 마치 고려를 코리아로 부른 것처럼 시베리아로 부른 것이 오늘날 시베리아로 세계에 알려지게 된 것입니다. 시베리아는 한국어 시비리에서 유래한 영어식 지명일 뿐입니다.

할렐루야 아멘,

니므롯과 바벨탑 건축

창세기 10:6-12, 창세기 11:1-9

창세기 1-11장의 창세기 원역사를 보면 인간이 하나님께 범죄하여 반역하는 일에 하나님께서 크게 간섭하시는 사건들이 몇 번 있습니다. 범죄한 아담과 하와를 에덴 동산에서 쫓아내시는 사건, 노아 홍수로 온 인류를 멸하시는 사건과 노아 홍수가 지난 후 바벨성과 바벨탑 건축에 관여하셔서 그 일을 더 이상 도모하지 못하도록 인간들의 언어를 혼잡하게 하신 사건입니다. 그후 창세기 19장에서 소돔과 고모라를 불로 멸한 사건들입니다. 위의 일들은 인간들이 하나님을 배반하거나 하나님께 대항한 사건들입니다. 이런 일을 배후에서 조종한 것이 사탄이었습니다.

우리가 창세기 원역사를 공부하는 것은 이런 일들이 과거에 있었던 한 사건으로 끝나는 것이 아니고 우리 세대와 연결되기 때문입니다. 예수님께서 누가복음 17:26-34에서 말씀하시기를 노아의 때와 소돔과 고모라 때에 일어난 일들이 예수님이 나타나는 날에도 그와 같으리라고 했기 때문입니다. 바벨탑 사건은 인간들이 하나님을 대항한 사건으로 너무나 중요한 사건입니다. 이 바벨탑은 누가 주동하였겠습니까? 그 주동자는 니므롯입니다. 이제 니므롯에 대해 알아보기로 하겠습니다 창세기10:8-9에 의하면 니므롯은 노아의 세 아들 중 함의 손자 니므롯이라 했으며 니므롯에 대한 설명에서 세상에 처음 용사요, 여호와 앞에서 용감한 사냥꾼이며, 바벨의 시조로 기록돼 있습니다. 대개 족보는 누가 누구를 낳고로 이어지는데 함의 족보를 언급하다가 **니므롯에 이르러 그의 사적을 상세하게 기록하는 것을 볼 때 니므롯에 대해 주목하기를 원하는 뜻이 담겨 있음을 알 수 있습니다.** 성경은 무려 5절에 걸쳐 니므롯에 대해 언급하고 있습니다. '니므롯' 이라는 이름의 뜻은 '님(높은 사람)' + '마라드(반역한다, 대항한다)' 으로서 님은 높은 사람의 이름 앞에 붙이는 칭호이며, 반역하다, 대항하다를 나타내는 히브리어 동사 마라드에서 유래된 이름이라고 합니다. 「바빌로니아 탈무드」는 기술하기를, "그러면 그가 니므롯이라고 불린 이유는 무엇인가? 그가 온 세상을 선동하여 그분[하나님]의 주권에 반역하게 했기 때문이다."고 했습니다.

첫째로 언어의 기원과 혼잡

창세기11:1, '온 땅의 언어가 하나요 말이 하나였더라.' 했는데 공동번역에서는 '온 세상이 한 가지 말을 쓰고 있었다. 물론 낱말도 같았다' 로 번역합니다. 말하자면 말만 있은 것이 아니라 문자도 있었다는 말입니다. 영어번역본들이 'Now the whole world had one language and a common speech.' 했는데 Orthodox Jewish English Bible;에서는 'And the kol HaAretz was of one language and of devarim achadim (common words).' 라고 하여 말과 문자가 있었다고 했습니다. New American Standard Bible 에서는 'Now the whole earth used the same language and the same words' 라 해서 말과 문자가 있었다고 했습니다.

International Standard Version에서는 'There was a time when the entire earth spoke a common language with an identical vocabulary.'

역시 문자가 있었다고 했습니다. 우리 말 성경에 '언어' 라고 한 것은 히브리어로 사파인데 영어로는 language 즉 말(언어)을 말합니다. 우리 말로 '말'이라고 한 것은 히브리어로 다바르인데 영어로speech(혹은 Words, 혹은 vocabulary)로 번역되고 있습니다.

그 당시에 말만 있었던 것이 아니라 문자도 있었다는 것을 보여줍니다. 글을 읽고 쓸수 있었음을 말하고 있습니다. 인류학자들이나 언어학자들은 인간의 글은 긴 세월을 통해 발달된 것으로 말합니다. 그러나 하나님께서 처음부터 말할 수 있는 능력과 동시에 표현할 수 있는 글자를 주셨다는 것을 알 수 있습니다. 아담과 하와에게 서로 통할 수 있는 말을 주셨고 문자를 주셨습니다. 하나님께서 인간을 창조하실 때에 주신 말과 문자는 정확한 것이었는데 바벨탑 사건 이후에 말이 혼란해지면서 인간들이 산지 사방으로 흩어지면서 말도 달라지고 문자도 달라졌을 것입니다. 홍수 이전까지는 온 인류에게 말도 하나요 문자도 하나이었는데 홍수 이후에는 말이 바뀌면서 인류가 서로 흩어지는 과정에서 어떤 사람의 그룹들은 그 말과 문자를 그대로 가지고 나간 자들도 있고 어떤 부류의 그룹들은 말만 가지고 나가고 문자를 가지고 나가지 못한 그룹들도 있었을 것입니다. 그 때 사람들이 만들어 나가는 글자들이 오늘날 우리가 바라보는 고대문자들이었을 것입니다. 그 결과 상형문자 같은 원시적 문자를 발명한 것을 후대 언어학자들이 긴 세월 동안에 발전해서 만들어진 것이라고 생각하게 되었을 것입니다.

창세기 10:1, 5 을 보면 셈 함 야벳의 자손들이 언어에 따라 종족 별로 지면에 흩어진다고 말씀하고 있습니다. 부족별로 흩어지지만 하나님께서 가족 내에서 아내와 남편, 부모와 자식 간에는 흩어지게 하지 않았음을 봅니다.

'노아의 아들 셈과 함과 야벳의 족보는 이러하니라 홍수 후에 그들이 아들들을 낳았으니… 5 이들로부터 여러 나라 백성으로 나뉘어서 각기 언어와 종족과 나라대로 바닷가의 땅에 머물렀더라.'

둘째로 니므롯의 바벨탑 건축 의도

창세기 11:4, '또 말하되 자, 성읍과 탑을 건설하여 그 탑 꼭대기를 하늘에 닿게 하여 우리 이름을 내고 온 지면에 흩어짐을 면하자 하였더니'

여기서 탑은 히브리어로 '미게달'인데 이 탑을 높이 쌓아 하늘에 닿게 하고 자신들의 이름을 내자고 합니다. 이름은 히브리단어로 '쉠'인데 이 쉠이 갖는 다른 뜻은 명성, 남에게 인정을 받고 존경을 받는 것을 말합니다. 또 다른 뜻은 우상의 이름, 거짓 신의 이름을 말하는데 '이름을 내자'라고 하는 것은 더 이상 여호와 하나님을 하나님으로 섬기지 말고 다른 신을 만들자라는 것입니다. 하나님을 자신들의 신으로 모시지 않겠다는 것입니다. 왜냐하면 여호와 하나님은 우리 인간을 홍수로 멸망시키신 분이기에 그 신에게 더 이상 관계를 하지 않는 것이 우리에게 유리하다는 것입니다. 우리가 그 신과 상대하려면 다른 신을 만들어 신과 신끼리 서로 상대하게 하자는 것입니다. 이때부터 우상 숭배가 시작됩니다. 여기에서 본격적인 반역이 일어나는 것입니다. 우리가 흩어짐을 면하자고 합니다. 똘똘 뭉치자고 합니다. 하나님께서는 인간들이 서로 흩어짐을 면하자고 하는데 신경을 곤두세웠습니다. 그래서 말을 혼란케 함으로 인간들을 흩어버리셨습니다.

노아의 홍수 이전에는 종교적인 문제로 하나님의 진노가 일어나지 않았습니다. 그들이 우상을 만들어 하나님을 욕보이거나 모욕하지 않았습니다. 노아 홍수 이전에는 윤리적인 타락, 도덕적인 타락 때문이었습니다. **그러나 니므롯의 바벨탑 사건, 홍수 후에는 종교적인 타락이 일어납니다. 이 때부터 우상숭배가 시작됩니다.** 나중에 니므롯이 우상신이 되고, 사탄이 하나님 대신에 인간이 섬기는 대상이 됩니다. 바벨론이 우상종교의 원조가 됩니다. 여기에서 우상종교가 온 세계에 퍼져 나갑니다.

요한계시록 17장은 영적 음녀(종교통합)에 대한 심판을 보여 주는데 영적음녀는 우상종교를 말하며 우상종교는 그 원조가 니므롯의 바벨론입니다. 이 영적 바벨론에 대한 심판이 시작됩니다.

> 요한계시록9:14-15, '나팔 가진 여섯째 천사에게 말하기를 큰 강 유브라데에 결박된 네 천사들을 놓아 주라 하매 네 천사가 놓였으니 그들은 그 년 월 일 시에 이르러 사람 삼분의 일을 죽이기로 준비한 자들이더라'

또한 큰 전쟁이 이 지역 바벨론에서 일어나면서 심판이 여기서부터 시작됨을 볼 수 있습니다. 요한계시록 16:12 에서도 아마겟돈전쟁이 이 지역에서부터 시작되는 것을 봅니다.

> '또 여섯째 천사가 그 대접을 큰 강 유브라데에 쏟으매 강물이 말라서 동방에서 오는 왕들의 길이 예비되었더라.'

계시록 17:5-6, 큰 바벨론이 땅의 음녀, 가증한 것들의 어미로 표현되고 있습니다.

> '그의 이마에 이름이 기록되었으니 비밀이라, 큰 바벨론이라, 땅의 음녀들과 가증한 것들의 어미라 하였더라. 또 내가 보매 이 여자가 성도들의 피와 예수의 증인들의 피에 취한지라 내가 그 여자를 보고 놀랍게 여기고 크게 놀랍게 여기니,….

계시록 17:16, '네가 본 바 이 열 뿔과 짐승은 음녀를 미워하여 망하게 하고 벌거벗게 하고 그의 살을 먹고 불로 아주 사르리라.'

창세기 11장 바벨탑 사건에서 시작된 우상종교가 요한계시록 17장에서 멸망하게 되는 것입니다.

셋째로 최초의 세상의 용사 니므롯

니므롯은 고대 최초의 통일제국을 만든 사람입니다. 니므롯이 통일제국을 만든 뒤 여러가지 이질적인 종족들을 꼼짝 못하게 하고, 쉽게 다스리기 위해 대대적인 토목 공사를 시작합니다. 그것이 바로 바벨성의 건축입니다. 이와 같이 도시부터 만든 이후에 높은 탑을 쌓은 것입니다. 니므롯은 '영걸' 이었습니다. 니므롯을 가리켜 **'세상**의 용사' 라고 칭하므로 그는 하나님의 용사가 아니라 세상적 용사라는 말입니다. 하나님의 뜻과는 상관 없는 영웅이요, 하나님을 대적하는데 담대하고, 하나님의 뜻을 방해하는데 재능이 있고, 온갖 거짓으로 영혼을 노략하는 일에 지혜가 탁월한 자를 말합니다.

'용사' 의 히브리어는 '기보르' 로서, 이 단어는 통상 '폭력으로 통치 하는 자, 폭군' 을 뜻합니다. 니므롯은 사람들을 압제하고 하나님께 대항하는데 자신의 힘을 사용한 폭군이며 전제 군주라 할 수 있습니다. 그는 폭력으로 부족들을 점령하고, 사람들을 선동하여 바벨탑을 지음으로써 하나님께 대적한 것입니다. 창세기 10: 9, '그가 여호와 앞에서 용감한 사냥꾼이 되었으므로' 에서의 "앞에서"는 적대적인 의미로 사용되었는데, 히브리어로는 리프네입니다. 이것은 "… 에게 맞서는" 또는 "… 를 대적하는"(민 16:2) 입니다. 그러므로 "… 앞에서"는 니므롯이 여호와께 반항하는 위력있는 사냥꾼이었음을 암시합니다.

넷째, 니므롯은 '용감한 사냥꾼' 이었습니다.

"그가 여호와 앞에서 용감한 사냥꾼이 되었다"라고 기록되어 있는데, '용감한 사냥꾼' 이란 히브리어 뜻으로 볼 때 '전쟁을 즐기는 사냥꾼', '사람을 죽이는 사냥꾼' 이라는 뜻입니다. 이것은 그의 직업과 하나님과의 관계를 말해 주고 있습니다. '용감한 사냥꾼' 이란 '강한 사냥꾼' 이란 뜻으로 다른 사람들보다 훨씬 탁월한 실력을 가진 사냥꾼이란 뜻입니다. 니므롯이 거한 지역은 비옥한 땅이면서도 들짐승들이 많아 거민들의 안전과 평화에 지속적인 위협이 되었을 것입니다(출 23:29-30, 신 7:22). 니므롯은 이러한 고충을 해결해 주는 해결사로서 짐승들을 사냥하고 제압하여 유명하게 되었을 것입니다. 이후 그를 절대적으로 추종하는 거대한 무리가 생겨났고, 그는 거대한 세력과 권력을 가진 소위 '영웅' 이 되었던 것입니다.

성경에 보면 실력있는 사냥꾼들은 결국 사람들을 결집하는 능력을 갖게 되는 것 같습니다. 창세기 21:20 이스마엘은 활쏘는 자가 되었다고 합니다. 창세기 16:12에서 하나님께서 이스마엘에 대한 예언을 주시는데 그는 모든 사람들을 치겠고 또 모든 사람의 손이 이스마엘을 치리라고 하여 이스마엘은 전사이며 사람들을 결집하게 될것을 보여줍니다. 창세기 25:27 '에서' 는 익숙한 사냥꾼이라고 했는데 창세기 33:1에 400명의 군대를 확보하고 있는 것을 봅니다.

니므롯은 그 당시 탁월한 사냥꾼으로서 사람들을 결집할 수 있는 실력자였습니다. 점점 불어나는 거대한 집단의 힘, 그 세력으로 니므롯은 자신을 신격화하였고, 마침내 하나님 자리에 앉아 하나님께 대적하고, 백성들의 영혼을 농락하고 통치하는 힘을 과시하였습니다. 니므롯은 백성들의 영혼을 도둑질하여 하나님에게서 돌이키게 하는 적그리스도의 표상이 되었습니다.

현대인의 성경 창세기 10:8-9에서,

"구스는 또 니므롯 이라는 아들을 낳았는데 그는 세상에서 최초의 정복자 였다. 그는 여호와를 무시하는 힘센 사냥꾼이었으므로 니므롯처럼 여호와 를 무시하는 힘 센 사냥꾼 이라는 유행어까지 생기게 되었다" 로 번역하 였습니다.

이 말은 니므롯이 사냥에 능한 자이면서도 여호와 하나님 앞에서 대적 하는 자로 유명해지게 되었음을 암시하고 있습니다. 능란한 사냥 솜씨는 곧 권력 지향의 힘을 누리게 될 가능성을 내포하고 있습니다. 니므롯은 그 것을 선하게 사용하지 않고 인간이 가진 죄성 가운데 타인을 억압하고 권 세를 누리기 위한 폭력적 권세로 사용했음이 분명합니다. 홍수 이후 최초 문명의 땅이었던 시날 땅 바벨론 (바벨)의 초기 주인은 **니므롯입니다. 즉 이곳에 성읍을 건설하고 바벨탑을 세운 사람들의 원조는 분명 니므롯이었 습니다. 인류는 여기서 언어의 분산을 경험하고 온 지면에 흩어지게 되었 습니다. 가인이 하나님을 떠나 에녹성을 건설 했듯이, 니므롯은 홍수 후 첫 제국인 바벨론을 건설 했습니다.**

다섯째, 니므롯은 바벨을 건국한 시조가 되었습니다
(창 10:10, 11:4, 11:9).

니므롯 왕국의 시작에는 바벨과 에렉과 악갓과 갈네가 포함되어 있었는데, 이 도시들은 모두 시날 땅에 있었습니다(창 10:10). 바벨과 그 탑을 세운 일은 니므롯의 지휘 아래 시작되었음을 알 수 있습니다. 특이한 사냥꾼 니므롯은 백성들의 지지를 기반으로 하여 어느새 바벨을 건국한 시조(始祖)가 되었습니다. 그가 건국한 바벨은 기본적으로 반신론적이요 하나님의 뜻을 대적하는 국가입니다. 가인 계열의 특징처럼 그가 세운 국가는 하나님의 이름은 전혀 없고 사람의 이름만 높이 내세우는 곳입니다. 그는 이러한 자신의 야욕을 드러내어 사람들을 동원하고 시날 평지에 바벨탑을 쌓으려 했던 것입니다.

> 창세기 11:3-4, '서로 말하되 자, 벽돌을 만들어 견고히 굽자 하고 이에 벽돌로 돌을 대신하며, 역청으로 진흙을 대신하고 또 말하되, 성과 탑을 건설하여 그 탑 꼭대기를 하늘에 닿게 하여 우리 이름을 내고 온 지면에 흩어짐을 면하자 하였더니'

바벨탑을 건축하려는 의도가 탑 꼭대기를 하늘에 닿게 하여 우리 이름을 내고 온 지면에 흩어짐을 면하자는 뜻입니다. 이러한 결론은 유대인의 전통적인 견해와도 일치합니다. 요세푸스는 이렇게 기록 하였습니다. "니므롯은 사람들이 하나님에 대한 두려움을 떨쳐 버리게 만들 수 있는 유일한 길은 그들이 계속 자기의 세력에 의존하게 만드는 것이라고 생각하고, 상황을 차츰 차츰 전제 정치 쪽으로 바꾸어 나갔습니다. 그는 하나님께서 다시 땅을 홍수에 잠기게 하려 하실 경우 복수를 하겠다고 위협하였습니다. 그는 물이 미칠 수 없을 정도로 높이 탑을 쌓아서 조상들의 멸망에 대해 복수하려 하였습니다. 사람들은 하나님께 순종 하는 것은 노예살이나 마찬가지라고 생각하고 니므롯의 이 충고를 열심히 따랐으며, 그래서 그들은 탑 건축에 착수했고, 그 탑은 그 누구의 예상도 뛰어넘는 빠른 속도로 건축되어 올라갔다."고 했습니다. 니므롯은 자신의 세력을 앗수르 지역까지 확장시킵니다(창 10:11, 12, 미 5:6).

창세기 10:10-12 "그(니므롯)의 나라는 시날 땅의 바벨과 에렉과 악갓과 갈레에서 시작되었으며 그가 그 땅에서 앗수르로 나아가 니느웨와 르호보딜과 갈라와 및 니느웨와 갈라 사이의 레센을 건설하였으니 이는 큰 성읍이라"

여기서 '나아갔다'는 말은 쳐들어갔다는 말입니다. 앗수르는 셈의 자손들로 큰 민족을 이루었으나, 니므롯에게 나라를 빼앗기게 되었습니다. .

여섯째로 니므롯과 적그리스도

가인은 인류 최초로 하나님을 대적한 인물입니다. 하나님을 두려워하지 않았습니다. 아벨을 죽이고도 '내가 내 아우를 지키는 자입니까' 하고 하나님께 대꾸하는 자입니다. 그의 자손 라멕은 더욱 간 큰 사람이었습니다. 사람을 죽이고 그 죽인 것을 자기 부인들에게 자랑하는가 하면 가인을 죽인 자는 벌이 일곱 배라면 라멕 자신을 죽이는 자는 벌이 칠십칠 배가될 것이라 큰 소리치는 자였습니다. 가인의 후손 라멕은 인류 최초로 하나님 없이 인간들끼리 뭉쳐서 살자는 의도에서 도시를 형성하고 인류문명을 시작했습니다. 이들이 바로 적그리스도입니다. 사탄의 화신입니다. 그 결과는 노아시대에 이르러 홍수로 인한 전 인류멸망을 초래했습니다.

홍수 후 시대는 셈과 함과 야벳으로 시작되었습니다. 함의 손자 니므롯은 셈 계열의 인물과 비교하면 아르박삿의 아들 셀라와 같은 시대의 인물입니다. 함의 아들 구스, 구스의 아들 니므롯입니다. 셈 계열은 셈의 아들 아르박삿, 아르박삿의 아들 셀라입니다. 셈은 600세를 향수했고 아르박삿은 438세를 향수했습니다. 셀라는 460년을 향수했습니다. 그렇다면 니므롯 역시 460세 정도 살았을 가망성이 있습니다. **바벨탑 사건은 홍수가 있은지 불과 97여 년 만에 일어난 일입니다.**

창세기 11:10에 의하면 아르박삭은 홍수가 끝난 해에 두 살이었습니다. 아래 도표에 의하면 아르박삿이 성장하여 35세 때에 셀라를 낳습니다. 셀라는 30세에 아들 에벨을 낳고, 에벨은 34세에 아들 벨렉을 낳습니다. 에벨 때에 바벨탑 사건이 있었습니다. 창세기 10:25 에벨이 아들 이름을 벨렉이라 한 것은 이때에 세상이 나뉘어졌기 때문이라 합니다. 홍수가 끝난 해에 아르박삭은 나이 2살입니다. 아르박삿이 아들 셀라를 낳은 나이 35세와 셀라가 에벨을 낳은 나이 30세와 에벨이 벨렉을 낳은 나이 34를 더하면 바벨탑사건이 발생된 년수가 나옵니다. 아르박삿은 홍수가 끝난 해에 2살이므로 아르박삿이 아들 셀라를 낳은 나이 35에서 2를 빼야합니다. 33+30+34=97

아마도 니므롯은 30세 정도에 바벨제국을 형성하고 바벨탑을 쌓은 것 같습니다. 벨렉의 나이는 계산에 넣지 않았습니다. 이유는 벨렉이 태어날 무렵에는 이미 세상이 갈라 졌습니다. 그 아버지 에벨이 아들이 태어났을 때에 이름을 벨렉이라 지었다는 것은 벨렉이 태어나던 해에 세상이 갈렸었다는 것을 알 수 있습니다. 셈 계열과의 비교에서 아브라함이 태어날 무렵에 니므롯의 나이는 대강 226세 정도입니다. 아브라함과 니므롯은 100여 년 동시대에 살았습니다. 계열의 족보를 보여 주는 도표에서 보듯이 함 계열에는 연속되는 족보는 없습니다.

창세기 10:8, '구스가 또한 니므롯을 낳았으니 그는 세상에 처음 용사라.' 는 말씀에서 니므롯이 세상을 최초로 통합한 지배자가 되었습니다. 무엇보다도 그 당시에 벽돌과 역청을 발명했다는 것은 놀라운 과학적 발전이었습니다. 그 당시에는 돌과 진흙으로 건물을 만들었는데 벽돌은 사람이 얼마든지 원하는 방법으로 만들 수 있으며 단 시일 내에 수많은 벽돌을 만들수 있었으며, 그 벽돌로 탑을 높이 올릴 수 있게 되었습니다. 아주 지혜롭고 탁월한 인물이었지만 그 탁월함을 하나님을 대적하는 일에 사용했습니다.

셈의 계열과 함의 계열의 연대 비교

셈의 계열	아들을 낳은 연세	향수 연대	함의 계열
셈	100	600	함
아르박삿	35	438	구스
셀라	30	433	니므롯
에벨	34	464	세상이 나뉘었음
벨렉	30	239	
르우	32	239	
스룩	30	230	
나홀	29	148	
데라	70	205	
아브라함	100	175	
이삭	60	180	

요한계시록 13:1-6, '내가 보니 바다에서 한 짐승이 나오는데 뿔이 열이요 머리가 일곱이라 그 뿔에는 열 왕관이 있고 그 머리들에는 신성모독 하는 이름들이 있더라. 내가 본 짐승은 표범과 비슷하고 그 발은 곰의 발 같고 그 입은 사자의 입 같은데 용이 자기의 능력과 보좌와 큰 권세를 그에게 주었더라. 그의 머리 하나가 상하여 죽게 된 것 같더니 그 죽게 되었던 상처가 나으매 온 땅이 놀랍게 여겨 짐승을 따르고 용이 짐승에게 권세를 주므로 용에게 경배하며 짐승에게 경배하여 이르되 누가 이 짐승과 같으냐 누가 능히 이와 더불어 싸우리요 하더라. 또 짐승이 과장되고 신성 모독을 말 하는 입을 받고 또 마흔두 달 동안 일할 권세를 받으니라 짐승이 입을 벌려 하나님을 향하여 비방하되 그의 이름과 그의 장막 곧 하늘에

사는 자들을 비방하더라.'

니므롯과 앞으로 나타날 적그리스도는 유사점이 많습니다. 니므롯은 최초로 통일제국을 형성했는데, 적그리스도도 최초로 전 세계를 단일국가로 형성합니다. 니므롯이 하나님을 대적하고 반항하는 자였는데 적그리스도 역시 하나님을 대적하는 자입니다. 니므롯에게서 앞으로 나타날 적그리스도의 모습을 봅니다.

적그리스도는 머리가 일곱이요, 뿔이 열이라 했습니다. 이 뿔은 권력을 상징하는데 이 뿔에 열 왕관이 있다고 했습니다. 그 머리들에는 신성모독하는 이름들이 있다고 했으며, 이 짐승은 표범과 같다고 했고 그 발은 곰의 발 같고, 그 입은 사자의 입 같다고 했습니다. 이 표범과 곰과 사자는 다니엘서 7장에서 등장하는 짐승들입니다. 이 표범은 헬라나라의 알렉산더를 의미하며, 곰은 메데파사의 고레스왕을 상징하며 사자는 바벨론나라의 느부갓네살을 의미합니다.

인류 역사상 가장 탁월한 인물들의 특징을 이 한 사람 적그리스도가 다가지고 있습니다. 이 적그리스도가 얼마나 탁월한 인간인 것을 알 수 있습니다. 이것이 전부가 아닙니다. 계시록 13:2,4에서, '용이 자기의 능력과 보좌와 큰 권세를 그에게 주었더라' 고 합니다. 사탄이 어떤 자입니까? 그런 사탄이 자기의 능력을 인간인 적그리스도에게 주었다고 했으니 이 적그리스도는 초자연적 인간임을 알 수 있습니다. 사탄이 이렇게 적그리스도에게 초자연적 능력을 주어 하나님을 대적하는 일에 최후 발악을 하는 것입니다. 사탄이 니므롯이나 적그리스도 같은 자들을 내세워 하나님을 대적하는 결과 항상 하나님의 심판이 따랐습니다. 우리 주님 예수 그리스도는 사탄과 적그리스도를 심판하시려 곧 다시 오실 것입니다.

마라나타!

바벨탑사건의 음모

창세기 11:1-9

가상세계가 현실세계를 지배하다

현실세계란 현재 우리가 살고 있는 현실을 말합니다. 밥 먹고 일하러 나가고 가정을 가지고 살아가는 현실을 말합니다. 그런데 가상세계란 한 마디로 가짜세계란 말입니다. 진짜가 아닌 가짜의 세계가 있다는 말입니다. 그 가짜세계가 어느새 진짜세계를 정복 해서 지배하고 있습니다. 우리가 모르는 사이에 가상세계에 지배당해 살아가고 있습니다.

조선말기 시대로 예를 들어보면, 저 시골 산골짝 마을에 사는 사람들은 그 당시에 신문도 없고 라디오도 없이 살았습니다. 세상이 어떻게 돌아가는지도 모르고 살아 갑니다. 어느날 읍내에 내려 갔더니 생김새는 조선사람 같은데 알아듣지도 못할 이상한 말을 하는 순사가 처녀도 잡아가고 총각도 잡아가더란 말입니다. 이게 어떻게 된 세상이냐고 물었더니 일본국이 조선을 정복하고 지배하는 세상이 되었습니다. 자신이 모르는 동안 세상이 바뀐 것입니다.

이제까지 성경을 통하여 알기로는 이 세상은 영의 세계와 현실 세계만 있는 것으로 알고 있었습니다. 보이지는 않지만 하나님이 살아 계시고 천사들이 있고 죽으면 천국으로 가고, 또 지옥으로 가는 자들이 있는 것을 믿고 있었습니다. 하나님을 믿지 않는 세상사람들도 영의 세계가 있는 것을 압니다. 보이지 않지만 귀신이 있고 죽은 조상들에게 제사상을 차려 대접하고 있습니다. 영의 세계를 인정한다는 말입니다. 우리가 알지 못하는 사이에 가상세계가 영의 세계와 현실세계 사이에 슬며시 끼어들어 어느덧 현실세계를 정복하고 말았습니다.

아직도 조선말기의 산골짝에 살던 사람들과 같이 세상이 어떻게 돌아가고 있는지 알지 못하고 살아가는 사람들이 많습니다. 라디오, 텔레비전, 스마트폰이나 컴퓨터를 사용하는 사람들은 가짜세계의 지배를 받고 있다는 사실입니다. 라디오가 처음에 나왔을 때에 사람들이 생각하기를 상자 속에 사람들이 들어가서 우리에게 말 하는 줄 생각했습니다. 텔레비전이 생기면서 저 박스 속에 사람들이 들어가 보여주고 말하는 줄 생각했습니다. 그 라디오는 어디서 말하는지는 모르지만 기계로 멀리서 보내는 전파이었습니다. 텔레비전도 우리 앞에서 그 사람들이 직접 나타나서 말하는 것이 아니라 멀리서 전파로 보내지는 진짜가 아닌 가짜였습니다. 컴퓨터가 발명되고 급속도로 발전하면서 인터넷 세상이 되고 말았습니다. 바로 이 인터넷이 가상세계입니다. 인터넷은 사람이 만든 것입니다. 가상세계란 사람이 만든 가짜세계란 말입니다. 가상세계가 현실세계와 영의 세계에 끼어들더니 어느새 현실세계를 지배 하는 세상이 되고 말았습니다. 이 사실에 대해 구체적으로 말하기 전에 가상세계가 나타난 배경을 먼저 설명하겠습니다.

1. 가상세계의 배경

영원세계에서 영원히 사시던 하나님이 역사세계로 내려오셔서 우주를 창조하시고 지구를 창조하셨으며 그 가운데 사람을 창조하셔서 에덴동산에 살게 하셨습니다. 이들은 에덴동산이란 현실세계의 삶을 시작하게 되었습니다. 그런데 영의 세계의 타락한 천사 사탄이 현실세계의 아담과 하와를 속여 하나님 앞에 범죄함으로 에덴동산이란 현실세계에서 쫓겨나 현재 우리가 살고 있는 현실세상이 되었습니다. 그때부터 이 세상, 지구는 사탄의 손아귀에 들어가게 되었고 사탄이 주인이요, 신이요 왕인 현실세계가 되고 말았습니다.

사탄은 하나님의 영원한 계획인 종말적 인류 구속사역을 방해하여 죄로 인간과 하나님 사이를 이간하는 계략에 큰 성공을 거둡니다. 그 계략은 인간이 만들어 가는 도시에서부터 시작됩니다. 가인은 아우 아벨을 살해하고 하나님으로부터 도망쳐 나와 에녹성을 건축합니다. 인간이 만든 최초의 도시입니다. 이 도시는 하나님으로부터 떨어져 나와 인간들끼리 모여 사는 것으로 시작되었습니다. 하나님으로부터 떨어져 나온 이곳에서 인간들은 문화, 문명을 이룹니다. 그곳에서 온갖 죄가 범람합니다. 그 결과가 바로 창세기 6-8장의 대홍수 심판이었습니다. 하나님께서 지상의 모든 사람들을 물로 심판 하였습니다. 노아 가족 여덟 사람 외에는 지상의 모든 사람들이 죽었습니다. 사탄은 죄악으로 하나님과 사람 사이를 갈라 놓는 작업에 대 성공을 거두었습니다.

2. 바벨탑 사건=벽돌사용

그러나 하나님의 일은 망하지 않습니다. 그 생존한 여섯 사람(셈 함 야벳 부부들)들로부터 다시 세상이 시작됩니다. 이들 안에도 죄성이 있었으므로 인류가 번성할수록 죄도 번창하였습니다. 창세기 11장에 이르러 인류 최초의 황제인 니므롯에 의해 바벨론성을 비롯 여덟 개의 도시국가들을 창설하고 바벨탑도 건축합니다. 창세기 10:8,9 '니므롯은 세상의 첫 용사' 라했습니다. 또한 여호와 앞에서 용감한 사냥꾼이라 했습니다. 사냥꾼이란 사람을 짐승같이 부리고 죽이는 최악의 폭군이란 말입니다. 그 당시 사람들을 동원하여 바벨성과 바벨탑을 쌓는 일에 짐승 같이 부려 먹었습니다. 바벨성과 바벨탑을 건설하는 목적은 하늘 높이 탑을 쌓아 하늘에 이르게 하고 우리 이름을 내고 사람이 흩어지는 것을 면하자 입니다. 그 때에는 모든 인류가 모여 살았고 언어도 하나였습니다.

바벨탑과 바벨성의 건축 취지는 하나님과 비기고 하나님을 몰아내고 하나님의 간섭 없이 우리 인간끼리 흩어지지 말고 모여 살자는 것이었습니다.

창세기 11:3, '서로 말하되, 벽돌을 만들어 견고히 굽자 하고 이에 벽돌로 돌을 대신하며 역청으로 진흙을 대신하고 또 말하되 자, 성읍과 탑을 (CITY AND TOWER)건설하여 탑 꼭대기를 하늘에 닿게 하여 우리 이름을 내고 온 지면에 흩어짐을 면하자 하였더니'

돌과 진흙은 하나님이 만든 자연산입니다. 벽돌과 역청은 사람이 만든 것입니다. 돌을 대신해 벽돌을 만들자는 것은 하나님의 숨결을 없애버리자는 것입니다. 벽돌을 견고히 굽자고 합니다. 벽돌을 견고히 구우면 돌보다도 더 강할 뿐만 아니라 돌을 깎아 건축을 하려면 시간과 인력이 많이 동원됩니다. 그러나 벽돌은 얼마든지 원하는 모양으로 쉽게 대량으로 생산할 수 있습니다. 돌을 백 개 깎는데 열 사람이 하루 종일 일한다면 벽돌은 무슨 모양으로 든지, 열 사람이 수백 개 수천 개를 만들 수 있습니다. 그렇게 해서 어마어마한 성읍을 건축하고 탑을 높이 쌓아 올릴 수 있습니다.

이 벽돌은 인간이 발명한 최초의 최고 작품입니다. 이것은 인간에게 엄청난 과학의 진보를 이루게 했습니다. 이것은 인간세계에서 하나님을 몰아내고 하나님의 흔적을 지워버리려는 사탄의 계략입니다. 박물관은 기술 문명의 무덤입니다. 한물간 문명의 무덤입니다. 그런데 벽돌은 박물관에 없습니다. 왜냐하면 이것은 하나님을 인간사회에서 몰아내고자 하는 사탄 프로젝트의 첫 작품이기 때문입니다. 벽돌은 더 이상 손대지 않습니다. 벽돌은 인류초기인 창세기 11장에 나타나 21세기인 오늘날까지도 건재 합니다.

벽돌은 인간이 도시화를 이루는 기초입니다. 오늘날은 지구가 도시화 되고 있습니다. 그 도시들은 흙 대신에 사람이 만든 시멘트나 아스팔트로 덮였고 건물들은 벽돌과 시멘트로 구성되었습니다. 온 세상 문명 발달로 지구가 점점 도시화를 이루고 있습니다. 도시 인구는 2050년도에 지구의 66%를 이룰 것이라 합니다. 도시의 건물들은 나라 마다 경쟁하듯 하늘 높이 200층 300층 쌓아 올리고 있습니다. 창세기 11장 시대와 같아지고 있습니다.

하나님께서 인간들의 도모를 꺾으시기 위해 언어를 혼란케 했습니다. 흩어짐을 면하자고 했는데 말이 통하지 않아 더 이상 작업을 계속할 수 없게 되면서 언어가 통하는 사람들끼리 모여 흩어져 살게 되었습니다. 그뿐만 아니라 하나님은 한 덩어리였던 지구를 조각내어 6 대륙으로 흩어놓고 사람들로 하여금 떨어져 살게 했습니다.

> 창세기 10:25, '에벨은 두 아들을 낳고 하나의 이름을 벨렉이라 하였으니 그 때에 세상이 나뉘었음이라.'(because in his time the earth was divided).

3. 사탄의 반격 – 가상세계의 등장

사탄 역시 바벨성 건축 실패로 끝내려고 하지 않았습니다. 사탄은 그때부터 지금까지 계속 창세기 11장의 바벨성 건축을 항상 도모해 오고 있습니다. 이제 그 때가 절정에 이르고 있습니다. 사탄은 이 세상을 꾸준히 도시화해 왔으며 기술 (Technology)을 발달시켜 전 세계적 언어통합(Global Communication System)을 이루게 되었습니다. 창세기 11장의 바벨론성 구축 때에 하나님의 저지로 실패로 끝났던 '흩어짐을 면하자'는 구호대로 전 세계적인 도시화를 이룩하였고, 전 세계 통치 체제(Global Control System)을 구축하여 앞으로 전 세계 단일국가를 형성하게 될 것입니다. 전 세계 단일화와 전 세계 언어 통일화를 이룩하여 창세기 11장 바벨탑 건설의 목적을 완성하려합니다.

사탄은 인터넷과 세계 전산망(World Wide Web)을 통해 전 지구적으로 언어를 통합하고 지구인들을 연결, 통합합니다. **가상세계를 형성하게 되었습니다.** 세상을 통제하게 되었습니다. 여러분들을 통제, 지배하고 있습니다. 여러분이 인터넷에 들어가려면 비밀 번호를 통과해야 합니다. 여러분의 전자메일(e-mail) 안으로 들어가려면 역시 비밀번호를 넣어야 합니다. 온라인 뱅킹을 하려면 비밀번호가 필요합니다. 아마존이나 이베이(ebay)나 온라인 게임을 하려면 비밀코드가 있어야 합니다. 이 비밀코드를 통과하지 못하면 당신은 자신의 어카운트에 접근을 할 수 없습니다. 온라인이 바로 가상세계입니다. 온라인에 들어가서 물건도 사고, 팔고, 거래를 합니다. 온라인 속에 들어 가서 온 세상을 여행하고 장사, 사업, 공부, 건축, 결혼을 합니다. 온라인에 들어가서 여러분이 알고 싶은 것, 궁금한 것들의 정보를 확보합니다.

온라인 상에서 이런 것들을 하려면 당신들은 비밀코드를 통과해야 합니다. 비록 여러분들이 비밀코드를 만든다 해도 결국은 비밀코드를 사용하도록 허락하고 통제하는 자들이 있다는 말입니다. 당신들의 은행계좌를 다 보고 있으며 당신들 자신보다 그 사람들이 당신에 대해서 더 많이 더 잘 알고 있습니다. 당신들은 어떤 글이나 말이나 일들을 하고 난 후에 몇 년이 지나면 다 잊어버리지만 그들은 그것들을 다 기록 보관하고 있습니다. 당신들은 이런 자들의 통제를 받고 있습니다. 다시 말하자면 가상세계의 지배를 받고 있다는 말입니다. 요즘은 가상세계의 경제가 현실세계의 경제를 지배하며, 금융이 가상세계적으로 움직이고 있습니다. 금융계에서 어마어마한 돈들이 실제로 움직이는 것이 아니고 가상적으로 숫자만 오고 가고 있습니다. 우리가 알지 못하는 사이에 이렇게 되고 말았습니다.

앞으로 사탄은 21세기의 니므롯인 적그리스도를 통해서 가상세계를 통해 온 세상을 통제, 지배하게 될 것입니다. 이 사실을 명확하게 보여 주는 곳이 계시록 13:15입니다.

'그가 권세를 받아 그 짐승의 우상에게 생기를 주어 그 짐승의 우상으로 말하게 하고 또 짐승의 우상에게 경배하지 아니하는 자는 몇이든지 다 죽이게 하더라.'

짐승의 우상을 요즘으로 말할 것 같으면 짐승의 형상으로 만든 로보트이거나 아니면 적그리스도의 복제인간일 수 있습니다. 그런데 그 짐승의 우상에게 경배하지 않는 자들을 어떻게 알고 다 죽이게 합니까?

짐승의 우상이 그에게 경배하지 않는 자들을 색출합니다. 짐승의 우상이 스캐너가 되어 불순분자들을 스캐닝해서 인공위성으로 보내면 그 사람의 신분을 파악하고 색출하여 즉석에서 죽여 버리는 것입니다. 이것이 앞으로의 가상 세계를 통해서 이루어질 것입니다. 가상세계에서 감시

통제하여 현실세계를 지배하는 시스템이 되는 것입니다. 사탄은 하나님의 전지하심을 흉내내어 전신안을 만들었는데 그것이 이 감시통제 시스템이며, 사탄은 하나님의 무소부재를 흉내내어 cctv나 인공위성으로 전 세계를 감시하여 모르는 것이 없고 무소부재하는 것같이 행동을 합니다. 요즘 컴퓨터에서 'Ubiquitous' 라는 말을 많이 쓰는데 무소부재란 뜻입니다.

4. 하나님의 심판

사탄은 적그리스도를 통해서 창세기 11장에서 실패했던 바벨성을 엄청나게 건축하여 온 세계를 지배하는 도성으로 만들었습니다. 그러나 계시록 14:8이나 16:19에서나 18장에서 하나님은 큰 성 바벨론을 소멸시킵니다. 큰 성 바벨론 뿐만 아니라 창세기 4장에서 가인에 의해 시작된 인간문명의 결집인 온 세상의 도성들은 전 지구적인 큰 지진과 엄청난 부피의 우박에 의해 파멸되고 맙니다.

> 계시록 16:17-21, '일곱째 천사가 그 대접을 공중에 쏟으매 큰 음성이 성전에서 보좌로부터 나서 이르되 되었다 하시니 번개와 음성들과 우렛소리가 있고 또 큰 지진이 있어 얼마나 큰지 사람이 땅에 있어 온 이래로 이같이 큰 지진이 없었더라. 큰 성이 세 갈래로 갈라지고 만국의 성들도 무너지니 큰 성 바벨론이 하나님 앞에 기억 하신 바 되어 그의 맹렬한 진노의 포도주 잔을 받으매 각 섬도 없어지고 산악도 간 데 없더라. 또 무게가 한 달란트나 되는 큰 우박이 하늘로부터 사람들에게 내리매 사람들이 그 우박의 재앙 때문에 하나님을 비방하니 그 재앙이 심히 큼이러라.'

가상세계를 다루고 있는 영화들이 많습니다. 매트릭스, GHOST IN THE SHELL , 토탈리콜, 스타 트렉, 론머맨, 가상현실, 마이너리티 리포트, 엑시스텐즈, 13층, 아바타, 트론, 인셉션, 소스코드, AI 등등 입니다.

아브라함의 생애와 그의 사명

창세기 12:1-9

　지금까지 우리는 창세기 1;1~11장에 이르는 창세기 원역사 시대상을 살펴 보았습니다. 영원세계에 거하시던 하나님께서 시간세계로 내려 오셔서 우주의 시간과 공간과 물질을 창조하시되 특별히 지구를 창조하시고 그 가운데 사람을 창조하셨습니다. 창세기 1:1절과 2절의 시간적 공간 사이에 사탄이 지구환경을 흐리고 파괴한 모습이 2절에 나타났습니다. 땅이 혼돈하고 공허하며 흑암에 싸여 있습니다. 이런 상태의 지구를 하나님께서는 첫째 날부터 엿새까지 밝히시고 정돈하시고 채우신 후에 맨 마지막에 사람을 창조하셨습니다. 그러나 사탄은 또 하나님의 일을 거스리는 일을 감행하여 사람을 속여서 하나님 앞에 범죄하게 함으로 하나님과 사람 사이를 이간질 했습니다. 아담과 하와는 에덴동산에서 쫓겨나는 신세가 되었습니다. 그 죄의 결과는 아담과 하와가 에덴동산에서 쫓겨나는 것으로 끝나지 않고 죄의 쓴뿌리가 사람들의 삶 가운데 나타나기 시작합니다.

1. 다른 씨

최초의 종교마찰이 일어납니다. 가인과 아벨이 하나님께 제사를 드렸는데 하나님께서 아벨과 그의 제사는 받으시고 가인과 그의 제사는 받지 않으므로 가인이 앙심을 품고 아우 아벨을 죽이는 결과로 나타납니다. 가인이 아벨을 죽임으로 인해 하나님께서 경건한 자손들을 거두어 영원세계로 이끄시고자 하신 뜻이 좌절되었습니다. 아담과 하와는 다시 동침하여 가인 대신에 다른 씨를 얻게 됩니다. 그것이 바로 셋입니다.

> 창세기 4:25, '아담이 다시 자기 아내와 동침하매 그가 아들을 낳아 그의 이름을 셋이라 하였으니 이는 하나님이 내게 가인이 죽인 아벨 대신에 다른 씨를 주셨다 함이며'

'다른 씨'를 주셨다는 이 말이 너무나 중요합니다. 하나님의 영원한 인류구속 역사에 있어 다른 씨의 역할이 너무나 중요합니다. 창세기 3:15의 여자의 씨가 사탄의 정수리를 찍으리라 하신 말씀에서 이 '여자의 씨'에서부터 다른 씨가 시작됩니다. 하나님의 원대한 인류 구속사에 대한 사탄의 방해에 대한 하나님의 대처 방법이 이 '다른 씨'인 것입니다.
지구 상에 인구가 팽창되어 감에 따라 죄도 창궐해 갑니다. 창세기 6장에 온 세상이 죄의 결과로 충만합니다. 창세기 6:1에 사람이 땅 위에 충만하고 번성하였습니다. 그 땅 위에 충만하고 번성하며 다스리는 자가 하나님이 원하시는 자들이 아니었습니다. 다스리는 자는 사탄의 종자들이었습니다. 사탄은 땅 위의 사람들을 비정상적인 사람들로 만들었습니다. 하나님은 한 남자와 한 여자가 결혼하여 사람의 자식들을 갖기를 원했는데 사탄은 하나님의 아들들 즉 타락한 천사들과 사람의 딸들을 통해서 네피림, 즉 반신 반인의 거인들을 생산해서 땅에 충만하게 했습니다. 이 네피림들이 당대에 영웅이요 유명한 자라했습니다.

이들이 주관하고 지배하는 세상이 되고 말았습니다. 이 네피림은 저주받은 자들이란 뜻입니다. 사탄의 종자들이기에 세상을 무법천지, 폭력으로 충만케 했습니다. 2차 대전 때의 히틀러를 생각할 수 있습니다. 유대인 6백만 명을 죽이고 세상을 전쟁이란 폭력으로 정복하고 다스리려고 했습니다. 2차 대전 때는 히틀러 한 사람이었는데 노아 당시의 네피림들은 온 세상에 충만했습니다. 성경은 노아시대의 죄의 상태를 이 두 구절로 표현했습니다.

> 창세기 6:11,12, '그 때에 온 땅이 하나님 앞에 부패하여 포악함이 땅에 가득한지라. 하나님이 보신즉 땅이 부패하였으니 이는 땅에서 모든 혈육 있는 자의 행위가 부패함이었더라.'

> NIV성경을 보면, 'Now the earth was corrupt in God's sight and was full of violence. God saw how corrupt the earth had become, for all the people on earth had corrupted their ways.'

11절 말씀에서 이 땅이 타락하고 썩었고 폭력으로 가득찼다고 합니다. 또 12절에 그 세상이 너무나 타락했는데, 이유는 지구 상의 모든 사람들의 생활방식이 타락했는데 그 타락의 원인이 폭력이라고 했습니다. 하나님은 이들을 세상에서 쓸어버리시기로 작정하셨습니다. 하나님은 수십억의 사람들 중에 한 사람 노아를 택했습니다. 노아 홍수 시대에 노아가 바로 그 '다른 씨'였습니다. 셈 함 야벳은 노아가 하나님의 다른 씨로 택함을 받은 후에 태어났습니다.

> 역대하 16:9, '여호와의 눈은 온 땅을 두루 감찰하사 전심으로 자기에게 향하는 자를 위하여 능력을 베푸시나니'

그 당시 수십억의 사람들 중에 노아 한 사람을 택하셨습니다.

창세기 6:8-9, '그러나 노아는 여호와께 은혜를 입었더라. 이것이 노아의
족보니라. 노아는 의인이요 당대에 완전한 자라 그가 하나님과 동행하였
으며'

노아홍수로 인하여 지구상의 인구가 여덟 명이 되었습니다. 그 중에서
셈 함 야벳과 그 부인들로 인해 여섯 명으로부터 지구상에 인구가 다시 불
어나기 시작했습니다. 그러나 셈 함 야벳 속에 죄성이 있었으므로 사람이
지구 상에 번창할수록 죄도 다시 창궐하기 시작했습니다.

창세기 11장에서 인간들이 모여 바벨탑을 쌓기 시작합니다. 바벨탑은
인간세상에서 하나님을 몰아내기 위한 사탄의 공작이었습니다. 그 일로
하나님은 인간의 언어를 혼잡케 하시고 사람들도 흩으시고 지구도 갈라
놓았습니다(창10:25). 사탄은 가나안족들을 통해서 다시 네피림을 생산했
습니다. 그러나 하나님은 지구의 급격한 기후변화로 먹거리를 줄어들게
함으로 네피림의 존속을 억제합니다. 인간들을 진멸하는 대신에 한 씨 즉
'다른 씨'를 택해서 하나님의 인류구속사를 계속하게 됩니다.

2. 다른 씨, 아브라함

하나님께서 또 '다른 씨'를 찾으셨습니다. 그 다른 씨가 창세기 12장에
등장하는 아브라함입니다. 아브라함 아버지 데라가 우상을 만들어 파는
사람이었습니다. 그런 환경에서 나오라고 하십니다. 그는 하나님의 부르
심에 순종하기 위해서 갈데아 우르의 고향, 친척을 떠나서 하나님께서 지
시하시는 가나안 땅으로 이주합니다. 하나님께서는 그 가나안 땅을 아브

라함의 후손들에게 주시겠다(창12:7)고 언약하십니다. 하나님은 창세기 15:13-14에서 아브라함의 자손들이 애굽에 내려가 400년 동안 종살이를 하고 나중에 큰 재물을 가지고 나와 가나안 땅으로 돌아올 것이라 했습니다. 하나님은 아브라함과 그 자손을 통해 온 인류를 구속하실 도구로 선택하셨습니다.

사탄은 이미 가나안 땅 아모리 족속들 속에 네피림족들로 가득차게 했습니다. 하나님은 그 당시의 가나안 땅에 사는 자들을 심판하실텐데, 아직 그들의 죄가 심판수준에 이르지 않았다고 말씀하십니다. 아브라함의 자손들이 애굽으로 내려가 400년 동안 종살이를 하게 하신 것은 가나안 땅의 네피림화되는 것에서 아브라함의 자손들이 물들지 않게 하기 위함이었습니다.

창세기 17:7,8에서 하나님과 아브라함과 그 후손 사이에 언약관계를 맺습니다. 하나님은 아브라함의 후손들의 하나님이 되고 그의 후손들은 하나님의 언약을 지킬 것과 할례를 받도록 하십니다.

그 후 이삭과 야곱을 거쳐 요셉이 형들에게 팔려 애굽으로 가서 종살이를 하게 됩니다. 요셉이 애굽으로 노예로 팔려간 것은 하나님의 언약 즉 창세기 15:13-16의 아브라함의 후손들이 애굽으로 내려가 400년 동안 종살이를 하고 돌아오게 될 것이라는 언약 성취의 시작점이 되는 사건입니다. 하나님께서 요셉을 먼저 애굽 땅으로 보내시사 아브라함의 후손들이 애굽으로 내려와 살게 될 길을 예비하고 있었습니다. 요셉이 총리 대신이 된 후에 그 지역의 7년 흉년을 통하여 그 형들과 요셉이 다시 해후를 하게 되고, 야곱과 그의 가족 70여 명이 애굽으로 이민을 갑니다.

이것은 창세기 15장에서 하나님께서 아브라함에게 말씀하신 예언의 부분적인 성취입니다. 완전한 성취는 400년 후에 이스라엘백성들이 가나안 땅으로 들어가는 때입니다. 요셉은 총리가 되자마자 7년 풍년과 7년 흉년을 대비하기 위해 애굽 전역을 순방했습니다(창 41:45). 요셉은 애굽의 가장 풍요로운 지방이 어디인지 알고 있었습니다. 애굽 왕의 허락을 받아 애굽의 모든 땅 중에 가장 비옥한 땅인 고센 땅에 아버지 야곱의 가족들이 살게 합니다. 고센 땅은 나일강의 하류 삼각주 지역입니다. 목축을 하기에 가장 적합한 곳이었습니다. 물이 풍부하므로 초목이 왕성하여 그야말로 젖과 꿀이 흐르는 땅이었습니다.

가축이 생산하는 육질을 먹으므로 단백질과 젖에서 나오는 칼슘을 흡수하여 히브리 사람들은 건장하고 근육이 튼튼합니다. 들풀에서 양봉을 하여 풍부한 꿀을 섭취하여 그야말로 젖과 꿀이 흐르는 곳에서, '백성들은 생육하고 불어나 번성하고 매우 강하여 온 땅에 가득했다' 고 출애굽기 1:7에서 말하고 있습니다. 하나님은 애굽의 **고센 땅에서 400년 동안 이스라엘을 젖과 꿀로 번성케 하셔서 한 민족으로 형성하신 것입니다.** 그것은 하나님의 백성으로 삼으시기 위해서 입니다. 그들은 고센 땅에서 육신적으로 젖과 꿀이 흐르는 복된 삶을 누리고 있었습니다.

3. 아브라함의 후손을 택하신 이유

하나님께서 애굽 왕으로 히브리인들을 괴롭게 하신 의도가 여기에 있습니다. 요셉이 총리가 될 무렵에 애굽을 통치하던 왕조는 힉소스왕조였습니다. 이들은 셈족이었고 애굽을 침범 정복하여 통치하고 있었습니다. 같은 셈족이기에 히브리인들을 어느 정도 선호하고 있었습니다. 창세기 15장의 아브라함에게 언약하신 400년의 때가 가까웠습니다. 그 언약을 성취할 때가 가까웠기에 애굽을 400여 년 동안 통치하던 힉소스왕조가 약해집니다. 그 틈을 타서 함족인 애굽인이 그 중에서 세력을 형성하여 힉소스왕조를 몰아내고 애굽의 제 18대 왕조를 이룩했습니다. 그런데 자신들이 정권을 잡고 정신을 차려보니 이민족인 히브리인들이 너무나 강성해져 있었습니다. 이들을 가만히 놓아 두었다가는 전쟁이 일어날 때에 이들에게서 뒤통수를 맞을 것이라 생각했습니다. 아니면 이들 스스로가 애굽에 칼을 들이댈까봐 두려웠습니다. 애굽왕 바로는 히브리인에 대한 산아제한 정책을 사용할 뿐만 아니라 자녀생산을 막기 위해서 히브리인들을 낮 동안 그렇게 중노동을 시켜 밤에 자녀생산 작업을 하지 못하도록 방해 했지만 실패했습니다. 나중에는 산파들에게 히브리 민족의 아들이 태어나면 나일 강에 던져 죽이라고 했습니다. 왜냐하면 그들이 너무나 강건했기 때문입니다. 그러나 악한 애굽왕이 나타나 히브리인들을 그렇게 괴롭게 한 것은 하나님의 계획이었습니다. 창세기 15장 예언의 때가 가까웠기 때문입니다. 그렇게 하지 않으면 히브리인들이 젖과 꿀이 흐르는 아늑한 보금자리인 고센 땅을 떠나려하지 않을 것이기 때문입니다.

그들의 보금자리가 가시투성이가 되었기에 견딜 수가 없어서 광야로 나오지 않을 수 없었습니다. 시내산으로 이끌어 율법과 성막법을 주시고 하나님의 백성으로서 훈련을 받습니다. 하나님은 그들을 가데스바네아로 이끌어 가나안 땅을 정복하라고 하셨는데 민수기 14장에서 그들은 하나님에게 반항하면서 가나안으로 들어가는 것을 거부합니다. 그 일로 이스라엘은 38년 동안 광야를 배회하는데 그 기간은 하나님의 백성으로서의 훈련기간이었습니다. 그것은 필수과목이었습니다. 이스라엘의 12정탐꾼 이 40일 동안 가나안을 정탐했는데 그들이 보고 정탐한 성이 아낙자손들의 성이었습니다. 아낙자손은 네피림들입니다. 이들은 네피림 중에서도 가장 키가 큰 아낙자손들입니다. 신장이 10-20미터 정도였으니 정탐꾼들이 자신들은 그들에 비해 메뚜기 같았다는 말이 진실이었습니다.

하나님께서 이스라엘을 가나안 땅으로 인도하시는 의도가 두 가지입니다. 그 첫째는 창세기 15장의 아브라함에게 하신 언약을 이루기 위함이요 둘째는 창세기 15:16의 아모리인들을 심판하기 위한 하나님의 도구로 사용되어야 할 자들이었습니다. 그런데 그들이 그것을 거절했습니다. 하나님은 2세들을 훈련시켜 가나안 땅을 정복하게 하시고 정착하게 하십니다. **하나님께서 아브라함의 후손들에게 가나안 땅을 주시겠다던 창세기 15장의 언약을 완전히 성취하셨습니다.** 하나님은 아브라함의 후손들을 통해서 이 땅의 모든 민족에게 하나님의 존재와 인류를 향하신 하나님의 구원계획을 알리는 제사장 족속들로 만드실 인류구속사를 구상하신 것입니다.

4. 결론

> 창세기 12:2, '내가 너로 큰 민족을 이루고 네게 복을 주어 네 이름을 창대하게 하리니 너는 복이 될지라'

이 말씀은 오늘날 그대로 이루어졌습니다. 큰 민족을 이루겠다 하셨는데 육신적 유대인 뿐만 아니라 이스마엘 후손들의 민족들까지 합치면 큰 민족을 이루고 있습니다. 영적 의미로는 오늘날 믿는 모든 사람들이 아브라함을 믿음의 아버지로 인정하고 있습니다. 또한 네 이름을 창대케 하리라 하신 말씀대로 신약성경 마태복음 1장 1절에 아브라함과 다윗의 자손 예수 그리스도라는 말씀에서 하나님이신 예수 그리스도께서 사람의 몸으로 이 세상에 오실 때에 '아브라함이 그의 조상' 이라고 해서 그 이름이 모든 믿는 자들에게 높임을 받고 있습니다. 지구 상의 수십억 사람들이 그 이름을 알고 있습니다. '너는 복이 될 것이라' 했는데 복은 예수 그리스도입니다. 복의 근원은 복 되신 예수 그리스도의 조상이 될 것을 말합니다. 언약 그대로 완전 성취되었습니다.

하나님은 다른 씨인 아브라함을 통해서 인류를 구원하실 예수 그리스도를 이 세상에 보내셨습니다. 예수님은 십자가에 못박혀 죽으심으로 온 인류의 죄를 용서하시고, 죽은 지 사흘 만에 부활하셨습니다. 예수를 믿는 자마다 거듭나게 하셔서, 영생을 주심으로 인간을 창조하신 목적인 참 자녀를 얻으십니다. 이 자녀들과 함께 궁극적으로는 영원 세계로 들어가셔서 영원한 복락의 삶을 살게 될 것입니다. 아멘

이스라엘을 향한 하나님의 목적

이사야 6:8-13

'8 내가 또 주의 목소리를 들으니 주께서 이르시되 누구를 보내며 누가 우리를 위하여 갈꼬 하시니 그 때에 내가 이르되 내가 여기 있나이다 나를 보내소서 하였더니 9여호와께서 이르시되 가서 이 백성에게 이르기를 너희가 듣기는 들어도 깨닫지 못할 것이요 보기는 보아도 알지 못 하리라 하여 10이 백성의 마음을 둔하게 하며 그들의 귀가 막히고 그들의 눈이 감기게 하라 염려하건대 그들이 눈으로 보고 귀로 듣고 마음으로 깨닫고 다시 돌아와 고침을 받을까 하노라 하시기로 11내가 이르되 주여 어느 때까지니이까 하였더니 주께서 대답하시되 성읍들은 황폐하여 주민이 없으며 가옥들에는 사람이 없고 이 토지는 황폐하게 되며 12여호와께서 사람들을 멀리 옮기셔서 이 땅 가운데에 황폐한 곳이 많을 때까지니라. 13그 중에 십분의 일이 아직 남아 있을지라도 이것도 황폐하게 될 것이나 밤나무와 상수리나무가 베임을 당하여도 그 그루터기는 남아 있는 것 같이 거룩한 씨가 이 땅의 그루터기니라 하시더라.'

하나님께서 벨렉의 후손 이스라엘을 택하신 세 가지 목적이 있습니다. 첫째는 이 민족을 통해서 이 세상에 구세주를 보내시기 위해서 입니다. 유대인들이 예수님의 초림을 맞이한다는 것은 예수님의 죽음까지도 감당해야 한다는 의미가 포함됩니다. 둘째는 이스라엘을 거룩한 계시의 위탁처로 삼으시기 위해서 입니다. 셋째로 그 구원 계시의 전달자로서 모든 민족에게 복음을 전하는 것입니다.

첫째 목적인 구세주 보내심

하나님께서 창세기 3:15에서 죄로 인해 죄와 사망과 사탄의 노예 상태에 있는 인간들을 구원하시기 위해 여자의 씨를 보내시겠다고 아담에게 언약하셨습니다. 이 약속을 받은 아담은 후손들에게 전달해야 할 의무가 있습니다. 그는 930년을 살면서 그 당시 셋 계열의 후손들에게 이 복음을 전달하였습니다. 살아서 에녹에게, 므두셀라에게, 라멕에게 직접 전달하였고 라멕은 그의 아들 노아에게, 노아는 셈에게 전달하였고 셈은 자신의 10대 후손인 아브라함과 150년 동시대에 살면서 복음을 전달하였고, 이삭과는 50년 동시대를 살면서 아담으로부터 전달된 메시야가 이 세상에 오실 것에 대한 복음을 전달하였습니다.

예수님께서는 요한복음 4:22에서 구원이 유대인에게서 날 것이라 했습니다. 또한 하나님께서 아브라함에게 나타나셔서 '너를 축복하는 자에게 내가 복을 내리고 …땅의 모든 족속이 너로 인하여 복을 얻을 것이니라(창 12:3)하셨습니다. 창세기 22:18에서는 "또 네 씨로 말미암아 천하 만민이 복을 얻으리니' 라고 말씀하셨습니다. 그 씨는 바로 메시야이신 예수님이십니다. 구세주 예수께서 유대나라 처녀 마리아에게서 나심으로 여자의 후손으로서 세상에 오셨습니다.

그런데 예수님이 이 세상에 오신 것은 자신이 죽으시고 피를 흘리심으로 세상 모든 사람들의 죄를 사하시기 위해서 입니다. 그는 이 세상에 죽으려 오셨습니다. 유대인들은 예수님을 죽여야 할 운명이었습니다. 아니면 다른 어떤 민족이 그 일을 감당해야 했습니다. 이것을 위해 하나님은 유대인들의 불신을 이용하신 것입니다. 이 일의 계획이 이사야서를 통해서 우리에게 보여 주고 있습니다. 그 당시 북국 이스라엘은 하나님 앞에 패역하고 우상을 섬김으로 앗수르에게 멸망되어 포로로 잡혀가고 나라는 없어졌습니다. 이런 일을 목격한 남국 유다도 정신을 차리지 못하고 불순종으로 패역하였습니다. 하나님은 이런 유다의 패역을 그대로 두시면서 그들의 불순종을 메시야의 사역에 사용하신 것입니다. 하나님께서 아브라함을 택하시고 이스라엘 백성들을 택하신 것은 메시야를 그들 가운데 보내시고 그들을 통하여 온 세상에 복음을 전하기 위해서 입니다.

어떻게 전 인류를 구원할 계획인가 하면 그들로 예수님을 십자가에 못박아 죽이게 함으로써 인류의 죄를 도말하시는 방법이었습니다. 하나님께서 창세기 22장에서 아브라함에게 이삭을 번제로 드리게 한 것은 장차 이스라엘이 하나님의 아들 예수 그리스도를 십자가에 못박아 죽일 것을 미리 보여 주신 것입니다. 그래서 이 백성들의 마음을 둔하게 해서 그들 가운데 오신 예수님을 메시야로 보지 못하고 알지 못하게 하실 것이라 했습니다. 그것은 유대인들의 마음이 강퍅하고 완악하기 때문이라 했습니다. 유대인들은 예수님께서 이 땅에 계실 때부터 지금까지 예수님을 그들의 메시야로 믿지 않습니다. 그 원인이 무엇이며 언제까지 주님을 영접하지 않을 것이며 과연 어느 때에 예수님을 그들의 메시야로 영접하게 될 것인가 하는 것입니다.

하나님이 이스라엘인들의 그런 강퍅한 마음을 그대로 사용하셨다는 것입니다. 이유는 일정기간 동안 이방인들을 구원하기 위해서 입니다. 이사야 시대의 남유다인들의 강퍅함과 우상숭배와 죄에서 돌이키지 않은 그 상태를 하나님의 인류구속에 사용하신 것입니다. 듣기는 들어도 깨닫지 못하고, 보기는 보아도 알지 못하게 하여 이 백성의 마음을 둔하게 하며 그들의 귀가 막히고 그들의 눈이 감기게 하신 것입니다. 이사야서 6장에서 말씀하시는 이 말씀은 예수님에 관한 말씀입니다. 즉 인류를 구속하려 오신 메시야를 보고도 알지 못하고, 메시야의 말씀을 들어도 깨닫지 못합니다. 백성의 마음을 둔하게 하며, 그들의 귀가 막혀 예수님의 말씀을 듣고 깨달아 믿어 그들의 구세주로 영접하지 못하게 하게 합니다. 뿐만 아니라 예수님을 잡아 죽이게 하셨다는 것입니다.

그래서 예수님이 이사야서 6장의 이 말씀을 인용하신 것입니다. 마태복음 13:13, 14과 마가복음4:12, 누가복음 8:12과 요한복음 12:40절에 있습니다.

> 마태복음 13:14 15, '이사야의 예언이 그들에게 이루어졌으니 일렀으되 너희가 듣기는 들어도 깨닫지 못할 것이요 보기는 보아도 알지 못하리라 15 이 백성들의 마음이 완악하여져서 그 귀는 듣기에 둔하고 눈은 감았으니 이는 눈으로 보고 귀로 듣고 마음으로 깨달아 돌이켜 **내게 고침을 받을까 두려워함이라**' 하였느니라.'

하나님이 이스라엘 사람들의 눈을 감기고, 귀를 막으며 마음을 둔하게 하시겠다고 했습니다. 그래서 예수님이 메시야로 오셨는데도 메시야로 깨닫지 못하게 하신 것입니다. 예수님은 이 땅에 죽으려 오셨습니다. 예수님이 이 땅에 오셨을 때에 유대인들이 예수님을 메시야로 영접하지 못하고 오히려 십자가에 못 박아 죽였습니다. 그것도 하나님의 섭리입니다.

유대 종교지도자들은 예수님이 그렇게 수많은 이적과 표적들을 행했는데도 그것이 무슨 의미인지 깨닫지 못했습니다. 세례요한이 감옥에서 자신의 제자들을 보내어 당신이 우리가 기다리는 메시야입니까 아니면 다른 분을 기다려야 합니까 하고 묻게 했습니다. 그때에 예수님이 말씀하 시기를,

> 누가복음 7:19-22, '요한이 그 제자 중 둘을 불러 주께 보내어 이르되 오실 그이가 당신 이오니이까 우리가 다른 이를 기다리오리이까 하라 하매 20 그들이 예수께 나아가 이르되 세례 요한이 우리를 보내어 당신께 여쭈어 보라고 하기를 오실 그이가 당신이오니이까 우리가 다른 이를 기다리오리이까 하더이다 하니, 21마침 그 때에 예수께서 질병과 고통과 및 악귀 들린 자를 많이 고치시며 또 많은 맹인을 보게 하신지라. 22예수께서 대답하여 이르시되 너희가 가서 보고 들은 것을 요한에게 알리되 맹인이 보

며 못 걷는 사람이 걸으며 나병환자가 깨끗함을 받으며 귀먹은 사람이 들으며 **죽은 자**가 살아나며 가난한 자에게 복음이 전파된다 하라.'라고 하셨습니다.

이것은 이사야 35:5,6과 이사야 42:7에서 예언되어 있는 말씀으로써 메시야가 오시면 이런 일을 할 것이라 했는데 예수님이 구약성경에서 예언한 그 메시야라는 것을 증거하신 것입니다. '죽은 자를 살리며 했는데 '이사야서에는 없는 말씀으로서 예수님은 죽은 자를 살리심으로 구약의 예언된 내용을 능가하는 것임을 나타내 보여주신 것입니다.

> 요한복음 10: 24에, '유대인들이 에워싸고 이르되 당신이 언제까지나 우리 마음을 의혹하게 하려 하나이까 그리스도이면 밝히 말씀하소서 하니 25예수께서 대답하시되 내가 너희에게 말하였으되 믿지 아니하는도다 내가 내 아버지의 이름으로 행하는 **일들이 나를 증거**하는 것이거늘 26너희가 내 양이 아니므로 믿지 아니하는도다' 했습니다.

예수님께서 세례 요한에게도 말씀하셨듯이, 구약에서 메시야께서 오시면 이런 일들을 하리라 하신 일들을 보고도 알지 못하고 예수님의 말씀을 듣고도 마음이 둔하여 믿지 못하던 유대인들 입니다. 내가 내 아버지의 이름으로 행하는 일들 즉 죽은 자를 살리고 물 위를 걷고, 앉은뱅이를 일으키고, 오병이어로 수만 명을 먹이고, 중풍병자를 낫게 하고 나환자를 깨끗하게 치료하는 일들이 보통 인간이 할 수 없는 일들인데 이것들이 내가 하나님의 아들 메시야임을 증거하는 것인 데 너희들이 믿지 않는 다는 것입니다.

이렇게 하나님의 아들로 오신 예수님을 보고도 알지 못하고 예수님을 시기질투하고 죽이려고 합니다. 예수님께서 이 땅에 오셔서 죽으시는 일은 하나님의 오묘한 섭리입니다. 하나님은 유대인들의 완악함을 이용해 예수님을 죽게 하셨지만 유대인들의 죄와 악함을 심판하십니다. 한 편 유대인들이 예수님이 행하신 놀라운 이적들과 예수님의 말씀을 듣고 믿어 이들이 **예수님을 죽이지 않으면 어떻게 하나라고 마치 하나님이 노심초사하신 것 같기도 합니다.** 왜냐하면 예수님은 인류의 죄를 도말하시기 위해 이 세상에 오셨기 때문에 예수님은 죽으셔야만 했기 때문입니다.

유대인들이 예수님을 메시야로 믿고 영접해 예수님을 죽이지 않으면 하나님의 영원한 인류 구속 사역이 이루어질 수 없기 때문입니다.

> 마태복음 26:1-2, '예수께서 이 말씀을 다 마치시고 제자들에게 이르시되 이틀이 지나면 유월절이라. 인자가 십자가에 못 박히기 위하여 팔리리라.'

예수님은 수천 년 전부터 우리 죄를 위하여 십자가에 피 흘리고 죽으셔서 우리를 구원 하실 그 계획을 가지고 이 땅에 오셨기 때문에 영원 전에 계획된 그 날을 하나 하나 준비하면서 십자가를 향해 걸어가고 있었습니다.

그런데 재미 있는 것은 마태복음 26:-53절에

> "그 때에 대제사장들과 백성의 장로들이 가야바라 하는 대제사장의 관정에 모여 예수를 흉계로 잡아 죽이려고 의논하되 말하기를 민란이 날까 하노니 명절에는 하지 말자 하더라."

여기에서 대제사장들이 왜 명절에는 죽이지 말자고 합니까? 그들은 "그 동안 예수님께서 병자를 고치고 많은 일을 했기 때문에 무리들 가운데 예수님을 따르는 자들이 많았는데 명절에 사람들이 다 모였을 때에 예수님을 죽이면 아마 그들이 어떤 소요나 폭동을 일으킬지 모르니까 말자.” 고 말했습니다. 예수 그리스도는 그 유월절 어린 양으로 오셨기 때문에 정확하게 유월절 전날 죽임을 당하셔야 했습니다. 그래야 예수님이 하나님의 어린 양인 것이 분명히 나타나기 때문입니다.

그런데 일이 이상하게 돌아갔습니다. 마태복음 26:14에 가룟 유다의 배반으로 대제사장들의 마음이 돌변하게 되었습니다. 그들은 가룟 유다의 등장이 예수님을 잡을 절호의 기회라고 생각했습니다. 예수님의 제자들 중에 배반자가 나오리라고는 생각지도 못했습니다. 이것이야 말로 절호의 기회라 생각했습니다. 가룟 유다를 이용하면 무리 없이 예수를 잡아 죽일 수 있을 것이라 생각했습니다. 가룟 유다가 밤에 예수님이 가시는 곳을 잘 알기에 모든 사람들이 잠자는 밤에 예수를 체포하여 빌라도 총독에게 정치적으로 고소합니다. 그래서 모든 사람들이 로마 정부가 예수를 처형하는 것으로 생각하도록 유도해서 죽이자는 것입니다. 가룟 유다는 자신의 탐욕으로 예수님을 배반하여 죽게 했습니다. 가룟 유다에 의해서 예수님이 하나님의 계획대로 유월절에 유월절 양으로 죽게 되었습니다. 그러나 가룟 유다는 그의 죄로 인하여 심판을 받습니다.

대제사장들과 산헤드린 공회원들이 예수님을 죽이므로 하나님의 인류구속의 역사가 성취되었습니다. 이들이 유월절이 시작되기 전에 예수님을 처단하기 위해 온갖 불법을 저지르면서 사형 선고가 난지 불과 9시간 만에 예수님을 처단했습니다. 이들은 온갖 부정을 행하면서 예수님을 이 기회에 기어코 처단해야 하겠다고 예수님을 십자가에 매달았습니다. 그렇게하여 이들은 하나님의 인류구속의 역사를 성취시킨 것입니다.

유대인들은 이사야 6장에서부터 예수님을 보고도 알지 못하고, 듣고도 알지 못하고, 마음이 둔하여 예수님을 메시야로 알지 못하고 죽일 운명이었습니다. 그것이 하나님의 뜻이었습니다. 그렇다고 그들이 예수님을 죽인 것이 하나님의 사역을 성취시킨 공로로 칭찬받는 것이 아닙니다. 그들의 완악함으로 인한 심판을 받게 되었습니다. 하나님의 신묘막측한 수는 오대양 바닷물이라면 마귀의 수는 물동이에 담긴 물 정도이고 인간의 수는 숟가락에 담긴 정도의 물과 같습니다.

예수님은 공생애 동안에 일반 대중을 상대로 비유의 말씀을 많이 하셨습니다. 마태복음 13장에는 천국에 대한 많은 비유의 말씀을 하셨습니다. 그 때에 제자들이 예수님께 묻기를 왜 사람들에게 비유로만 말씀하십니까 하고 물었습니다. 그 때에 사람들이 듣고 깨달을까 봐 비유로 말씀하신다고 하셨습니다.

> 마태복음 13:10-16, '10제자들이 예수께 나아와 이르되 어찌하여 그들에게 비유로 말씀하시나이까 11대답하여 이르시되 천국의 비밀을 아는 것이 너희에게는 허락되었으나 그들에게는 아니되었나니 12무릇 있는 자는 받아 넉넉하게 되되 없는 자는 그 있는 것도 빼앗기리라. 13그러므로 내가 그들에게 비유로 말하는 것은 그들이 보아도 보지 못하며 들어도 듣지 못하며 깨닫지 못함이니라. 14 이사야의 예언이 그들에게 이루어졌으니 일렀으되 너희가 듣기는 들어도 깨닫지 못할 것이요 보기는 보아도 알지 못하리라. 15이 백성들의 마음이 완악하여져서 그 귀는 듣기에 둔하고 눈은 감았으니 이는 눈으로 보고 귀로 듣고 마음으로 깨달아 돌이켜 **내게 고침을 받을까 두려워함**이라 하였느니라. 16그러나 너희 눈은 봄으로, 너희 귀는 들음으로 복이 있도다.'

이 구절들에서 15절 말씀이 중요합니다. 이 백성들의 마음이 완악하여져서 그 귀는 듣기에 둔하고 눈은 감았다는 것입니다, 그러나 이들이 예수님을 눈으로 보고 귀로 듣고 마음으로 깨달아 돌이켜 예수님을 믿어 고침 즉 구원을 받을까 **두려워함**이라 했습니다. 누가 무엇을 두려워합니까? 예수님이, 즉 하나님이 두려워한다는 것입니다. 유대인들은 예수님을 알면 안됩니다. 유대인들은 예수님을 메시야로 인정하지 못하고 예수님을 죽여야만 했습니다. 그래야만 하나님의 인류 구원의 역사를 이룰 수 있기 때문입니다. 유대인들이 예수님을 알고 믿으므로 예수님을 죽이지 않을까봐 하나님이 **두려워한다**는 것입니다. 그렇다면 왜 유대인들이 예수님을 알면 안되었습니까?

바울사도는 사도행전 28:26-28절에서 이사야서의 이 말씀을 인용합니다.

> '26일렀으되 이 백성에게 가서 말하기를 너희가 듣기는 들어도 도무지 깨닫지 못하며 보기는 보아도 도무지 알지 못하는도다. 27이 백성들의 마음이 우둔하여져서 그 귀로는 둔하게 듣고 그 눈은 감았으니 이는 눈으로 보고 귀로 듣고 마음으로 깨달아 돌아오면 내가 **고쳐줄까 함이라** 하였으니 28그런즉 **하나님의 이 구원이 이방인에게로 보내어진 줄 알라 그들은 그것을 들으리라 하더라.**'

이 말씀에서 유대인이든지 이방인이든지 하나님께 돌아와서 고쳐주세요 하면 하나님은 고쳐 주실 수 밖에 없는 분입니다. 그래서 유대인의 마음을 둔하게 하고 귀를 둔하게 하고 눈을 감게 하여 예수님이 메시야라는 사실을 깨닫지 못하게 하여 돌아와서 고쳐 주세요 하지 못하게 한다는 것입니다.

유대인들이 깨닫고 돌아와서 고쳐주세요 할까봐 하나님이 두려워한다는 말씀입니다. 유대인은 예수님을 죽여야만 했습니다. 바울사도가 사도행전 28:26-28에서 이사야서 6장을 인용하면서 하나님께서 유대인들로 귀머거리, 당달봉사로 만든 것은 이방인들을 구원하기 위해서라 했습니다.

> 로마서 11: 7-13, '… 그러므로 내가 말하노니 **그들이 넘어지기까지 실족하였느냐 그럴 수 없느니라 그들이 넘어짐으로 구원이 이방인에게 이르러 이스라엘로 시기나게 함이니라**'.

이 말씀에서 하나님께서 이사야를 통해서 유대인들이 예수님을 메시야로 믿지 않게 하신 것은 그들로 믿지 않게 하는 동안 이방인의 정한 숫자가 차기까지 유대인들의 마음을 강퍅하게 하겠다고 하셨습니다.

> 로마서 11: 25-26, '형제들아 너희가 스스로 지혜 있다 하면서 이 **신비**를 너희가 모르기를 내가 원하지 아니하노니 이 **신비**는 이방인의 충만한 수가 들어오기까지 이스라엘의 더러는 우둔 하게 된 것이라. 26그리하여 온 이스라엘이 구원을 받으리라 기록된 바 구원자가 시온에서 오사 야곱에게서 경건하지 않은 것을 돌이키시겠고' 했습니다.

이사야 6:8-13은 하나님의 신비입니다. 알다가도 모를 것 같은 신비한 것입니다. 하나님은 사람들의 악함을 이용해서 도리어 하나님의 뜻을 이루시고 그 사람의 악함은 악한 대로 심판하시는 것입니다. 그러나 그들에게도 하나님의 궁극적인 구원이 계획되어 있는 것을 봅니다.

둘째로 이스라엘을 거룩한 계시의 위탁처로 삼으심

이스라엘을 선택하신 하나님의 두 번째 목적은 하나님의 계시를 받을 수취자로 삼으시기 위해서 였습니다. 유대인은 종종 성경의 민족이라 불리어집니다. 시편 기자는 시편 147:19-20에서 하나님께서 그의 말씀을 야곱에게 선포하셨고 이스라엘에게 규례와 율례를 주셨으며 하나님은 이러한 것을 다른 아무 민족에게도 주시지 않았으며 다른 민족은 그 율례를 알지 못한다고 경탄 했습니다. 또한 바울도 로마서 3:1-2에서 유대인의 현저한 유익함이 그들이 하나님의 말씀을 맡아 간직하게 된 것이라고 말했습니다. 선민 이스라엘에게 계명과 율법을 준 사람은 모세였 습니다. 모세가 선포했던 말씀 중에 가장 중요한 말씀은 후일에 메시야가 오실 때에 이스라엘 백성은 그의 말씀을 들어야 한다는 것이었습니다.

> 신명기 18:15, '네 하나님 여호와께서 너희 가운데 네 형제 중에서 나와 같은 선지자 하나를 너희를 위하여 일으키시리니 너희는 그를 들을 지니라'

여기 '나와 같은 선지자' 란 바로 하나님의 아들이신 예수 그리스도를 뜻합니다. 예수님은 마치 모세가 선지자요 제사장이요 왕과 같았듯이 예수님이 선지자요 인류의 대제사장이시요 영원한 왕이시요 참 선지자이시기 때문입니다. 하나님은 모세와 같은 선지자를 보내시기 전에 수 많은 선지자들을 일으키시사 모세의 말씀을 상기시키고 모세와 같은 선지자가 오실 것을 준비시키도록 했습니다.

그런데 '너희는 그의 말을 들을지니라' 는 말씀은 후일 하나님께서 모세와 같은 선지자 예수 그리스도를 그들 중에 보내실 때에, 이스라엘 백성은 그를 영접하고 그의 말씀을 순종하라는 것입니다. 이 말씀은 선택된 백성이 청종할 가장 큰 계시였습니다. 그 때에 모세의 입을 의탁하사 '너희는 그의 말을 들을지니라' 고 말씀하셨던 하나님께서 후일 예언의 말씀대로 예수님께서 이스라엘 백성 가운데 오셨을 때 또 한 번 '너희는 그의 말을 들으라' 고 명령하셨습니다. 그러나 이 때는 하나님께서 친히 말씀하셨습니다. 수제자 베드로, 야고보, 요한을 데리고 변화산에 올라간 예수님께서 모세와 엘리야로 더불어 말씀을 나누실 때였습니다.

> 마태복음 17:5, '…홀연히 빛난 구름이 그들을 덮으며 구름 속에서 소리가 나서 이르시되 이는 내 사랑하는 아들이요 내 기뻐하는 자니 너희는 그의 말을 들으라 하는지라.'

모세가 그 현장에 같이 있었지만 이제는 하나님께서 친히 '너희는 그의 말을 들으라' 고 명하셨습 니다. 여기서 성부 하나님께서 직접 천거하셨습 니다. '너희' 란 베드로, 요한, 야고보 만을 지칭하신 것이 아니라 유대 백 성 모두를 포함했습니다. 그러나 이스라엘 백성들은 모세의 율법을 떠나 하나님께 범죄함으로 인해 거의 모든 시대마다 선지자들의 책망을 받았으 며 예수님을 맞이할 준비를 게을리 하다가 그가 오셨을 때에 그를 영접하 기는커녕 예수님을 십자가에 못박아 죽인 것입니다.

셋째로 이스라엘을 모든 민족에게 구원 계시의 전달자로 삼으심

하나님께서 이스라엘을 선택하신 세 번째 목적은 모든 민족에게 아담 으로부터 전달된 인류 구원을 위해 오실 메시야를 온 세상에 전하게 하는 것이었습니다. 과거에는 유대민족이 활동적인 선교사들이었습니다. 예수 님께서 마태복음 23:15에서 바리세인들이 교인 하나를 얻기 위해 바다와 육지를 여행하는 비상한 열심에 대해 말씀하셨습니다. 사도행전 2장에서 세계 전역에 흩어져 살던 경건한 유대인들과 그들로 인해 개종한 이방인 들이 오순절 절기를 지키려고 모였을 때에 성령님이 임하심으로 이들이 세계에 흩어져 나갔는데 바울사도가 세계 전역을 다니면서 복음을 전할 때에 이들이 복음의 씨밭이 되었던 것입니다.

기독교 교회가 모든 민족에게 하나님의 복음을 선포하는 거대한 선교 사업을 유대인으로부터 물려 받았다는 것은 역사적 사실입니다. 이렇게 이스라엘은 3중 과업을 위해 선택되었습니다. 이스라엘은 하나님의 증인 의 신분을 가지고 모든 민족에게 구원 계시의 전달자로서 나타나 세계 복 음화를 예비했던 것입니다. 인류 구원을 위한 복음 운동의 첫 번째 주자로 부름 받은 백성이 '벨렉의 후손' 이스라엘인 것입니다.

넷째로 이스라엘을 위한 하나님의 계획

예수 그리스도를 자기들의 메시야로 맞아들이기를 거절하는 그들의 완고함은 자기들 자손들의 피를 담보로 걸 정도로 완강한 것이었습니다. 유대인들은 예수 그리스도를 십자가에 못 박아 죽여 달라고 빌라도 앞에서 아우성을 치면서 '그 피를 우리 자손들에게 돌려달라'고 외쳤습니다. 참으로 메시아는 선택된 민족에 의해 완악하게 배척되었습니다. 선택되었다고 심판을 피할 수는 없었습니다. 유대인들은 그들의 요구대로 그 핏값을 받아야 했습니다, 예수님께서 십자가에 달려 돌아가신 지 37년 후인 주후 70년에 하나님께서는 유대 국가를 위해 보응의 잔을 쏟기 시작 하였습니다. 그 해 7월 9일 로마의 장군 티토가 4개 군단 약 8만 명의 군대를 이끌고 선민 의식 으로 로마의 통치에 항거하는 유대인들을 섬멸시키기 위해 예루살렘을 침공하였는데 이 때 유대인 110만 명이 기근과 불과 칼에 살육을 당하고 9만 7천 명이 포로로 또 노예로 팔려가게 되었습니다.

이 사건을 통하여 유대민족을 향하신 하나님의 진노의 불길은 번져나가기 시작했으며, 그 결과 유대인들은 세계 전역으로 흩어지게 되었습니다. 유대인들의 바벨론 포로는 70년 동안만 존속 되었고 장소도 국한되었습니다. 그러나 예루살렘 멸망에 따른 해외 추방은 거의 2000년 동안 지속되었습니다. 장소도 전 세계적이었습니다. 유대인은 그 흩어진 세계 각국에서 가는 곳마다 멸시와 천대와 박해와 추방과 살육을 당했습니다. **하나님께서는 왜 유대인들을 이렇게 멸시, 천대, 박해, 살륙, 추방을 당하게 하셨을까요? 그것은 유대인들을 보존하시기 위한 하나님의 원대한 뜻이었습니다.** 하나님은 선민 유대인들이 이방민족들과 피를 섞기를 원하지 않았습니다.

구약의 이스라엘이 가나안 땅에 들어가기 전에 당부하신 말씀은 주변 민족들과 혼인관계를 맺지 말라고 하셨습니다. 그리고 음식문화를 까다롭게 하시고 규례와 율례를 주셨는데 이런 음식문화와 규례와 율례와 금식들은 주변 이방민족들과 너무나 이질적이어서 교류가 어렵게 되었습니다. 그러므로 주변사람들에게 따돌림과 미움을 당하게 했습니다. 마찬가지로 유대인들이 전 세계에 흩어져 이방 민족 사이에 섞여 살면서 이들이 믿는 유대교의 음식문화와 규례와 율례로 인해 주변 이방민족들에게 미움과 질시를 당하게 되었습니다. 멸시와 천대와 박해와 추방을 당했습니다. 만약 이렇게 멸시, 천대와 박해를 받지 않고 주변 사람들에게 호의적으로 대접을 받았다면 이들 유대인들은 2000년 동안 외국 땅에서 섞여 살면서 모두 동화되버리고 말았을 것입니다.

유대인들의 순수 피를 찾을 수 없었을 것입니다, 현재 미국에 이민 온 한국인 자녀들은 미국민에게 멸시 천대받는 존재가 아닙니다. 그러므로 외국인과 결혼 하는데 아무 제약이 없습니다. 그러다 보니 200년, 300년이 되면 모두 동화되버려 나중에는 한국인 순수 피를 가진 자들이 많지 않게 될 것입니다. 그러나 유대인들은 천대와 멸시를 받는 대상이었기에 주변 민족들이 혼인을 꺼리게 되었습니다. 주변 민족 부모들이 유대인 자녀들에게 자신들의 아들과 딸을 주려고 하지 않을 것입니다. 제가 1975년에 캐나다 토론토로 이민을 갔었는데 그 때만 해도 개와 유대인들은 공원에 들어 올 수 없다는 팻말이 붙어 있었습니다. 그러므로 유대인들은 자기 민족 내에서 결혼 할 수 밖에 없었습니다.

독일과 유럽에서는 유대인 동네인 게토(Getto)를 만들어 유대인들이 게토 밖으로 나오지 못하게 하고 그 안에서만 활동하고 생활하게 가두었습니다. 그러므로 유대인들끼리 모여 살게 되고 유대인들끼리 결혼할 수 밖에 없었는데 하나님은 그렇게 해서 유대인들을 외국 땅에서 2000 년 동안 민족의 정체성을 유지시키셨다가 때가 차매 이들을 다시 고토로 돌아 오게 하셨던 것입니다. 만약 유대인들이 2000 년 동안 온 세계에 흩어져 살면서 그 민족들에 동화되었다면 유대인으로서의 정체성을 가질 수 없었을 것이요, 자신을 유대인이라 생각지 않을 것이요, 고토로 돌아올 생각도 하지 않을 것입니다. 그렇게 되면 하나님의 예언의 말씀인 나라를 하룻만에 세우리라, 내 백성을 고토로 돌아오게 하리라. 무화과 나무가 다시 살아나리라는 예언이 성립될 수 없었을 것입니다.

유대인들이 하나님께 선택된 민족이었기에 구약시대로부터 지금까지 이 땅에서 이런 고통과 멸시와 천대를 받았습니다. 천손민족이란 이 땅에서 성공하고 잘 먹고 잘 살기 위한 것이 아닙니다, 이 땅에서의 삶은 영원한 삶을 위한 준비기간입니다. 그러므로 천국 백성 된 우리 성도들은 이 땅에서 살면서 핍박, 박해, 멸시, 천대와 순교할 것을 두려워하지 말아야 합니다.

한편 하나님께서 이스라엘에게서 그 얼굴을 숨기시고 자신의 특별하신 섭리의 주된 방향을 이방인에게로 돌리신 것은 이방인들을 구원하실뿐만 아니라 구원받은 이방인을 통해 이스라엘의 시기심을 격발시켜 최종적으로는 이스라엘도 구원하시고자 하신 것입니다.

국가적 배신으로 인해 이스라엘이 징벌을 받았지만 그것은 국가로서의 유대민족의 선택을 무효로 하지 않았습니다. 이스라엘은 여전히 선택된 민족으로 남아 있습니다. 그들은 일찍이 택함 받은 셈족의 현저한 한 쪽 가지인 에벨의 혈통, 벨렉의 후손이기 때문입니다. 이제까지 이방인 교회를 통해 이스라엘의 시기심을 격발해 유대인을 구원하시려는 하나님의 계획은 성취될 수 없었습니다. 지난 2000년 동안 서양 기독교 국가들은 유대인을 '예수님을 죽인 하나님의 원수'라는 오명을 붙여 수많은 유대인들을 혹독히 박해하고 학살했습니다. 중세기에 십자군에 의한 유대인 학살과 20세기 초 독일에서 저질러진 600만 유대인 학살이 그 대표적인 사례입니다. 서양 기독교 국가들은 이스라엘을 시기나게 하라는 하나님의 뜻과는 정반대의 길로 갔습니다.

그리하여 유대인에게 있어서 예수님을 주님으로 믿고 고백하는 이방 기독교 국가는 시기심을 자극하는 대상이 아니라 증오의 대상이요, 멀리 할 대상이었습니다. 오늘날도 유대인은 복음에 대해 전혀 무감각한 상태에서 예수 그리스도를 거부하고 있습니다. 이것이 벨렉의 후손 이스라엘 백성들의 현주소입니다. 이제 더 이상 서양기독교 국가들은 이스라엘의 시기심을 일으킬 수 없습니다. 앞으로 이스라엘의 시기심을 일으킬 다른 방법이 일어나야 할 것입니다. 그것은 벨렉계 선민족 이스라엘과 형제 족속인 **욕단의 후손**이 감당할 과제입니다.

참고 문헌

1. 그랜드 종합주석 창세기, 요한계시록
2. 매튜 헨리 창세기 주석
3. 히브리어 한글 대역 구약성경, 강신택 박사
4. 창세기 파헤치기, 김남국목사, 두란노
5. 창조주 하나님 창세기 1장과 진화론, 이재만, 두란노
6. 창세기의 족보, 구속사 시리즈 1, 박윤식 목사
7. 구약신학 논문집 시리즈 5, 윤영탁 목사, 합동신학대학원 출판부
8. 구약신학 논문집 시리즈 10, 윤영탁 목사, 합동신학대학원 출판부
9. 천사와 UFO 바로알기, 알 레이시 외 지음, 그리스도 안에
10. 창세기 강해, 척 스미스
11. 한자 안에 창세기 발견, Nelson, Kang 선교사
12. 창세기 주석, 이상근목사
13. 요한계시록의 증언 상 하, 김준식목사, 아침향기
14. 태양계 여행, 곽영직 김충섭, 사이언스북
15. 베드로후서 강해, 로이드 존스 지음, 지상우 역, 기독교문서선교회
16. 요세프스 1, 김지찬 역, 생명의말씀사
17. 유석근, 또 하나의 신민 알이랑 민족

문서선교사로 초청합니다

귀하를 문서 선교 동역자로서 앞으로 출판할 책들의 Opinion Reader로 초청합니다.

김준식목사의 신학저서들을 세계의 오지에서 사역하는 선교사들과 한글 도서 구입이 어려운 해외 독자들에게 귀하의 선교헌금과 기도를 부탁 드립니다.

본 저서들은 주 예수 사랑교회 웹사이트를 통해 이미 수만 명의 구독자들에게 인터넷으로 공급되어 그 영향력을 입증하여 왔습니다. 이제 보다 원활한 공급을 위해 도서출판으로 확장 공급하고자 합니다. 문서선교의 좋은 가치(Value)에 함께 헌금 투자(Together Donation Funding)하는 것입니다.

영적 기근의 시대에 본 도서들을 통한 문서선교사역은 죽어가는 생명들을 살리는 큰 역할을 할 것을 확신합니다.

헌금 협력에 드리는 특혜: 일정 금액을 헌금하신 분들에게는 김준식목사의 저서를 몇 권이든지 무료로 공급할 것입니다.

김준식목사의 저서와 출판 계획

1. 요한계시록의 증언 (상·하 중판예정)   (318쪽, 332쪽, 각권 ₩14,000)
2. 창세기 원 역사의 비밀(개정 증보판)   (348쪽, ₩17,000)
3. 부활의 신비와 그 영광   (260쪽, ₩15,000)
4. 예수님이 지고 가신 십자가의 길(출판예정)
5. 다니엘서 강해(출판 예정)
6. 이사야서와 소선지서들에 나타난 천년왕국(출판예정)

김준식 목사 연락처

주   소 : 17700 S Avalon Blvd. Space 85 Carson, CA 90746 USA
전   화 : 213-434-3129
E-mail : joonsikk@yahoo.com joonkim3129@gmail
웹사이트 : www.loveofjesuschurch.com

선교 헌금 약정서

헌금자 성명 :
책 받으실 주소 :
도 서 명 :
은행 : KEB 하나은행 137-18-03907-4 (예금주: 강신억)
금액 : $:
원화 :

창세기 원역사의 비밀

■
개정 증보판 1쇄 인쇄 / 2020년 2월 10일
개정 증보판 1쇄 발행 / 2020년 2월 15일
■
지은이 / 김 준 식
펴낸이 / 민 병 문
펴낸곳 / 새한기획 출판부

편집처 / 아침향기
편집주간 / 강 신 억

100-230 서울 중구 수표동 47-6 천수빌딩 1106호
Tel • (02) 2274-7809 • 2272-7809
Fax • (02) 2279-0090
E.mail • saehan21@chollian.net

■
미국사무실 • The Freshdailymanna
2640 Manhattan Ave. Montrose, CA 91020
☎ 818-970-7099
E.mail • freshdailymanna@hotmail.com

■
출판등록번호 / 제 2-1264호
출판등록일 / 1991. 10. 21

값 17,000원

ISBN 978-89-94043-91-3 03230

Printed in Korea